孝寒点位交易法

邢孝寒◎著

中国宇航出版社
·北京·

图书在版编目（CIP）数据

孝寒点位交易法 / 邢孝寒著. -- 北京 : 中国宇航出版社, 2017.7
ISBN 978-7-5159-1316-2

Ⅰ. ①孝… Ⅱ. ①邢… Ⅲ. ①现货交易－基本知识 Ⅳ. ①F713.1

中国版本图书馆CIP数据核字(2017)第122724号

责任编辑 田芳卿
责任校对 白希国　　**装帧设计** 宇星文化

出版发行 **中国宇航出版社**
社　址 北京市阜成路8号　　**邮　编** 100830
(010)60286808　　(010)68768548
网　址 www.caphbook.com
经　销 新华书店
发行部 (010)60286888　　(010)68371900
(010)60286887　　(010)60286804(传真)
零售店 读者服务部
(010)68371105
承　印 三河市君旺印务有限公司
版　次 2017年7月第1版　　2017年7月第1次印刷
规　格 787×960　　**开　本** 1/16
印　张 13.5　　**字　数** 193千字
书　号 ISBN 978-7-5159-1316-2
定　价 38.00元

本书如有印装质量问题，可与发行部联系调换

前言
PREFACE

对于投资者来说，一本具有阅读价值的书，并不是语言多么华丽，有多么新颖的投资技巧，而是让读者阅读起来通俗易懂，能够从中吸收内容的精华，使投资技巧在实战交易中得到有效的提升。

市面上很多书籍讲解了一些技术分析方法和操作技巧，但是没有介绍如何将这些指标有效地组合起来，取长补短，发挥最大效用，也没有确切地讲解进场信号以及如何止盈、止损。本书的主要目的，就是把指标有效地组合起来，形成从进场到离场、从趋势判断到点位选择等一整套的技术模型，为广大投资者提供一种高精准的交易法则。

前哲说过，人生自我改进的道路只有两条，一条是从自己的经验和错误中领悟并汲取教训，另一条是借助他人的思想和经验教训来启发自己。很显然，大多数投资者都想走第二条路。这样做是明智的，因为对大部分投资者来说，投资过程中无法承受太多的错误。

尽管许多投资者意识到了这一点，但他们并没有通过精研高质量的著作去学习别人的经验和方法，而是在“专家”“老师”的指导下进行交易，这样做是很难长期稳定获利的。那些所谓的“专业人士”，甚至都无法保证自己从市场中获利，他们只是抱着各种目的从事经营活动而已。

为了帮助大家提高交易水平，笔者总结了近十年的交易经验，并将技术分析模型公之于众。在讲解中，尽量将这些分析方法和交易技巧简单化、通俗化，以便让更多的投资者很容易地上手使用。

普通投资者跟职业投资人的最大区别在于，职业投资人对交易抱有更大的兴趣，看盘复盘时间更长，更善于总结经验教训，并通过一次次交易实践积累起巨大的心理优势。只要普通投资者意识到这一点，立足当下，笔者相信一定能快速赶上，后发制人，最终在充满风险和机遇的投资市场中有所斩获。

邢孝寒

2017 年 6 月 15 日

目　录
CONTENTS

第一章　现货市场和现货交易

一、现货市场投资背景

首先欢迎各位投资者进入现货市场。自 2008 年金融危机以来，股票市场普遍经历了大幅下跌的熊市行情，我国 A 股市场也未能幸免。恰在此时，具有增值保值功能的国际现货黄金、现货白银市场在我国开始出现并快速发展。由于国际金银价格处于长期上涨的大牛市行情中，投资者普遍看到其间存在的巨大获利空间，所以自 2010 年起，黄金、白银现货国际盘、国内盘在我国迅速发展，投资者人数大幅增加。

随着全球经济逐渐复苏，美国也开始改变宽松货币政策，国际金银价格随后出现了高位回落的走势。2015 年，在美联储加息传闻愈演愈烈的背景下，国际金银价格更是跌至谷底，从 2011 年 9 月的 1920 美元 / 盎司，跌至 2015 年 12 月的 1045 美元 / 盎司，每盎司下跌超过 875 美元，回到了 2010 年的平均水平。2016 年 1 月起，国际金银价格开始筑底反弹，市场多头头寸逐渐增加，金银的投资价值再度突显出来。

一直以来，我国投资者交易的现货标的主要为现货黄金和现货白银，并未重视投资美国原油和布伦特原油，一是我国没有原油交易平台，二是原油为国家限制交易品种。现货市场在我国发展起步较晚，所以很多投资者本身或身边的朋友，都没有涉及原油这方面的交易，认知较差。大概是从 2014 年开始，由于现货投资者的数量逐渐增加，对于现货交易的认识也普遍提高。此时，国外交易平台相继推出了原油交易功能，投资者对于原油交易的认识开始增强。

现货原油迅速发展的另一个重要原因是，国内出现了与原油相关的现货交易平台。由于国家对原油交易进行限制和管控，国内现货交易平台无法进行原油交易，但它们推出了原油半成品交易品种，如沥青等。目前，国内的现货交易所已经发展至百余家，各大交易所的会员单位、代理商更是不计其数。他们利用各种渠道、各种方式推广"原油"现货交易，使得原油交易在国内快速发展，并得到一部分投资者的认可。

全球原油产能严重过剩，美国原油库存不断刷新历史高点，原油市场供求关系逐渐失衡，价格不断下跌，惨遭空头打压。2008 年 7 月至 2009 年 1 月，在仅仅半年的时间里，美国原油价格从历史高点 147.27 美元 / 桶跌至 32.77 美元 / 桶，每桶下跌超过 100 美元，跌幅超过 70%。

2014 年 7 月，第二次原油市场熊市行情开始，直到 2016 年 2 月，不到两年的时间，美国原油价格就从 106.9 美元 / 桶跌至最低点 26.05 美元 / 桶，再次走出了跌幅超过 70% 的下跌行情。基于原油市场的大幅波动，以及多空双向交易的灵活机制，现货市场潜在的巨大盈利空间，使更多的投资者进入到现货原油市场交易行列。

除了现货黄金、白银、原油，铂金、钯金、铜、铝都属于现货交易品种，不过与现货黄金、白银、原油相比，其市场交易量小得多。盘子越大的交易品种，越能体现出公平、公正的交易原则，价格被操纵的概率也越小。本书主要讲解现货交易技术分析模型，该内容可以应用在任何现货乃至外汇市场的各种交易品种之中。

二、现货市场投资风险

现货市场的交易机制与 A 股市场存在很大不同，这也使得很多股民刚转向现货市场时有些不适应。现货市场为多空双向交易，高杠杆的保证金交易，以及 T+0 交易，具有高风险、高收益的特征。如果说股票市场是投资交易的话，那么现货市场就是典型的投机交易。

现货交易的投机性，让参与者可以充分地体验到交易的乐趣与刺激。有许多交易者在投机交易中短期内获得了巨大收益，成为金融市场中的成功人士。虽然投机市场短期内可以给参与者带来巨大收益，但收益往往与风险相匹配，账户爆仓导致一贫如洗的事情在现货市场也时常发生。

造成投机失败的原因，并不是因为交易者在技术上出现了问题，往往是由于心理素质较差，并缺乏风险控制措施。交易者在进入现货市场投机前，首先要衡量一下自己到底适不适合这种交易，具不具备相应的条件。

相比股票市场，现货市场的风险与收益都成倍放大，而且交易更加频繁，所以就更需要交易者具有强大的心理素质和沉稳的投资性格，更肯动脑筋，善于总结交易经验。现货交易这个领域，不爱动脑筋的人不能涉足，没有大量时间看盘的人不能涉足，心理素质不佳的人不能涉足。企图在这个市场中一夜暴富的人更不能参与，如果交易者在没有调整好状态前贸然进入市场交易，恐怕结果会很悲惨。

三、点位交易法的使用方法

不论是股票、现货，还是外汇，其技术分析类图书，都离不开量、价、时、空四个分析要素。一套高精准的技术分析模型或交易法则，少了其中任何一项，交易的成功率都会受到影响。大家研读完本书所有内容后，将会发现这四个要素全都蕴含其中。投资者在今后的交易中，也不可忽视任何一项因素。

很多交易者学习了一些技术分析图书后，交易更加得心应手，大大提高了交易成功的概率。然而，对有些交易者来说，这些图书并没有起到太大的促进作用。同样的一本书，同样的技术分析方法，为何会有如此不同的效果呢？

主要原因在于，每个交易者学习的方法不一样。交易方法和技巧并不是一朝一夕就可以获得的，也没有一种交易方法和模式能够保证交易者稳定盈利。市场不断在发生变化，交易的方法和技巧也在不断变化，因此学习是伴随交易生涯的一件事。很多老股民从 1990 年上海证券交易所成立以来就进行股票投资，直到26年后的今天还在孜孜以求，就是这个原因。金融市场永远学无止境。

若想在金融市场获得稳健的收益，仅仅学会一些基本的分析方法和技巧是远远不够的。重要的是能够灵活掌握指标的组合使用方法，同时感悟市场和交易的真谛。遗憾的是，学佛者众，但最终能够修成正果、领悟佛学真谛的人却少之又少。

很多投资者买了一本技术分析类图书后，学得很积极，不到一个星期就看完了，然后信心爆棚，全身心地投入到实盘操作中，最后落得遍体鳞伤，但却连亏损的原因都不清楚。很多读者买了书之后，总是喜欢问各种各样的问题，却不知道自己动脑去想一想，思考一下。其实很多问题的答案都在书里，一些指标的使用原则书中都写得明明白白，就是因为看得太快，不主动思考，看过之后就忘记了。一到实盘操作，书中讲解的原则全都想不起来，进退失据。

大家看过本书之后，如果觉得书中讲解的交易方法和技巧适合自己，自己有能力掌握，就要下功夫认真研读，正确的学习方法是看一章学一章，学一章练一章，最后组合起来反复实践。至于交易的成败，就看交易经验的多寡和自身感悟了。大家千万不要觉得学了一些分析技巧就急于进场操作，其实这时你还欠缺很多。晚一些进场钱不会被别人赚走，这个市场也不会消失。机会总是留给那些有准备的人，留给那些经验丰富、技术成熟的人。

四、熟悉交易品种合约

目前，我国现货交易平台主要分为国内现货交易平台和国外现货交易平台。一般来说，国内交易平台由于政策限制，无法进行现货黄金与现货原油等品种的交易，交易品种主要有现货白银、现货铜、现货铝、现货铂金、现货钯金、现货镍以及原油半成品，以人民币计价，交易或以克为单位，或以吨为单位，保证金比例每个交易所有所不同，一般为8% ~ 20%。国外现货交易平台可以交易的品种众多，交易单位基本为国际统一标准，比如黄金以盎司为单位，原油以桶为单位，一般用美元计价，保证金比例在100% ~ 200%之间。本书以国际商品现货为标的，进行合约以及后续分析技巧的讲解。

由于大多数国际现货平台交易合约全部用英文表示，所以很多新入市的投资者看不懂交易合约，也不清楚每一个交易品种的交易明细，这里结合表1–1介绍如下。

表 1–1　各品种现货合约比较

产品	点差	合约单位	最小波动	基点价值	保证金要求
现货黄金	0.4	100OZS	0.05USD	5.00USD	1000USD
现货白银	0.03	5000OZS	0.001USD	5.00USD	3000USD
现货铜	0.0070	25000LBS	0.0005USD	12.5USD	750USD
美原油	0.04	1.000BBL	0.01USD	10.0USD	1000USD
布伦特油	0.06	1.000BBL	0.01USD	10.0USD	1000USD

名词解释：

点差：点差指的是买价和卖价之间的固定差价，即买价 – 卖价 = 点差。点差是投资者的交易成本，在建仓时系统便收取了点差费用。伦敦金的标准点差是 0.5 美元 / 盎司，伦敦银标准点差是 0.04 美元 / 盎司。一手伦敦金 100 盎司的点差是 50 美元，一手伦敦银 5000 盎司的点差是 200 美元。举例子来说，假如当前伦敦金买价为 1000 美元 / 盎司，卖价为 999.5 美元 / 盎司，投资者以 1000 美元 / 盎司建仓买入一手，在价格没有变动的情况下，以 999.5 美元 / 盎司的价格平仓。建仓与平仓两次操作之后，投资者缴纳的点差费用为 0.5 美元 ×100=50 美元。不同品种、不同交易平台，点差的差异非常大。有些交易平台实行浮动点差，也就是交易商收取的费用是根据市场行情的波动不断改变的，当市场整体交投较为平淡的时候点差较低。有些交易平台则实行固定点差，也就是指不管市场行情平淡亦或波动剧烈，点差均不会受到影响。

合约单位：合约单位是指一张合约对应的标的资产（黄金、白银或原油）的数量，即买卖双方在约定的时间以约定的价格买入或卖出标的资产的数量。比如现货黄金的合约单位是1手=100盎司（OZS），现货铜的合约单位是1手=25磅（LBS），现货原油的合约单位是1手=1桶（BBL）。合约单位由交易所在发布合约标的时公布，一经公布将长期保持不变，但部分交易所有权根据需要调整合约单位。

合约面值：合约面值是指一张合约的价值。合约面值一般为合约单位乘以单位报价。如现货黄金价现为1300美元/盎司，则合约面值为1300美元/盎司×100盎司=130000美元。

最低波幅：最低波幅，也叫基点波动价值，是指当价格波动最小时，每手合约的盈亏数量。现货黄金的最低波幅为0.01美元/盎司，即1手的最低波幅为0.01美元/盎司×100盎司=1美元。

现货保证金：现货黄金中，每手交易固定收取1000美元的保证金，每手固定交易100盎司的黄金，也就是完成1手交易。金价浮动1美元/盎司，则盈利浮动=100盎司×1美元/盎司=100美元。现货黄金最小交易单位为0.1手合约，因此最小保证金金额为100美元。

持仓过夜费：现货交易持仓过夜的隔夜费是指交易者当天下单以后当天没有平仓，因持仓过夜而产生的费用。严格来讲，因客户延期交收而发生的资金或现货实物的融通成本就是持仓隔夜费。现货持仓过夜单的隔夜费不管是工作日还是休息日，只要持仓过夜就会收取。隔夜费按天结算，不管做多做空都会收取。过夜利息的计算公式是：当天收市价×合约单位×手数×利率×（1/360）=过夜利息。买升建仓的交易单过夜利率一般是1.25%，买跌建仓的交易单过夜利率一般是0.75%，每手1天需要支付的过夜利息约为4美元。

市价交易：市价交易也称随行就市，是指不限定价格，按照市场当时最好的价格立即买卖现货合约的交易委托。一般来说，确认市价交易的委托单后，就会以当前最新价格即时成交。

限价交易：限价交易是指按照限定价格或者更优价格成交，未成交部分可以撤销。限价交易需要自行设定成交价位，当盘中价格到达或优于设定价位时自动成交。限价交易有当日有效与当周有效等设置，交易者下单时要留意。

锁单：严格意义上的锁单是指同一个价位、同样手数方向不同的开仓单，但实际操作中很少有人这么做。一般锁单是为了防止第二天开盘行情出现巨幅波动，在第一天收盘前找一个相对已有持仓比较合理的价位开反向仓以锁住风险，第二天开盘后根据行情解锁。这种方法一般是大资金的操作手法。

止损单：在交易平台预先设定止损条件，当设定的止损价位出现时，系统自动平仓以停止亏损。与设定限价单一样，止损单所设价位必须与市价相差规定的点数。

现货黄金建议顺势止损 3 ~ 4 美元，逆势止损 2 ~ 3 美元。现货白银建议顺势止损 0.3 ~ 0.4 美元，逆势止损 0.2 ~ 0.3 美元。美原油建议顺势止损 0.3 ~ 0.4 美元，逆势止损 0.2 ~ 0.3 美元。

以上止损是笔者比较习惯的标准止损设置，有时也要根据当时价格走势以及支撑与压力位置作出调整。交易者进场后，价格还没有到达止损位，如果盘中指标发生变化，增加了止损的可能性，可以考虑提前止损。

止盈没有固定的标准值，止盈、止损最好按 1:1 的比例设置。但是如果获利后指标发生变化，没有继续盈利的空间，或者出现趋势反转的信号，就要灵活处理止盈止损，不能认死理儿。如果交易者进场后获利且趋势保持良好，没有遇到强劲的支撑或压力，或者指标显示价格还有上涨空间，只要没有出现反转信号，则尽量保持持仓，以争取最大获利空间，或者实行移动止损。

上面是国际现货交易市场中最主要的几个交易品种的合约明细，其中现货黄金和美原油的交易额最大，也是市场最主要的交易品种。此外，还有铂金、铝、钯金等现货商品在国内部分交易所上市，但不论从国际还是国内角度来看，交易量都不大，其报价和合约要求也有所不同，在此就不一一说明了。

现货和外汇市场比较注重交易者的“专一”程度，“专一”才能够保证交易者抓住每一次重要的价格波动机会，也方便培养交易者的交易感觉。交易者刚进入现货市场时，建议仅关注一个交易品种进行交易。当交易技术成熟并对该商品的走势培养出良好的感觉后，可以发展到同时关注 3 个品种的交易。

关注过多的商品，会分散交易者的注意力。对于大多数交易者来说，将有限的资金集中于一个品种是不错的选择。此外，在大多数情况下，大部分现货商品的价格走势趋于一致，如黄金和白银。

了解了贵金属现货市场的基础交易规则以及经常应用的基本面判断方法后，就会进入一段漫长的学习掌握技术分析的阶段。在整个现货交易市场中，基本面分析所占比重虽然不多，但是不可或缺，基本面因素直接决定了某个重要消息发布前后，交易者是否能够把握住其波动和盈利的机会。

很多人认为，成功的现货操作依靠的是 30% 的技术和 70% 的心态。对于这种说法笔者不是很赞同。成功的交易者不仅仅要具有好的技术与心态，还要善于在交易过程中总结经验，吸取教训，能够不断地完善自己的交易原则与操作模型。细分下来，笔者更倾向于认为，成功的交易需要 40% 的心态结合 30% 的技术，再加上 20% 的感觉与 10% 的基本面分析能力。

“盘感”？没错，就是盘感！这种感觉不是刚入市的小白无知的“错觉”。当一位专业的交易者具有非常丰富的交易经验和投资年限后，对商品价格走势的预感是非常灵敏准确的。再辅以盘面一目了然的技术组合，就可以实现精准的交易。

笔者在股市、外汇、期货等市场交易多年，可以在 30 ~ 50 秒的时间里判断出后期的价格走势以及机构交易的进度。1 分钟内可以判断出现货、外汇市场单个品种的价格趋势以及多空双方的交易点位。如果一个指标一个指标地去分析，一个周期一个周期地去研究，恐怕一天的时间都难以对走势作出判断。如何做到这一点呢？相信各位读者学会书中的交易法则之后，经过岁月的磨练，自然就会达到这一水平。

如何学会这套法则，并在实战交易中取得收益呢？信任！对研发者的信任，对交易法则的信任。如果自己始终表示怀疑，那么在使用的时候就会犹豫不决，即使这套法则是高效的，也会因为犹豫而导致交易失败。

使用者可以从这套法则的交易失败中吸取教训，并对其进行修改完善，但是不能怀疑或否定它。很多交易者总是在寻找有效的交易方法，但往往是一套交易模型使用后不久，还未能掌握其中的精髓，便认为这套方法不可靠或不适合自己而放弃，结果始终在更换交易体系，账户的资金也在一点一点地萎缩。

五、交易前的准备工作

1. 心态要平和

如果你在一天的生活、工作中诸事不顺，心情烦躁，或因其他的事情导致心情郁闷，建议你最好不要在交易中发泄你的不满情绪，否则你会更加郁闷。

一个心境散乱，想东想西，注意力不集中的交易者，怎么会有好的交易结果呢？当心情不佳时，最好去放松一下，听听音乐，喝杯茶，或许对你有所帮助。

2. 提前熟悉日内重要消息

在交易前，要先了解日内哪个时段有对现货市场造成影响的重要数据发布，同时判断这项数据对现货价格可能带来的影响是什么。如果日内没有重要的基本面因素影响，可以完全按照自己的技术交易法则进行交易。

如果有重要的数据发布，那么在这项数据公布前，应停止交易并保持空仓。如果已有持仓且不想平仓，那么在数据公布前需要设置止损，以防止数据与预期差别较大。

如果不关注重要数据的公布时间、数据的重要性以及可能带来的影响，待价格突然出现暴涨暴跌行情时，错过盈利机会的你还在做一个不明真相的吃瓜群众。

笔者就曾遇到过这样一位交易者，晚间看盘期间，忘记了美国当晚要公布非农数据，结果去了一趟卫生间，回来后账户的黄金多头头寸就亏损了2000余美元。每每提及此事，他还会调侃说，跑一趟卫生间的成本太昂贵了！

3. 制定交易计划

系统的交易计划，可以验证你的操作模型的准确性，还可以让你的交易更有规律，更加规范。如果只是漫无目的地盯盘，感觉可以交易就下单，感觉不妙就止盈，这样没有章法和规则的交易，成功率是很低的。

交易之前，要明确每一个交易品种的运行趋势。围棋高手在开局前，都会制定一个本局对弈策略，在每一次落子前，都会提前布局未来几回合的策略。现货交易也是同样的道理。

在进行一笔交易前，首先要估算这笔交易的成功率。自己都觉得模棱两可，那么其结果必然会一波三折。如果确定进场交易，就要提前规划好何时平仓，是获利后移动止损以博取更大收益，还是在某一个价位上及时平仓，落袋为安。如果止损，也要考虑好在哪里止损是最合理的。一旦制定了交易计划，就要严格执行，价格没到止损位不要慌张，获利以后不要急于平仓，按照计划的进出点位操作即可。

刚入市时，笔者也曾经出现过这样的问题：获利后担心价格无法到达计划点位，结果往往获小利而离场；当交易错误时又心存侥幸，没有严格在止损位止损。这样的结果导致正确的交易赚不到钱，错误的交易反而亏得更多，一段时间下来，账户资金逐渐减少。经过很长一段时间，这个困扰了我许久的问题才慢慢得到解决。其实出现这种问题，最大的原因就是怀疑自己的交易能力。只要大家按照制定的计划交易成功几次，这种问题就会迎刃而解。

如果你真的爱好交易，想要从市场交易中获利，这些交易前的准备工作是必不可少的。少了其中任何一项，都可能导致交易准确率下降，所以交易者一定要把交易规范化、流程化。

第二章　基本面分析必备知识

一、基本面分析的重要性

有些交易者曾问到这样一个问题："现货和外汇交易中不是技术分析最重要吗，为什么讲这么多基本面的东西？"其实，很多交易者都有这样的疑问。

笔者认识很多专业的交易人士，他们有些人从来不看基本面，还信誓旦旦地说，技术分析的三大假设之一就是"价格走势涵盖一切信息"，从来不看基本面但交易依然很准。也有很多交易者信心满满地跟其他朋友说，基本面分析太麻烦，用技术分析同样可以提前判断消息面的结果。

对此类交易者，笔者只能自叹不如。金融市场中，不论哪一种投资品种，都必须结合基本面与技术面进行综合分析，否则就像是人少了一条腿走路。即使安装假肢，也不会走得很稳。

在没有内幕消息的前提下，有多少交易者能够提前判断出美国非农数据对于现货黄金来说是利好还是利空，数据公布以后价格会如何运行。可能有不少人提前正确预判过价格走势，但即使是玩大乐透，也会有人中一等奖。赌对美国非农数据对现货黄金价格走势影响的概率是50%，笔者也曾提前正确预判过，但其中的运气成分要远大于可靠的分析，其他人也是如此。曾经有很多专业人士炫耀他们提前布局非农数据行情的必胜技巧，结果证实都是蒙的。

有多少交易者能够准确判断出美联储几月份加息，加息多少？谁能正确预测美联储每次议息会议的会议纪要，或者美联储主席各位官员讲话的内容？如果真有人能够做到这一点，相信他与本书一定是无缘的。

大宗商品价格波动的原因是什么，不就是供需关系吗？价格波动间接影响市场交易者对于供需关系的预期和判断，而重要的基本面因素则是表征供需关系的直接因素。虽然影响现货市场价格走势的基本面因素并不多，但是一个有影响力的基本面因素发生变化，绝对可以对现货市场价格产生扭转乾坤的作用。

如果交易没有考虑到基本面因素发生的变化，恰好这个基本面因素对于价格的影响方向与交易的方向相反，那么对交易者来说，造成的打击往往是致命的。

2014 年 11 月 30 日，瑞士就黄金问题举行公投，内容包括：要求瑞士央行（SNB）停止售金，取回瑞士黄金储备，并要求瑞士央行资产中至少有 20% 是黄金（当时瑞士央行储备中黄金占比不到 8%）。市场大部分交易者认为本次公投不会通过，对国际金银价格形成利空的概率比较大，所以公投之前金银价格出现了预期炒作性的下跌。在瑞士公投前一个交易日，国际黄金价格每盎司下跌超过 20 美元。

公投日结束后，如大家预期，议案果然没有通过，这一结果也令国际黄金白银价格失去最后的支撑。公投后开盘首个交易日，国际黄金价格大幅低开，低开幅度超过 10 美元，之后继续保持快速下行走势。

如果交易者按照技术分析判断公投后的价格走势进行交易，很多交易者会顺势沽空。谁知道当日黄金价格低开低走 10 分钟之后，国际黄金价格开始大幅暴涨，走出了“利空出尽是利好”的多头行情。当日收盘时，黄金价格每盎司上涨 56 美元，全天最高振幅达到 79 美元，同时价格突破了多道强压力位，当日因操作不当严重亏损甚至爆仓的交易者不计其数。如果当日按照技术走势开盘顺势沽空，或者价格反弹至压力位置不断沽空或补仓，后果是非常可怕的。

2015年，也是国际现货市场十分“悲壮”的一年。为什么用“悲壮”一词呢？因为期间国际金价无数次想要崛起，大量投资者，包括“中国大妈”，坚定看涨并不断抄底，但终究还是难以抵挡基本面的冲击。

2015年，现货及外汇市场全年被美联储加息预期所笼罩，强烈的利空预期导致几乎所有大宗商品价格不断刷新新低。这个预期从年初炒到年尾，结果全年国际黄金价格每盎司下跌超过100美元，国际白银价格跌幅接近15%。

2015年12月17日，美国联邦公开市场委员会（FOMC）终于如市场预期的那样调高了联邦基金利率25个基点，正式宣告实施了近7年的美元零利率政策结束。消息一出，大宗商品市场再遭血洗，不过这也是很多人预料之中的事情。之后的行情走势，可能是很多投资者想象不到的。

如果此时认为基本面对金银价格形成利空，于是激进地追空的话，那就大错特错了，因为资本市场有“利空出尽是利好”的说法。此前笔者就曾经发出警告，当美联储加息的靴子落地之前，利空情绪会充斥整个市场，金银价格的下跌格局也不会改变。一旦确认加息，利空出尽，则是金银价格反转上涨的开始。

果不其然，利空出尽后，连续两个交易日，国际黄金价格连续上涨超过30美元。自此，国际金银价格走出一轮长达3个月甚至更长时间的单边上涨行情。如果此时交易者还认为利空兑现，价格会受到影响下跌的话，那结局就很悲惨了。

以上案例，只涉及影响现货市场价格走势的少数几个基本面因素，此外还有很多因素同样发挥作用，甚至还有影响更大的基本面因素，其中包括固定和不固定的、可预期和不可预期的因素，这里笔者不再一一讲述。

这里提醒交易者，要了解任何一个对价格可能产生重要影响的基本面因素，它们有可能对日常交易带来阻碍，也可能会给交易者带来致命的打击。正因如此，不论你的技术分析能力多么高明，技术分析体系多么完善，一旦基本面因素发生变化的话，一定要以基本面分析结论为主进行操作。

这里主要对固定的和可预期的基本面因素进行分析讲解，大家掌握其对价格走势的影响就可以了。有一些基本面因素可能并不会对现货商品价格造成太大的影响，在这里也会举例说明，避免交易时产生失误。

二、贵金属市场重要经济数据

之所以首先讲到经济数据对贵金属市场的影响，是因为经济数据每天都可能导致现货价格波动。每个月都会有许多经济数据公布，它们都会在一定程度上对现货商品价格造成影响，有些重要数据甚至可能造成价格趋势发生反转。

每个交易日全球各国会有许多经济数据公布，由于国际现货商品几乎全部都是以美元报价，其中大多数现货商品的定价权掌控在美国手中，美国作为全球最大经济体，其经济数据对现货市场的影响也最大，所以美国经济数据是现货市场的关注重点。部分欧洲国家的重要经济数据以及货币政策，对于现货市场商品价格也有一定的影响，但是影响程度有限，只要适当关注即可。

美国每月、每周、每日都会公布大量经济数据，这些数据中有些直接反映本国经济甚至是世界经济的好坏，是市场关注的重点。有些经济数据对现货市场的影响比较间接，相对来说受市场关注的程度并不高。交易者只需要重点关注那些对现货商品价格影响力度较大的数据即可，至于一些常规的、影响力度小的数据，可以略作了解，仍然按照技术形态和市场走势操作即可。

以下经济数据讲解顺序，按照市场关注的程度排列，但并不代表每次公布该数据都会对现货商品价格造成很大影响。

1. 美国季调后非农就业人口

（1）数据介绍。

该数据主要影响的现货市场品种为贵金属商品，对原油等商品价格的影响有限。

非农就业人数变化反映出制造行业和服务行业的发展现状，数字减少代表企业生产萎缩，经济步入萧条或下行。在没有发生恶性通胀的情况下，如数字大幅增加，显示经济发展健康和乐观，并可能预示利率将提高，对美元走强有利。非农就业数据增加，反映出经济活力上升，反之则下降。

该数据对现货黄金、白银、铂金等贵金属商品价格影响较大，也是现货和外汇市场中交易者最为关注的数据。该数据每月第一周的周五晚间北京时间 20:30（冬令时 21:30）公布，通常数据公布后，会刺激美元以及贵金属现货商品走出一波幅度较大的单边行情。很多投机者在此数据公布阶段大赚大亏，但依旧期待能够利用该数据公布的机会实现一夜暴富。

（2）数据操作。

对于普通投资者而言，其实任何数据分析都是徒劳的，准确率并不是很高。普通投资者判断非农数据对市场带来的影响，一般渠道主要有几种。

一是通过金融类专业网站的文章，国内外金融机构的预期，以及专业人士的见解。但这些观点的依据是什么不得而知，很多时候专业机构的看法也不一致，让人无所适从。盲目依据别人的观点操作，属于把交易成败寄托于他人身上。

二是通过历史数据走向图来判断本次数据公布后的走势。但是，仅凭一个趋势图来判断的话，虽然说有一定的合理成分，准确率却不会很高。众所周知，非农数据对于贵金属现货价格影响极大，经常引起价格暴涨暴跌，如果没有充分的依据和较高的准确率，是绝对不能作为交易参照的。

三是依靠技术面走势判断数据对市场走势的影响。虽说技术走势涵盖一切信息，但这种做法相对来说会滞后。许多投资者研究出很多提前判断非农数据行情的方法，并讲得头头是道，但是笔者验证后，正误率基本是五五开，所以这种方法也是不可取的。提前判断非农数据对市场带来的影响，实属赌徒行为，作为真正的投资者，还是应该等待数据公布后再作打算，这才是最稳健的操作行为。如图 2–1 所示。

一般在非农数据公布后，贵金属现货商品价格都会出现一波幅度大小不

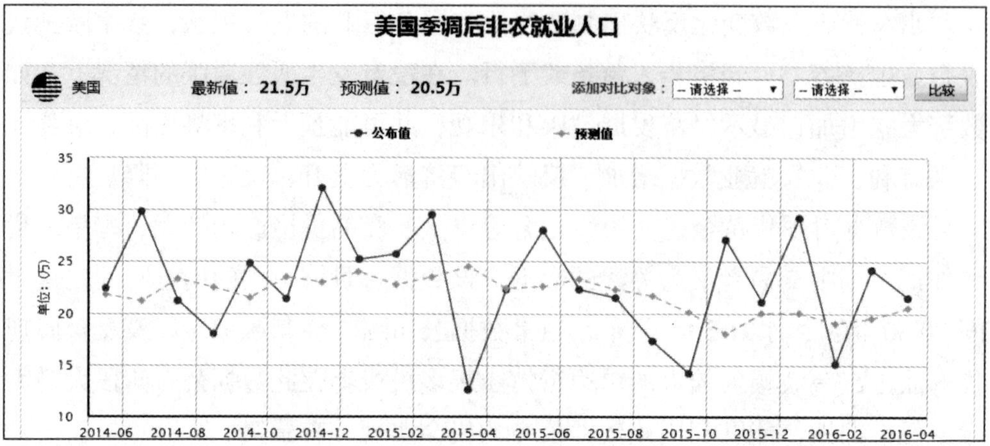

图 2-1

一的行情，有些是单边大幅行情，有时是宽幅震荡行情，但绝对不会出现窄幅盘整走势。

交易者最喜欢单边行情走势，因为数据公布后，根据数据对现货商品的利好利空走势顺势交易，基本上都有利可图。交易者最不喜欢宽幅震荡走势，因为出现价格宽幅震荡走势，那么数据公布后，交易者按照数据指引进行交易，经常会出现获利不足的问题，甚至因追涨杀跌导致方向交易做反。

非农数据公布后，如何判断价格会出现宽幅震荡行情还是单边行情，并据此判断是执行顺势交易策略还是反手交易策略？这是许多现货投资交易者最头疼的问题。

首先交易者要重视非农数据，但不要把非农数据行情当作一夜暴富的机会。寻求一夜暴富属于赌徒行为，而赌徒十赌九输。实战中可以把非农数据行情当作一次快速交易的机会，因为数据公布后价格波动很快，有时需要在很短的时间内结束一笔交易，或是快速止盈离场，或是快速止损出局。对于非农数据引发的市场行情，不论多空都应该严格设置止损，同时不能大幅度移动止损的空间，以免交易错误，大伤元气。

笔者从不建议身边投资者交易非农行情。如今非农数据的受重视程度大不如前，很多时候，其他数据引发的日常行情波动，都比非农数据行情来得猛烈，指望这一天获暴利完全没有必要。日常行情更容易把握，风险更低，普通投资者都可以参与交易。在非农数据公布前后这几个小时，交易者可以给自己放个假，远离非农行情。

一定要参与非农行情交易的话，可以参考以下建议。

①若未来一段时间内美联储货币政策将发生改变，且市场炒作活跃，那么重要经济数据会得到市场更充分的重视，如未来某个时间点美联储将加息、降息、开启 QE（量化宽松）或结束 QE 等政策。如市场上有货币政策预期，那么非农数据对现货商品的影响就会大大增加。如非农数据大幅偏离预期值，将会引发单边行情。

②若未来一段时间美联储方面消息平淡，非农数据受关注程度就会降低。只有非农数据当月实际值大幅高于或低于前值或预期的情况下，才有可能引发现货商品单边行情。

③如果当月非农数据实际公布值在预期值与前值之间，这种情况很难使现货商品走出单边行情，大多数情况下为宽幅震荡行情。此时不可追涨杀跌，按技术面寻找支撑、压力，正常操作即可。

④非农数据公布前，如果商品价格已经窄幅盘整一段时间（超过一个交易日），数据公布后，若利好、利空明确，或可走出单边行情。

⑤非农数据公布前，如果商品价格中短线始终没有明确的运行方向，但有一定幅度的震荡空间，那么数据公布后，价格通常会继续宽幅震荡，只不过幅度可能会较数据公布前有小幅扩大。

⑥配合同一时间公布的其他重要数据进行判断（非农数据公布的同时，还会公布美国失业率及美国平均每小时工资月率）。

很多交易商大肆宣扬非农数据引发的赚钱效应，对于其中隐含的风险却避而不谈，这一点投资者一定要警醒。现货市场是一个十分健全、完善的投机市场，投资者可以到该市场中进行投机交易，甚至有可能较快速地积累个人财富。但如果仅仅想依靠一两笔非农数据行情投机致富，往往只能成为待宰的羔羊。

2. 美国失业率

（1）数据介绍。

失业率是指一定时期满足全部就业条件的就业人口中仍未有工作的劳动力所占比例，旨在衡量闲置中的劳动能力，是反映一个国家或地区失业状况的主要指标。失业率数据的月份变动，可以在一定程度上反映经济的发展状况。

失业率与经济增长率具有反向相关的关系。一般美国失业率增长，则利空美元货币，利好现货贵金属商品。反之，美国失业率下降，则利好美元货币，利空贵金属商品。

该数据同样是对贵金属现货商品投机交易者影响较大，对原油等能源类商品价格走势的影响不大。通常失业率的变动不会很大，由于是与非农就业人数数据同时公布，所以市场对该数据的关注度以及该数据对市场的影响力有一定程度的不足。

（2）数据操作。

美国失业率与非农就业数据同时公布。“萤烛之火”无法与日月同辉。由于市场更关注非农就业数据，往往忽视失业率数据给市场带来的影响。所以，每到非农公布之夜，交易者不仅应该关注非农就业数据，还要结合失业率以及下面讲到的平均每小时工资年率进行综合判断。

该数据公布后的操作参考如下。

①如果非农就业数据与失业率数据同时出现大幅增长或下跌，贵金属现货价格或出现较大幅度的单边行情。

②如果非农就业数据与失业率数据对价格的影响方向相反，失业率数据变动不大，则按照非农就业数据所指行情方向进行交易。

③如果非农就业数据与失业率数据对价格的影响方向相反，且两组数据都出现了较大幅度的增减，通常价格会按照非农数据指引的行情方向运行，但波动幅度不大且行情很快会陷入盘整。

④如果非农就业数据与失业率数据对价格的影响方向相反，非农就业数

据没有出现太大增减，但失业率出现了较大波动，价格走势有可能按照失业率数据所指方向运行，但波动有限，多为区间震荡。

3. 美国平均每小时工资月率

（1）数据介绍。

平均每小时工资月率（Average Hourly Earnings）是用平均每小时和每周收入衡量私人非农业部门的工作人员工资和薪水水平的一个指标。该指标存在一定的易变性和局限性，但仍然是一个月中关于通货膨胀的重要数据，外汇市场主要关注每月和各年随季节调整的平均每小时和每周工资的变化情况。

一般而言，如果预计平均每小时工资月率能引起利率的上涨，那么每小时工资的迅速上升会对该国货币形成利好刺激，反之亦然。在美国，该指标由联邦储备委员会进行监控。

每小时收入数据反映了每小时基础工资率的变化，反映了加班的奖金增长情况。平均每小时工资月率可以较早地反映出行业工资和薪水成本的变化趋势，该数据与雇佣成本指数相辅相成，共同为衡量总劳动成本提供参考。

（2）数据操作。

平均每小时工资月率数据与非农就业人数数据、失业率数据同时公布，近几年受到市场越来越多的交易者关注，许多交易者认为该数据更能体现美国的就业市场状况。

许多时候，当非农等数据公布后，虽然非农就业人数并没有出现太大幅度的增长，但是贵金属现货价格却出现了单边大幅度的下跌行情，就是因为美国平均每小时工资月率的增幅较大所导致的，但对原油价格影响不大。以前很少有交易者关注这一项数据，希望交易者能够引起足够的重视。如图 2–2 所示。

①如果失业率、非农就业、平均每小时工资月率三项数据同时显示利好或利空贵金属现货价格，则市场出现单边走势的概率较大，而且可能会影响

20:30		美国4月季调后非农就业人口(万) [-]	20.8	20	**16**	★★★	利多 金银 石油 利空 美元
		--美国4月平均每周工时(小时)	34.4	34.5	**34.5**	★★☆	--
		--美国4月失业率(%)	5	4.9	**5**	★★★	利多 金银 石油 利空 美元
		--美国4月平均每小时工资年率(%)	2.3	2.4	**2.5**	★★★	利多 美元 利空 金银 石油
		--美国4月劳动参与率(%)	63	63	**62.8**	★★☆	--
		--美国4月私营部门就业人数(万)	18.4	19.5	**17.1**	★★☆	--
		--美国4月平均每小时工资月率(%)	0.2	0.3	**0.3**	★★★	--
		--美国4月季调后制造业就业人口(万)	-2.9	-0.5	**0.4**	★★☆	利多 美元 利空 金银 石油

图 2–2

未来一段时间的价格走势。

②如果三项数据显示的行情方向不同，则以非农就业数据与平均每小时工资数据为主。

③如果非农就业数据与每小时工资数据显示的行情方向不同，且两组数据涨跌幅度都不大，那么市场价格震荡的概率较大，此时不应追涨杀跌。

以上三组数据在贵金属现货市场中是最为重要的三组数据，当数据公布时，一般都会引起市场价格的强烈波动，交易者一定要谨慎交易。

即使以上三组数据全部利好或利空贵金属现货价格，有较大概率使价格走出单边行情，交易者也一定要严格设置止损。在大盈大亏的行情中不成功便成仁，没必要因为一次行情的博弈丧失长久的收益。

4. 美国季度实际 GDP 年化率

（1）数据介绍。

国内生产总值（GDP，Gross Domestic Product）是指一个国家（国界范围内）所有常驻单位在一定时期内生产的所有最终产品和劳务的市场价值。GDP 是国民经济核算的核心指标，也是衡量一个国家或地区总体经济状况的重要指标。

一国 GDP 大幅增长，反映出该国经济发展强劲，国民收入增加，消费能力也随之增强。在这种情况下，该国央行有可能提高利率，紧缩货币供应。国家经济表现良好及利率的上升，会增加该国货币的吸引力。在现货市场中，交易者主要关注的是美国 GDP 方面的数据。

美国 GDP 数据一般都是按照季度核算，在每个季度的月末公布 GDP 数据初值，下一个月公布该季度的修正值，接下来一个月公布数据的最终值，所以美国每个季度都会公布 3 次 GDP 数据，相当于每个月的月末都会公布一次美国季度 GDP 数据，但是都是上一个季度的数据。

交易者最为关注的，也是最可能对市场价格引起波动的，是 GDP 初值与最终值。由于 GDP 数据的统计量和信息量较大，所以披露也十分严谨。正是如此，才会受到交易者的广泛关注，因此对价格的影响也会导致出现剧烈波动。如图 2–3 所示。

20:30		美国第二季度实际GDP年化季率初值(%)	0.8	2.5	**1.2**		利多 金银 石油 利空 美元
		--美国第二季度最终销售年化季率初值(%)	1.2	3.2	**2.4**		--
		--美国第二季度年化实际GDP初值(亿美元)	165250	--	**165751**		--
		--美国第二季度GDP平减指数初值(%)	0.5	1.9	**2.2**		--
		--美国第二季度消费者支出年化季率初值(%)	1.6	4.4	**4.2**		利多 金银 石油 利空 美元

图 2–3

（2）数据操作。

GDP 数据一般在月末公布（夏令时北京时间 20:30，冬令时北京时间 21:30）。通常 GDP 会和一系列的相关数据同时公布，如 GDP 年化季率值（百分比及具体金额）、GDP 平减指数初值等。GDP 真正对价格造成影响的，也是需要交易者重点关注的，是 GDP 年化季率的百分比数值。三个 GDP 数据中，对价格产生的影响大小，依次为终值 > 初值 > 修正值。

GDP 数据与非农数据对市场的影响效果不同。非农数据不论最终结果如何，都会导致价格出现剧烈波动，或单边运行，或宽幅震荡。GDP 数据公布时，可能价格不会有任何的反应。

交易者遇到GDP公布数据时，要等待数据公布后，根据实际的公布数值，以及当时价格波动的力度，据此判断是否会出现较大幅度的持续性行情。若数据公布后价格多空双方交易动能十分有限，那么交易者最好还是暂时观望，等待市场选择具体的方向。

如果美国GDP数据高于预期，则利好美元汇率而利空贵金属价格。反之，如果GDP数据低于预期，则利好贵金属价格而利空美元汇率。

5. 美国CPI数据

（1）数据介绍。

美国CPI数据即美国居民消费价格指数，是由美国劳工部公布的月度数据。美国CPI公布时间一般是每月的第三个星期，大致公布日期为每月中旬的14～20日（夏令时北京时间20:30，冬令时北京时间21:30），遇美国公假或特殊情况，也可能推迟至下旬公布。

美国CPI数据各项指标公布时间一致，公布每月CPI数据的同时，还会公布核心CPI、年率、月率等数据。如美国季调后CPI月率（月度）、美国未季调CPI（月度）、美国核心CPI月率（月度）、美国未季调CPI年率（月度）、美国未季调核心CPI年率（月度）、美国未季调核心CPI月率（月度）、美国季调后核心CPI（月度）。如图2–4所示。

20:30		美国3月未季调CPI年率(%)	1	1	**0.9**	★★★	利多 金银 石油 利空 美元
		--美国3月未季调核心CPI月率(%)	0.3	0.2	**0.1**	★★★	利多 金银 石油 利空 美元
		--美国3月未季调核心CPI年率(%)	2.3	2.3	**2.2**	★★★	利多 金银 石油 利空 美元
		--美国3月季调后CPI月率(%)	-0.2	0.2	**0.1**	★★★	利多 金银 石油 利空 美元

图2–4

（2）数据操作。

通常CPI数据也是批量公布的，而且大多数情况下会同时对贵金属价格形成利好或利空影响，此时价格行情的运行方向也会相对明确。但有些情况下，一组数据显示的行情方向不一，有利好有利空，这时交易者要重点关注季调 CPI 年率以及核心 CPI 月率。

交易者还要根据市场投资人气判断行情走势，特别是要判断哪一项数据对价格产生的影响更大，哪些数据对贵金属、外汇市场更为重要。其实市场对于公布的数据作何反应，最终还是由市场说了算。一项交易者自以为会对价格产生重要影响的数据，一旦市场没有做出任何反应，那么这个数据就是无效的。

关于数据公布后经常出现的问题以及解决办法，后面会进行总结归纳。

6.PCE 物价指数

（1）数据介绍。

PCE 即“个人消费支出”。核心 PCE 物价指数是衡量美国民间消费通胀情况的关键指标，由美国商务部经济分析局最先推出，并于 2002 年被美联储决策机构联邦公开市场委员会（FOMC）采纳为衡量通货膨胀的一个主要指标。

PCE 物价指数不像消费者物价指数（CPI）基于一篮子固定商品计算得出，该指数用于表征所有国内个人消费品价格的平均增长情况，能够反映由于价格变动使消费者购买替代产品的价格变化情况。PCE 物价指数被认为能更全面、更稳定地衡量美国的通胀情况，因此受到美联储的关注。该指数通常在月底公布（夏令时北京时间 20:30，冬令时北京时间 21:30）。如图 2–5 所示。

20:30		美国第二季度PCE物价指数年化季率初值(%)	0.3	2	**1.9**	★★★
		--美国第二季度核心PCE物价指数年率初值(%)	1.6	--	**1.6**	★★☆
		--美国第二季度PCE物价指数年率初值(%)	0.9	--	**0.9**	★★☆
		--美国第二季度核心PCE物价指数年化季率初值(%)	2.1	1.7	**1.7**	★★★

图 2–5

（2）数据操作。

PCE 物价指数也是美国重要的宏观经济数据，而且越来越多的交易者关注该指数的变化。从经验上来讲，一般以季度或月度公布一次的数据对市场价格走势的影响更强一些，而每周公布的数据则相对较弱。

PCE 物价指数同样为季度公布，与 GDP 数据的公布方式一致，交易者要重点关注初值及终值。PCE 物价指数同样也是批量公布，需要关注 PCE 物价指数年化季率的初值及终值，但两者相比前者更受市场关注。

PCE 物价指数还有一点与 CPI 数据相似，就是实际公布数据通常与预期值，甚至与前值，相差不大。数据不会出现太大幅度的变动，就很难引起交易者炒作的热情，因此对价格的影响也有限。振幅不大的数据，只有实际数值与预期值出现较大偏差的时候，才可能对市场价格产生比较深远的影响，才有顺势交易的机会。

7. 美国耐用品订单数据

（1）数据介绍。

大部分经济指标都是告诉人们宏观经济中已经发生的事，只有少数几个指标能够提供未来发生什么的线索。耐用消费品订货量的预先报告，就是这样一种统计，这也是为什么它一发布，就成了金融市场和企业界关注中心的原因。

当审视工厂产品“订货量”时，也就是在观察未来数月的生产情况和走势。订货量跃升是一个积极信号，因为它表示工厂和雇员们将会继续忙碌，为满足来自客户的需求而努力工作。

基于同一逻辑，订货量的持续下降，一定会被看成一个宏观经济麻烦缠身的征兆，即生产线可能不久就会悄无声息，工人没有什么事情可做了。在这种形势下，制造商会面临艰难的抉择，要么关掉一些生产线，可能还会同时解雇一些工人，要么继续维持现在的生产水平，冒着产品库存堆积越来越多的风险。

按照定义，耐用品就是预期寿命至少在 3 年以上的产品（如汽车、计算机、家用电器、飞机、通信设备），它们代表了企业投资支出非常重要的组成部分。宏观经济的很多方面要依靠耐用品生产来维系，包括就业增长、工业产量和利润等。

耐用品订货量之所以受到关注，还有另外一个原因，因为该数据悄悄地充当着更为复杂的工厂订货量报告的一个预览，而后者同时包括了耐用品和非耐用品，一周之后该数据就会发布。

由于该统计数据包括了国防部门用品及运输部门用品，这些用品均为高价产品，因此这两个部门的数据变化对整体数据有很大的影响，商品市场比较关注扣除国防部门用品及运输部门用品后的数据变化情况。

总体而言，若该数据增长，则表示制造业情况有所改善，利好该国货币。反之，若该数据降低，则表示制造业出现萎缩，对该国货币利空。市场一般最重视美国耐用品订单指数。该项数据一般在每月的月底或月初（夏令时为北京时间 22:00，冬令时为北京时间 23:00）公布。如图 2–6 所示。

22:00		美国6月耐用品订单月率终值(%)	-4	-4	**-3.9**	★★★	利多 美元 利空 金银 石油
		--美国6月扣除国防耐用品订单月率(%)	-3.9	--	**-3.8**	★★☆	--
		--美国6月扣除运输耐用品订单月率终值(%)	-0.5	-0.4	**-0.4**	★★☆	--
		--美国6月扣除飞机非国防耐用品订单月率终值(%)	0.2	--	**0.4**	★★★	--
		--美国6月扣除飞机非国防耐用品装船月率终值(%)	-0.4	--	**-0.2**	★☆☆	--

图 2–6

（2）数据操作。

每月公布一次的耐用消费品订单数据，通常对外汇和国际现货市场的价格影响比较大。另外，夏令时公布数据时间为北京时间 20:30，冬令时公布数据时间为北京时间 21:30，该数据对市场走势的影响要远比更晚或更早时间公布的其他数据对价格的影响大。这主要是因为该数据公布时美盘刚开盘不久，或者即将收盘时市场交易情绪高涨，就跟国内 A 股市场开盘半小时以及收盘半小时内的成交量最密集是一个道理。

每一位资深的操盘手都知道，刚开盘的一两个小时内，交易者的精力最为旺盛，交易情绪也比较高。午饭过后，身体逐渐疲惫，精神集中力下降。即将收盘时，就像快下班一样，精神会再次亢奋，操盘手也会为了抢夺收盘价而展开一系列操作。

耐用品订单数据也是批量公布的，其中仅关注耐用品订单月率即可，其余数据并不太重要。由于该项数据通常实际值与预期值的偏差较小，因此很难引起市场投资的交易情绪，所以每次公布后通常不会对行情造成较大影响。只有当最终实际数值与前值、预期值发生较大偏差的时候，才具有关注的价值。

8. 美国 ADP 就业数据

（1）数据介绍。

提起 ADP 就业数据，每位外汇或国际现货市场的交易者都十分熟悉，其熟悉程度不亚于非农就业数据。

ADP（Population data of American）是美国人口数据的缩写，因此 ADP 就业数据被市场称为“小非农”。该数据用于对美国非农就业人口数据提前预测，因此对黄金、白银、外汇市场影响巨大。

ADP 全美就业数据由 ADP 赞助，Macroeconomic Advisers 公司负责制定和维护。该数据源于50多万家匿名的美国企业，是美国就业情况的基本反映。一般该数据与美国非农就业数据同一周公布，每个月第一周的周三（夏令时北京时间 20:15，冬令时北京时间 21:15）公布数据。如图 2–7 所示。

20:15		美国7月ADP就业人数(万)	17.6	17	**17.9**	★★★	利多 美元 利空 金银 石油	

图 2–7

（2）数据操作。

ADP 就业数据对市场价格的影响通常低于非农数据，甚至很多时候数据公布后市场价格根本没有任何快速的波动，原因也很简单。

首先，北京时间 20:30 公布的美国经济数据影响力度会大一些，而 ADP 就业数据公布的时间仅仅比这些数据提前了 15 分钟。

其次，ADP 就业数据公布后的第二个交易日，就会公布美国非农就业数据，这才是影响当周甚至当月市场走势的重要数据。

在非农数据公布前，交易者一般不会选择提前进场，而是把交易机会留到非农数据公布阶段。交易者可以发现，越是接近非农数据公布窗口，价格的波动幅度越狭窄。待到非农数据公布后，市场走势便如泄洪一般惊天动地。

ADP 通常被市场认为是非农数据的预先指标，通过 ADP 就业数据的情况提前判断当周周五的美国非农数据强弱，并由此判断该数据对行情走势产生的影响。

非农就业数据与 ADP 就业数据对价格的影响方向完全一致吗？当然不是，不然非农数据对市场价格的影响就不会如此强烈了。交易者不要因为 ADP 就业数据对价格有利好或利空的影响，就在周五非农就业数据公布之前提前进行交易，一旦判断错误，瞬间造成的亏损可能就是致命的。

9. 美国初请失业金人数

（1）数据介绍。

初请失业金人数反映的是美国各州失业救助机构排队申领失业保险金的人有多少，其中首次申领和持续申领的人数同样重要。该报告不是按测算的劳动力总量计算已就业人员的百分比，而是统计正在排队等候领取失业保险金的人数。

初请失业金人数同样是市场上最受瞩目的经济指标之一，就业涉及到未来的经济发展动力，而失业人数则是一个前瞻性的指标。美国是个消费型社会，消费意愿是经济发展的最大动力。如果每周都有大量美国人丢掉工作而申请失业救济金的话，会严重抑制消费信心。

该数据每周都会公布，是资本市场关注的一个焦点。失业人数大幅增加，美国政府的财政压力也就随之增大，这对于得了“双赤绝症”（财政赤字和贸易赤字）的美国经济来说是一个考验，所以政府会采取相应的政策来刺激经济的活力与发展动力。该数据公布时间为每周四（夏令时北京时间20:30，冬令时北京时间21:30）。

消费意愿是美国经济发展的最大动力，如果每周因失业而申请失业救济金人数增加，会严重抑制消费信心，利空美元，利多黄金。该项数据越低，说明劳动力市场吸纳能力越强，对经济增长前景也越乐观，利多美元，利空非美货币以及以美元为交割货币的国际现货商品价格。如图 2–8 所示。

20:30		美国7月30日当周初请失业金人数(万)	26.6	26.5	**26.9**	★★★	利多 金银 石油 利空 美元
		--美国7月30日当周初请失业金人数四周均值(万)	25.65	--	**26.02**	★★☆	--
		--美国7月23日当周续请失业金人数(万)	214.4	213.0	**213.8**	★★☆	利多 金银 石油 利空 美元

图 2–8

（2）数据操作。

美国初请失业金人数数据每周四都会公布一次。由于每周公布，所以投资者对其关注度越来越低，其对市场价格走势的影响也不大，多数情况下几乎没有任何影响。即使实际数据与预期值出现较大幅度的偏差，对价格造成一定的影响，持续时间也十分有限，所以交易者不必过分在意。该数据公布后，如果价格运行平稳或振幅不大，交易者可以继续按照技术面走势进行操作。

此外，美国初请失业金人数数据同 ADP 就业人数数据一样，更大的作用在于判断未来公布的美国非农就业数据。若当月四次初请失业金人数整体略有下降或持续下降，那么非农就业人数增长的可能性就会相应提高。结合 ADP 就业数据，就能较准确地提前判断出非农数据的增减或与预期值的对比结果。

以上数据基本上是按照对外汇以及现货市场的影响程度来讲解的，但是偶尔也会出现例外，交易者只需知道哪些数据更重要就可以了。当然，美国每月公布的数据还有很多，比如工厂订单月率、Markit 制造业 PMI 指数、成屋签约销售月率数据等，因为很多数据对外汇及现货市场行情影响极为有限，这里就不一一介绍了。

以上介绍的数据均对国际贵金属现货市场价格行情影响较大，但对能源市场如美原油、布伦特原油价格影响十分有限，甚至全球最为关注的美国非农数据，都无法刺激油价出现大幅波动。其实有几项专属数据影响原油市场价格走势，下面就来详细讲解。

10. 美国 API 原油库存数据

（1）数据介绍。

美国石油协会（API）每周二会发布美国原油、汽油和蒸馏油库存报告，API 原油库存则是美国原油库存水平数据。该数据显示美国当前有多少石油库存和产品，用以判断石油供应能够持续多久。

该数据按照产品和地区不同表征美国石油需求，主要用以监控美国原油生产和原油进口及成品油供应情况。该数据每周公布一次，公布时间为每周三北京时间凌晨 4:30（冬令时为北京时间 5:30）。如图 2–9 所示。

04:30		美国8月5日当周API原油库存变动(万桶) [-]	-134	--	待公布	★★★	--
		--美国8月5日当周API库欣原油库存变动(万桶)	-130.4	--	待公布	★★★	--
		--美国8月5日当周API汽油库存变动(万桶)	-45	--	待公布	★★★	--
		--美国8月5日当周API精炼油库存变动(万桶)	53.9	--	待公布	★★★	--

图 2–9

（2）数据操作。

若原油库存实际数值较预期值相比下降，则利好原油。反之，若实际数值较预期值相比增长，则说明供应过剩，利空原油。由于当日晚间美国还将公布 EIA 原油库存数据，相比 API 原油库存数据，EIA 原油库存数据更为市场所关注，所以 API 原油库存数据通常对价格影响不大。

此外 API 数据公布后，亚洲盘即将开盘，而亚洲盘开盘阶段市场交易并不活跃，这也是导致这组数据对原油市场价格影响较低的原因之一。不过，若 API 数据实际值较预期值出现较大的偏差，则亚洲盘开盘阶段有可能出现一波不错的行情。更多情况下，API 数据是 EIA 数据的指引，通过 API 数据的实际结果，可以预判晚间 EIA 数据的走向。

11. 美国 EIA 原油库存数据

（1）数据介绍。

EIA 原油库存数据由美国能源信息署（EIA）每周三定期发布。该数据测量了每周美国公司的商业原油库存变化，库存数据影响成品油的价格走势，进而影响通货膨胀和其他经济活力。该数据一般每周公布一次，公布时间为每周三晚北京时间 22:30（冬令时北京时间 23:30）。

EIA 原油库存数据对原油价格的影响，相当于非农就业数据对于国际黄金、白银价格的影响，通常会对价格带来相当大的波动。该数据每一次公布，几乎都会对原油价格造成剧烈波动，是原油投资者最为关注的数据。如图 2–10 所示。

22:30		美国8月5日当周EIA原油库存变动(万桶)	141.3	-175	待公布	★★★
		--美国8月5日当周EIA汽油库存变动(万桶)	-326.2	-65	待公布	★★★
		--美国8月5日当周EIA俄克拉荷马州库欣原油库存(万桶)	-112.3	--	待公布	★★★
		--美国8月5日当周EIA精炼厂设备利用率(%)	93.3	--	待公布	★★★
		--美国8月5日当周EIA精炼油库存变动(万桶)	115.2	-70	待公布	★★★

图 2–10

（2）数据操作。

若库存数据实际数值较预期值下降，则利好原油。反之，若实际数值相较预期值增加，说明供应过剩，利空原油。

EIA 数据与非农数据一样，每一次公布后都会对原油价格产生较大的影响，但也具有很强的不确定性，这一点在 EIA 原油库存数据对原油价格的影响上体现得更加明显。例如，有时 EIA 数据公布后，对原油价格产生利好利空影响，原油价格出现大幅度的单边走势，有时甚至会出现反方向运行的情况。有时公布的数据对原油价格影响不大，原油价格则会出现快速的多空轮转行情，所以 EIA 数据对于原油价格影响的不确定性很强。

操作 EIA 数据行情时，交易者要严格设置止损，不论是数据发布前交易还是数据发布后交易。若早间 API 数据出现较大幅度的多头或空头走势，EIA 数据公布后，也可能会产生同样的影响，此时可以考虑提前轻仓布局，严格设置止损，以防止交易的方向与数据行情走势相反。

若按照实际数据对价格的影响方向顺势交易，安全性虽然高了一些，但也存在较大的风险。因为数据公布后，瞬间会对价格走势带来较大影响，此时交易者顺势跟进，会损失很多利润空间，并且交易在一个较高或较低的位置。一旦价格突然向反方向运行，如果不止损的话，价格一去不回头，将会对交易者带来极大的损失。

比较安全的操作方式，是等待数据公布后，观察数据对价格行情带来的影响，首轮价格波动不参与，之后根据首轮价格波动的幅度以及多空动能，通过技术面分析参加第二轮的价格波动。

（3）API 与 EIA。

API 与 EIA 两组数据公布时，都是一揽子库存数据同时公布，其中原油库存数据最为重要。如果原油库存数据公布结果与预期值相差无几，但是汽油库存与预期出现较大偏差时，原油价格有时会朝着汽油库存数据指示的方向运行。

虽然这种情况很少出现，但也有一定的概率。如 2016 年 8 月 3 日，EIA

原油库存预期值为 –149 万桶，实际数值为增长 141.3 万桶，高于预期，理应利空原油价格。但是数据公布后，价格经历了短暂的下跌后，转头单边上涨，直至收盘，使很多追空原油的交易者损失惨重。当日出现这种走势，就是因为美国汽油库存出现了 326 万桶的下降，从而大幅度利好原油价格。

很多刚刚进入原油市场的交易者，都会认为 EIA 原油库存数据对价格的影响与 API 原油库存数据一致。实际上大部分时间是这样的，不过意外也经常出现。有的时候 API 原油库存数据对原油价格是利好，但是到了晚间，EIA 数据公布后却是利空原油。其中的主要原因是 API 数据的实际结果与预期值相差不多，所以 EIA 数据对行情的影响就存在较大的不确定性，出现反方向运行就是很正常的了。

通常原油库存数据公布日，仅有一组数据会对原油价格造成影响，很少有 EIA 及 API 数据都对原油价格造成影响的情况出现。通常来说，API 数据公布后，如果亚欧盘阶段原油价格出现较大幅度的行情的话，那么晚间 EIA 原油库存数据对价格造成的影响就会比较有限，不会出现较大幅度的波动。反之，如果 API 原油库存数据公布后，原油价格始终窄幅盘整，波动不大，那么晚间 EIA 数据公布后，原油价格很有可能走出大幅度的波动。

12. 美国油服贝克休斯石油钻井总数

（1）数据介绍。

该数据反映美国石油活跃钻井数量变化，从侧面反映全球原油市场的供求关系状况。该数据近年来受到越来越多的现货原油交易者关注。该数据的公布时间为每周六夏令时北京时间凌晨 1:00，冬令时北京时间凌晨 2:00。由于该数据公布时间较晚，数据公布时即将休市，所以通常对原油即时价格的影响不大，但是后续影响还是很大的。

油服贝克休斯钻井总数数据也是一揽子数据同时公布的，其中包括总钻井总数、石油钻井总数、天然气钻井总数以及混杂钻井总数四组数据，其中最重要的是石油钻井总数数据。如图 2–11 所示。

01:00		美国8月5日当周油服贝克休斯总钻井总数(口)	463	--	**464**	★★★	--
		--美国8月5日当周油服贝克休斯石油钻井总数(口)	374	--	**381**	★★★	--
		--美国8月5日当周油服贝克休斯天然气钻井总数(口)	86	--	**81**	★★★	--
		--美国8月5日当周油服贝克休斯混杂钻井总数(口)	3	--	**2**	★★★	--

图 2–11

（2）数据操作。

钻井平台数据公布后，对即时的原油价格走势不会造成太大的影响。该项数据需要长期积累，关注一段时期的数据变化。如果石油钻井平台数量逐渐增长，预示原油市场供应量稳步增加，则利空国际原油价格。相反，若石油钻井平台数量持续下降，则表明全球原油市场产能下降，对国际油价走势将造成利好影响。以上四项数据影响的交易品种均为国际原油价格，也是每一位原油交易者需要重点关注的数据，对交易实战有着重要的参考作用。

以上是影响国际现货商品市场最主要的几项经济数据，虽然笔者将这些数据模式化了，但在实际应用中存在很多的不确定性。交易者不仅要牢记这些数据对相应现货品种价格走势的影响，也要在今后的实战中累积经验，寻找其价格运行规律。经验总结往往要比死板的模式化交易更加有效。

很多交易者喜欢在重要数据公布前后进行投机交易，因为一些数据能使价格出现快速的波动，短时间内就可以完成一笔交易。更多的交易者是因为在数据公布的短时间内进行交易，因为数据公布后，价格会发生大幅波动，很短时间内即可获取丰厚的收益。但是交易者要记住：收益与风险并存。其实数据行情带来的风险比收益要更大一些。很多经济学家都无法精准预测数据结果，更何况是普通交易者。

数据公布的结果存在很多不确定性，在这样的基础上进行交易，博弈的成分更大一些。虽然现货交易本身就是一种博弈，但是这种低概率、低赢面的博弈是很不划算的。成熟的投资人不会依据美国非农就业数据或 EIA 这样的数据去谋求利润，他们会在日常的平稳行情中稳扎稳打，慢慢累积起丰厚的收益。

奉劝各位交易者规避数据行情，能不交易就不要交易。一定要尝试、体验数据行情的刺激与快感，下单后一定要设置止损以控制风险。笔者见过无数因为非农数据行情而一夜爆仓的交易者，希望这些血淋淋的教训和前车之鉴，能够给各位交易者一些警示。

三、货币调控与政策会议

重要国家的货币政策通常可以对贵金属市场造成长期且重要的影响，甚至会改变当前贵金属的价格运行趋势。一般来说，欧洲国家的经济数据对于国际现货市场价格的影响并不太大，不过像英国等主要欧洲国家的货币政策变动，则对现货市场有很大的影响。

通常来讲，一国联储或央行不会频繁地对货币政策进行大的调整，一旦货币当局推行宽松或紧缩的货币政策，即说明该国经济出现了很大的变动。

1. 美联储议息会议

美联储议息会议，简称 FOMC 会议，即联邦公开市场委员会会议。FOMC 隶属于联邦储备系统，主要任务是决定美国货币政策，透过货币政策的调整，来达到经济增长及物价稳定两者之间的平衡。会议主要内容是决定未来一段时间的货币政策，不仅决定利率，还涉及其他货币政策。

美联储议息会议特别注重经济体面临的经济增长和通货膨胀两项议题。如果利率过高，经济增长可能趋缓，从而造成经济萧条；反之，如果利率过低，可能会使经济增长速度超过经济体本身的承受力，形成通货膨胀。美联储议息会议的货币政策目标，是寻求经济增长和通货膨胀二者之间的平衡，据此原则确定利率目标区间。

议息会议一般持续一到两天，讨论的主要内容有：经济运行情况、金融市场风险和未来执行的货币政策。每次会议结束后，还会有美联储经济学家展示他们的研究成果。美联储每年召开 8 次议息会议，其中 3 月、6 月、9 月、

12 月的议息会议结果为月中公布，1 月、4 月、7 月、10 月议息结果为月底公布。每次会议月会在月中或月底的周二、周三公布会议声明和经济预期，美联储主席还会举办新闻发布会，时间通常为凌晨两点。美联储主席的季度记者会在 3 月、6 月、9 月和 12 月的货币政策会议后进行。

若美国经济保持平稳，未来几个月没有货币政策调控的预期，会议纪要对外汇市场以及国际贵金属市场价格影响则相对有限。如果年内或未来几个月美联储有加息、降息的措施，或者启动或终止货币宽松政策预期，交易者往往会重点关注。若本次会议纪要并没有发布调控政策，交易者也会从美联储主席随后举行的新闻发布会讲话中偏鹰派或偏鸽派的言论，分析和寻找未来货币政策的调整方向。

2. 美元利率与通货膨胀

美联储上调利率（这里指存款利率）即意味着执行紧缩货币政策，对美元是利好，对黄金则是利空。如果美联储下调利率，则预示实行宽松的货币政策，对美元是利空，对黄金则是利多。2008 年金融危机之后，美联储多年维持接近 0 利率的货币政策，其间实施了 3 次量化宽松措施，金价也在这一期间快速上涨。如图 2–12 所示。

时间	国家地区	指标	前值	预测值	公布值	重要性
02:00		美国7月联邦基金利率目标上限(%)	0.5	0.5	**0.5**	★★★
		--美国7月联邦基金利率目标下限(%)	0.25	0.25	**0.25**	★★★

图 2–12

基金利率和基准利率是不一样的。美国联邦基金利率是指美国同业拆借市场的利率，是最主要的隔夜拆借利率。这种利率的变动能够敏感地反映银行之间资金的余缺。美联储瞄准并调节同业拆借利率，就能直接影响商业银行的资金成本，并且将同业拆借市场的资金余缺传递给工商企业，进而影响消费、投资和国民经济。

尽管调节联邦基金利率和再贴现率都是由美联储宣布的，但其方式则有行政方式和市场方式之分，其调控效果也有高低快慢等差别。这也正是联邦基金利率逐渐取代再贴现率发挥调节作用的一个重要原因所在。

如果美联储上调联邦基金利率，则银行融资成本增加，贷款利率提高，贷款规模会受到影响，流通到市场的美元减少，利好美元，利空黄金。反之，如果美联储下调联邦基金利率，则银行间融资成本降低，银行的贷款能力就会提高，同时有更多的通货进入市场，利空美元，对黄金则是利好。

货币政策对黄金价格有显著的影响。提高存款准备金率，升降再贴现率，公开市场操作，都是货币政策的具体实施方式。实施相应的货币政策，都会对货币供给产生影响。

货币供给增加，就会使货币的购买力下降，黄金价格则会上升。相反，货币供给量减少，就会使货币购买力上升，让黄金价格下降。如果想要使货币供给量增加，那么实施的货币政策就要降低存款准备金率，或在公开市场操作中买入有价证券。如果其他条件不变，这些货币政策会使黄金价格上升，相反黄金价格会下降。

从 2008 年开始的通货膨胀严重影响了经济发展，近年来，随着经济状况的好转，全球经济渐渐回到正常走势上来。货币供给量增多，人们手中持有更多的货币，意味着货币购买力出现了下降，同样的货币买不到相应的商品。就黄金来说，面对通货膨胀的上升，黄金价格必然随之上升。由此得出结论：通货膨胀会使黄金价格上升，严重的通货膨胀会使黄金价格波动变大；温和的通货膨胀环境下，黄金价格波动较小。

2015 年底，全球金融市场发生了一件大事。自 2008 年金融危机以后，美国经济逐渐复苏。为了防止经济过热以及通胀抬头，美联储于北京时间 2015 年 12 月 17 日凌晨 3 点，宣布加息 25 个基点（联邦基金利率，也就是同业拆借市场利率）。消息公布后，当日美元指数大涨，日 K 线收阳，而国际现货黄金价格日 K 线收阴。

3. 宽松货币政策与通货膨胀

宽松的货币政策可以使货币供给量增加，货币供给量增加，黄金价格就会随之上涨。货币供给量增加，也就意味着货币存量增加。一国的货币存量就是这个国家各个地方的资产，货币供应量和货币存量的高低，是这个国家社会总需求的体现，这也意味着宽松的货币政策对黄金价格有着必然的联系。

宽松的货币政策会使货币供给量增多，人们手中的货币增加，货币存量相应增加，使货币流动性加大。金融危机使货币流动性大幅度降低，这就导致市场上商品的价格上升。

在黄金备受喜爱的今天，货币流动性对黄金价格的影响更是受到越来越多的人关注。近年来，货币流动性不断增加，黄金价格不断上涨，屡屡创出近期高点。但在金融危机和次贷危机之后，货币流动性收缩，黄金价格开始慢慢下降。

综合以上研究和分析得出结论：货币流动性对资产价格的影响非常大，可以说是资产价格的主要影响因素。作为投资商品之一的黄金，当然也受货币流动性的极大影响。从货币供给量走势图和黄金价格走势图分析也可以得出：货币流动性是黄金价格波动的主要因素。

宽松的货币政策在一定程度上加大了通货膨胀，给经济稳定发展造成很大的压力。通货膨胀时，由于黄金具有增值保值的特性，使得人们从股市中抽身出来，转而投资于黄金市场，因此人们对现货黄金的需求大幅上升，导致黄金价格上涨。由此得出，黄金价格和通货膨胀存在必然的联系。

在黄金非货币化的今天，同任何其他商品一样，黄金的价格也受到社会一般商品价格水平的影响。如果整个物价水平提高，那么黄金的价格也应该相应提高。从一个较长的时期来看，黄金能够起到对冲通货膨胀风险的作用，同时通货膨胀也是长期影响黄金价格走势的主要因素。如图 2-13 所示。

2012 年 9 月 13 日凌晨，美联储宣布将无限期每月购买价值 400 亿美元的抵押贷款支持证券，从而启动了 QE3（第三轮量化宽松）。当日美元指数大幅下跌，国际黄金价格则每盎司上涨 35 美元。

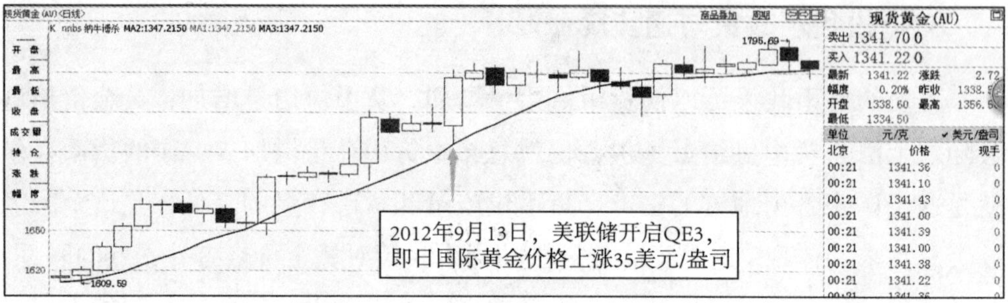

图 2-13

2013 年 12 月 19 日，美联储利率决议宣布将每月 850 亿美元的购债规模缩减 100 亿美元至 750 亿美元，同时美联储开始逐步退出 QE。消息公布后，现货黄金价格大幅下跌，当日国际金价每盎司下跌 30 美元。

4. 欧佩克会议

石油输出国组织即 OPEC，中文音译为欧佩克。其宗旨是协调和统一成员国的石油政策，维护各自和共同的利益。欧佩克现有 14 个成员国，分别是沙特阿拉伯、伊拉克、伊朗、科威特、阿拉伯联合酋长国、卡塔尔、利比亚、尼日利亚、阿尔及利亚、安哥拉、厄瓜多尔、委内瑞拉、加蓬和印度尼西亚。

欧佩克组织条例要求该组织致力于维护石油市场的稳定与繁荣，为使石油生产者与消费者双方的利益都得到保证，欧佩克实行石油生产配额制。如果石油需求上升，或者某些产油国减少了石油产量，欧佩克将会增加石油产量，以阻止石油价格大幅飙升。为阻止石油价格下滑，欧佩克也有可能依据市场形势减少石油的产量。

欧佩克组织通常一年召开两次大会，年初一次，年底一次。除了两次大会之外，其他都是小型会议。因为欧佩克成员国都是独立的国家，只是需要在原油产销量上达成共识，因此成员国之间召开的小型会议和其他会议很多。这些会议的结果具有不可预测性，比如 2016 年欧佩克组织和俄罗斯共同召开了石油冻产会议，讨论石油减产问题。

根据欧佩克组织协议，欧佩克组织年度第一次会议在 4 月份左右召开，第二次会议在 11 月底召开。这种固定时间召开的大会，召开日期是不会轻易改变的，交易者关注这两个时间即可。

很多投资者觉得自己没有时间去关注欧佩克组织召开会议，或者是交易过程中忘记了这件事。遇到这个问题怎么办呢？其实在网络时代，交易者根本不需要记住那些会议召开的时间，因为当会议召开的时候，各种新闻和评论都会铺天盖地涌过来。作为现货原油交易者，只要养成每天看财经新闻的好习惯，国际金融市场的任何风吹草动都会尽收眼底。

欧佩克会议之所以对原油价格走势影响较大，主要是因为欧佩克成员国控制了全球三分之二的石油输出，该组织每年大会出台的政策，直接影响到石油供应和价格走势。

对于欧佩克组织会议，交易者要重点关注以下因素。

（1）重点关注欧佩克关于石油减产、增产、产量维持不变三种情况的表态或声明。至于其他政策，无非就是刺激这三种情况的发生。

（2）欧佩克减产的时候，对原油价格形成强劲利好，此时原油价格较大概率会出现大幅走高，甚至会引发未来几个交易日、几周甚至几个月的多头行情，因为原油价格大趋势肯定会上涨。

（3）欧佩克增产的时候，市场供需关系发生变化，供给量增加必然导致油价降低，此时就要以沽空操作为主。当欧佩克增产时，原油价格下跌概率高达 90%，而且一旦价格下跌，就会持续较长一段时间。

（4）欧佩克维持石油产量不变的时候，交易者要注意，这种情况下油价基本上不会发生太大的变化，当前价格趋势也不会发生太大改变，通常表现为横盘走势。在这种情况下，交易者做好日内短线交易和分析即可。如图 2–14 所示。

例如，2015 年 12 月，欧佩克召开会议首次商议原油冻产计划。一旦欧佩克成员达成协议，将会有效改善原油市场供应过剩的问题。会议召开不久，受到潜在利好刺激，国际油价结束了长达半年的下跌行情。

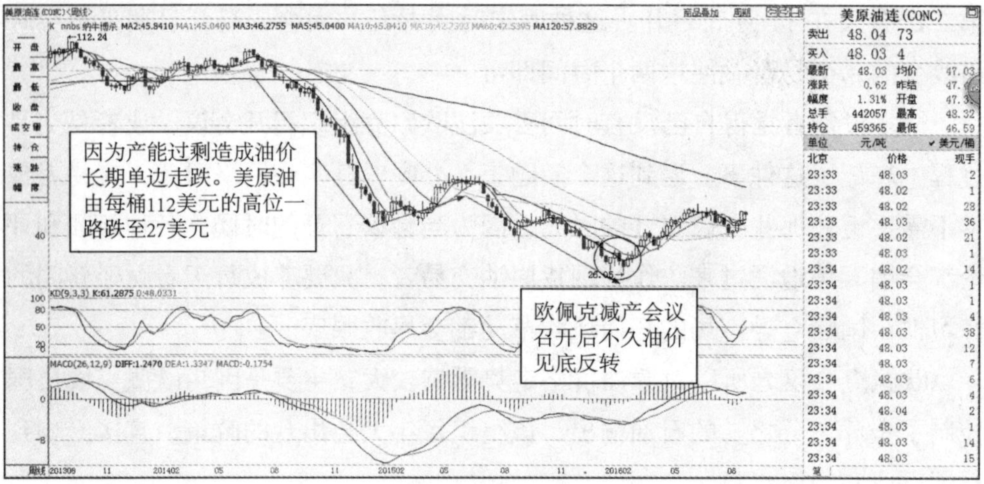

图 2–14

四、基本面分析常见问题

有时候，市场走势不会墨守成规地按照基本面分析结论去运行，交易者还需要根据实战操盘经验进行总结。此外，交易者没有第一手资料，很多时候都是预期或预判，无法准确地判断数据结果和消息面的利好或利空影响，因此预判走势具有极高的不确定性，往往给交易带来极大的风险。交易者在追求收益的同时，也要尽量规避风险。

1. 不要企图依靠数据或消息一夜暴富

重要的经济数据和消息面公布的消息，会对现货市场价格造成较大的影响。很多交易者想抓住这样一个机会大赚一笔，但往往事与愿违，出现更大幅度的亏损。

对于重要的基本面信息，交易者缺乏第一手资料，也不是经济学家，对于公布的结果，在结果出来之前，说得好听一些是分析预期，说得不好听就是赌消息、赌数据。

笔者通常不建议普通交易者做数据行情或消息行情，而是建议在日常平稳的行情走势中逐渐累积利润。许多交易者平时不断进行短线操作，辛辛苦苦地积累了一些盈利，却因为博弈一项数据或政策，将之前的盈利一下子付诸东流，甚至还造成严重亏损，这就得不偿失了。交易者要看清自身能力，了解哪些行情自己能把握，哪些行情需要观望和规避。

2. 了解每日重要基本面事件和发布时间

交易者每日打开电脑的第一件事，就是浏览当天有哪些重要的经济数据公布，有哪些重要的基本面事件影响市场走势。在一些重要基本面事件或经济数据公布前，市场波动通常都不会太大，也不适合交易。

当基本面消息公布后，价格往往会出现较大幅度的波动，且不会按照技术分析的结论运行，所以交易风险比较大。在重要数据公布前 1 小时左右，交易者最好不要进行任何交易，等待靴子落地，价格异常波动企稳后，行情走势回归技术面分析时再进行交易。

记得 2016 年 8 月的某个交易日，笔者就犯下了这样一个低级错误。晚间按照技术面分析进行了一波现货黄金多头交易，忘记当日晚间美联储主席耶伦要发表讲话。当晚耶伦发表的鹰派言论，暗示美国将按时加息，该讲话导致美元大涨，现货黄金价格大幅下跌。若不是笔者有下单后立即设立止损的习惯，恐怕要付出惨痛的代价。

3. 基本面消息公布前后何时下单

对于应该在基本面消息公布前进行交易，还是消息公布后进行交易，每一位交易者都有自己的看法。有些交易者喜欢在消息公布确认利好或利空后进行顺势的追单操作，也有些激进的交易者提前对基本面进行预期，然后选择提前下单交易。笔者认为这两种做法都有可取之处，但没有任何一种方法是百分之百安全有效的，把握自己能够把握得住的行情才是最重要的。

比如像每月一次公布的非农数据，存在的不确定性因素很多。如果提前交易的话，通常在数据公布前，价格会出现快速的涨跌。如果交易者设置止损，必然会被扫掉。如果不设置止损，一旦下单方向错误，瞬间就会出现极大的损失，风险极高。对于该数据引发的行情，建议交易者在数据公布后轻仓顺势进行交易。即使一些相对较容易确认的基本面消息，在消息公布前进行交易，也会存在一定的风险。

2016 年 9 月 22 日凌晨 2 点，美联储公布 9 月份利率决定，宣布推迟加息计划，结果为利空美元汇率，利好国际现货价格。就在数据公布后，国际黄金价格反而出现一波快速下跌，之后才走出预判的利好大涨行情。如果交易者提前买入多单的话，按照常规止损区间设置，就会提前被清理出局。很多情况下，基本面消息公布后，价格会先向反方向运行一波，扫掉一部分交易者的止损单后，再沿正常的方向运行。

实战中，其实即使市场走势再次确认基本面利好或利空，后期走势也依旧存在诸多不确定性。如图 2-15 所示。

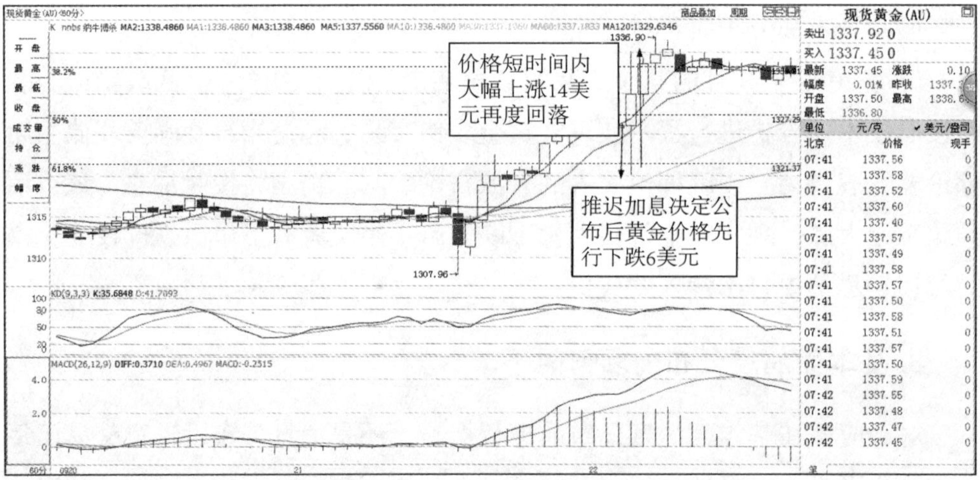

图 2-15

相比之下，影响国际原油市场价格的 EIA 原油库存数据，有时会具有较高的可预判性和前瞻性，提前布局会获得不错的效果。

前面提到过，在 EIA 原油库存数据公布之前，会率先公布 API 原油库存数据。大多数时候二者会相互印证，比较一致地利好或利空原油价格。在一些比较明确的数据行情前提下，笔者建议交易者在 EIA 数据公布前两三分钟提前下单，同时严格设置止损，以获取数据行情带来的大幅盈利。如图 2–16 所示。

美国9月16日当中EIA、API原油库存公布

API原油库存变动（万桶）	EIA原油库存变动（万桶）
前值：143.8	前值：-55.90
预期值：225	预期值：336.11
实际值：-749.7	实际值：？
油价影响：利好	油价影响：利好

图 2–16

2016 年 9 月 21 日 4:30，美国公布 9 月 16 日当周 API 原油库存数据，最终结果大幅低于预期，明显利好原油价格，预期稍晚公布的 EIA 原油库存数据极有可能同样利好原油走势。如图 2–17 所示。

32075819	2016.09.21 14:26:32	buy	1.00	usoil_spt	45.01	44.56	0.00	2016.09.21 14:30:24	45.44	0.00	430.00

图 2–17

根据笔者对 EIA 原油库存数据行情的操作经验，数据公布前很少会出现价格异常波动的走势。如果数据结果比较明确，也会立竿见影地向数据指示方向运行。如果早间 API 原油库存数据公布结果为明确的利好或利空，可以在晚间 EIA 数据公布前两三分钟提前下单交易并严格设置止损。若数据方向判断正确，则可获取大幅利润；若交易错误，则属意外事件。行情走势超出市场预期，价格会反方向运行而且运行幅度会比较大，一方面系统瞬间会扫掉市场中的止损单，另一方面需要及时跟进，按数据指示的方向进行顺势交易。

笔者在 9 月 21 日北京时间 22:26 提前对美原油进行多单布局，当数据公布 24 秒后止盈。事实上，当日也仅有在数据公布前下单交易，才能在这一波数据行情中有所斩获。如果数据公布后进行追单操作，想获利止盈就需要很长时间，因为数据公布后价格快速上涨，随后很快便开始回落盘整，直到凌晨 2:00 过后，价格才震荡上行到当日最高价附近。如图 2–18 所示。

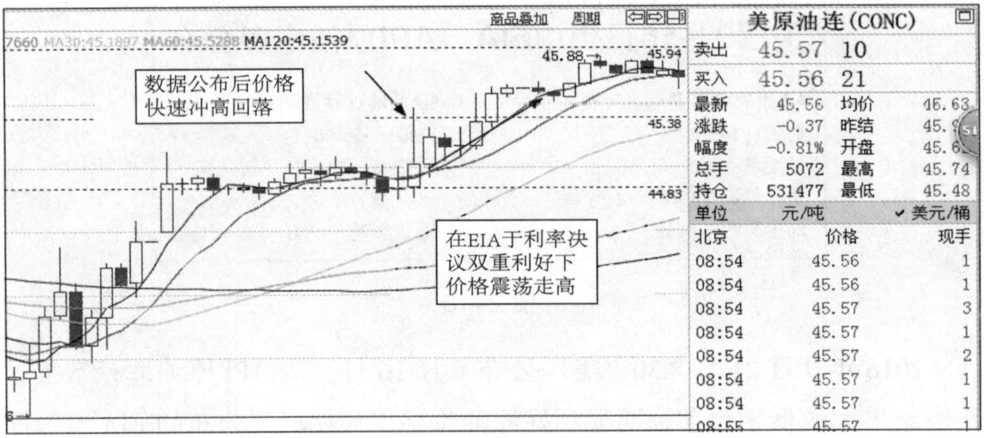

图 2–18

在一些重要数据有较大概率能够提前确认和把握的前提下，可以提前布局，进场交易，只要严格设置止损，可以实现以小博大的效果。笔者是一个典型的左侧交易者，目的就是为了追求收益的最大化。

笔者经常向交易者灌输这种理念：在数据公布前进行交易，用同样的止损代价，可以博取最高的收益。数据公布之后顺势追单，止损代价不会改变，但是收益会大幅缩水，而且风险也会增加，因为交易者很难判断基本面因素激发的行情走势有多大的持续性。不过，提前下单的操作方式需要交易者对重要基本面有非常深入的认识，以及较为精准的市场预判。

4. 重要经济数据不一定会引发大行情

美国的非农就业数据、GDP、CPI 等一系列重要经济数据，交易者往往都对其抱有很大的期待，认为会对价格造成极大的刺激，其实未必如此。通常来说，如果未来一段时间美联储有货币政策调控预期，这些数据对外汇和现货市场的价格走势会造成更大的影响。

例如，市场预期美联储某月会采取加息措施，在此之前，一些相对重要的经济数据就会被市场关注，这些数据的好坏自然会影响到未来加息的预期，现货和外汇市场的价格也会出现更大幅度的波动。

若美联储没有调整货币政策的预期，则这些数据对于价格走势的影响就会小一些，虽然还是会对价格走势造成一定的影响，但影响的幅度和持续性很有限。

5.EIA 与 API 并不总是同步

EIA 原油库存数据对价格走势的影响，并不是每一次都与 API 数据同步。大多数情况下，如果早间公布的 API 原油库存数据预期值与实际值出现较大偏差的话，晚间 EIA 原油库存数据则会与早间的 API 数据方向同步。

相反，如果早间 API 原油库存数据实际值与预期值偏差不大，对原油价格只是造成小幅度的利好或利空影响的话，晚间 EIA 原油库存数据对价格的影响或许会与 API 数据相反，但也会小幅地利好或利空油价。

通常来说，如果公布的数据符合市场预期的话，价格波动可能不会特别大，大行情往往出现在数据超出市场预期的情况下。发生“意外”事件，才会导致价格出现大的波动。

6. 基本面消息公布后能否按技术分析操作

技术分析三大假设之一是“技术走势涵盖一切信息”。任何基本面因素导致的价格波动，最终都会反映到技术面上来，所以大多数时候，价格走势反映了重要的基本面因素后，遇到技术面的强支撑或强压力位，这些位置依然会起到相应的作用。

不过，交易者也要根据当时的行情走势和市场情况来进行谨慎判断。如果一组数据或一则消息公布后，价格出现大幅度波动，市场人气急剧上升，各项指标显示明显看涨或看空且仍有较大空间，此时技术面的压力或支撑就很可能会被突破。如果消息面对价格的影响不大，行情走势波动缓慢，那么技术面的支撑或压力对价格走势的有效性就会加强。

前面用大量的篇幅对现货市场的基本面进行讲解，目的是让交易者对影响市场的一些重要基本面因素有深刻的理解。交易者不要因为等待一些无关紧要的数据而浪费大好的交易机会，也不要忽视一些重要的基本面因素，导致交易决策失误。虽然现货市场上基本面因素起到的作用相对较小，但是依旧会影响交易的准确性，所以也有必要予以重点关注。

第三章　必须关注的K线形态

在任何一套交易法则中，K线分析都是必不可少的，因为没有K线的话，交易者根本无从下手。也有很多专业交易者使用裸K线来分析行情，指导交易。在“孝寒点位交易法”这套交易体系中，虽然对于K线的应用并不多，也不是最重要的，但还是要给予足够的重视，对于一些经典的、可靠性比较高的K线形态和K线组合，交易中也要重点参考。

这里对于K线分析的要求，只需了解一些常用的、简单有效的基础K线形态及K线组合即可。“孝寒点位交易法”的核心是把所有简单而且有效的指标和分析方法完美地结合在一起，让每一位市场交易者都能够得心应手地应用于实战交易中。

一、K线基础形态

单体的K线形态其实并不多，但是一些经典的K线形态，还是会对后期价格走势起到很大的指示作用，甚至起到直接下单交易的指示作用。对于很多小阴小阳线、中阴中阳线，单独使用的话，效果并不明显，甚至还会对交易者产生误导，需要与其他K线组合起来应用。

首先说明一下，现在每一种K线形态都有很多种名字，所以大家听到一些没听过的K线名字，不要觉得自己学艺不精。看到了具体形态，就会发现其实这些形态自己很熟悉。图3-1为K线的标准形态，此外纯阴、纯阳的实体形态加上上下影线，会衍生出很多其他K线形态。

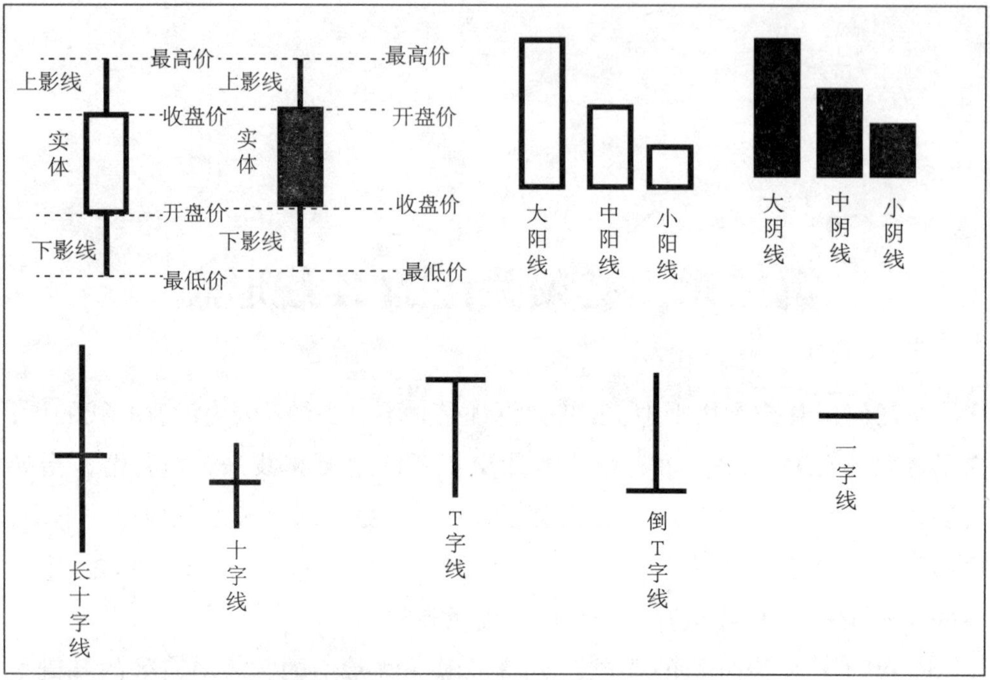

图 3–1

倒锤头 K 线形态在日常走势中出现的频率还是比较高的，而且始终能保持较高的准确率，所以出现比较标准的倒锤头形态，完全可以大胆激进地进场交易。倒锤头线也分阴阳，当然阴线的效果更佳。上影线越长越好，但也不能过长。如果上影线过长的话，就是异常波动，那么其准确性也会受到一定的影响。如图 3–2 所示。

如果是强势行情，倒锤头线的高点又刚好是强技术压力位，那么可能一

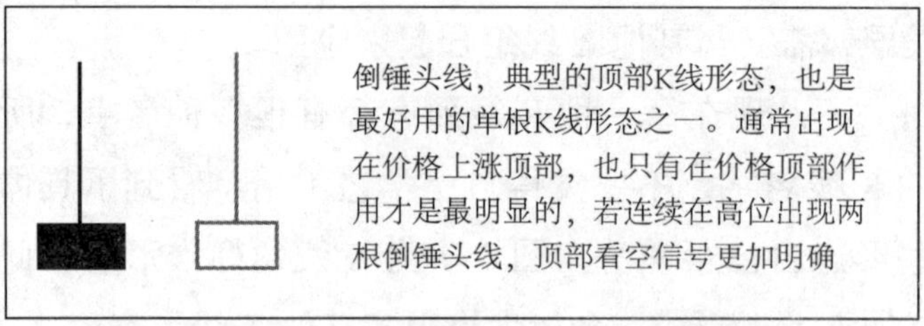

图 3–2

个倒锤头线就导致价格从顶部回落。如果多方势头正盛，还没有完全释放掉，价格还可能会继续冲高，经历两到三个倒锤头线形态才会转为下跌。同时出现两根倒锤头线也叫做双针探顶，是 K 线组合中很典型的见顶组合形态，准确率较高，交易者要重点关注并作为交易参考。如图 3–3 所示。

图 3–3

买入时机：激进的交易者可在倒锤头线出现后进场沽空，稳健的交易者可以在倒锤头线出现后，等待价格反弹至上影线一半左右时逢高进场沽空。

止损时机：若在顶部出现倒锤头线后，价格不但没有下跌，反而继续上涨，并且没有再度冲高回落收上影线，而是收出较大实体阳线，则说明倒锤头线信号失效，不论后期价格是否出现下跌，都应立即止损。此外，若出现倒锤头线后价格迟迟不下跌，那么这个顶部 K 线信号就会慢慢被市场消化，最终失去见顶的测市效果，随后价格很有可能不下跌，反而突破上涨。

注意事项：这种 K 线形态发出的见顶信号准确率很高，但任何一种 K 线形态或组合都不会绝对有效，一旦失效，价格到达止损位，应该严格止损。此外，很多时候在价格底部或横盘震荡阶段也会出现倒锤头线，但这种状态下不要作为交易参考，因为其缺乏测市信号的意义。如图 3–4 所示。

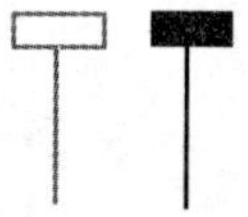

锤头线，是典型的底部K线形态，也是最好的单根K线形态之一。通常出现在价格下跌的底部，也只有在价格底部作用才是最明显的，若连续在低位出现锤头线，则底部看涨信号更加明确

图 3–4

锤头线和倒锤头线是两个极端，所以作用也刚好相反。无数大行情、单边行情的底部，都是以这种 K 线形态反转的。这种 K 线形态的底部信号准确率相当高，交易者可以给予信任，当然市场偶尔也会发一些小“脾气”，但是大多数情况下市场还是“听话”的。锤头线也分阴阳，阳线的效果更好一些，说明价格探底反弹的力度更大。与倒锤头线相似，下影线的长度也是越长越好，当然同样不能过长。

通常在价格底部出现锤头线的时候，此前已经经历了一轮下跌行情。前期下跌的力度越大越凶猛，锤头线失效的概率也就越大。锤头线及倒锤头线都是属于判断反转节点的信号，也是逆势交易需要关注的一种市场信号。只要是逆势交易，风险都比较大，交易者应严格设置止损。

在下跌趋势中，逆势交易意味着反向做多，但是出现锤头线时，尝试博弈短线反弹，甚至是搏行情反转，胜算都是很大的。尤其是连续出现两到三根锤头线的双针探底，甚至是三针探底形态，锤头线的准确性将会进一步提升。如图 3–5 所示。

买入时机：激进的交易者可以在锤头线出现后进场买入做多，稳健的交易者可以在锤头线出现后，等待价格反弹至下影线一半左右时逢高进场沽空。如果等待 2 ～ 3 根锤头线再去做多的话，一旦行情反弹甚至反转，行情进入强势状态，很有可能会错过交易的机会。有失必有得，有得必有失。激

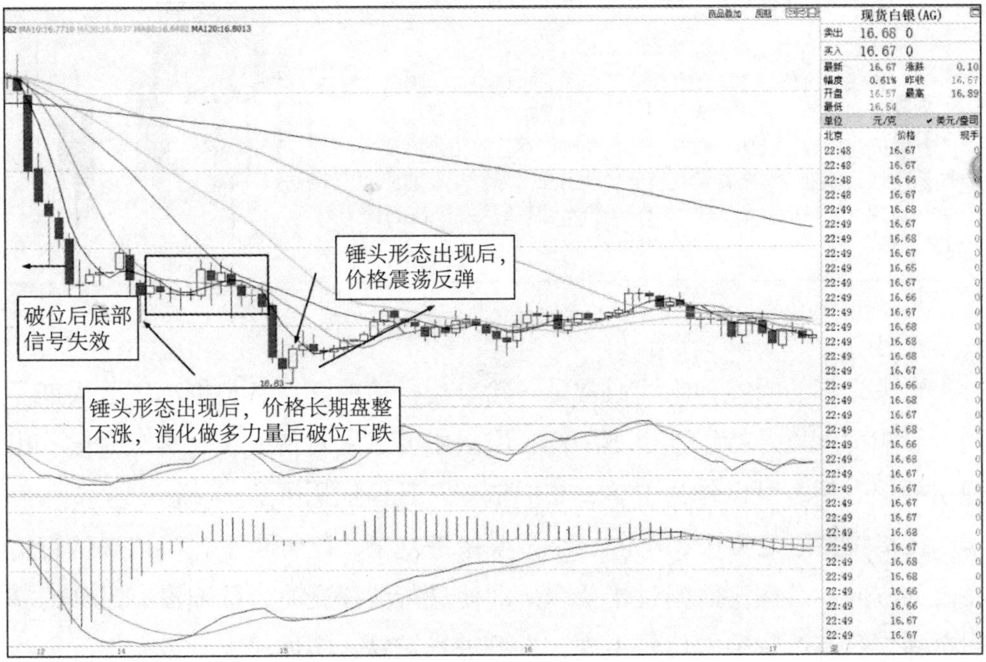

图 3–5

进还是稳健操作，交易者要权衡利弊，评估赢面的高低。

止损时机：在价格底部出现锤头线后，如果价格不但没有反弹上涨，反而继续下跌，并且价格没有再度探底回升再收下影线，而是收出较大实体阴线，则说明锤头线信号失效，不论后期价格是否反弹，应立即止损出局。此外，出现锤头线后，如果价格迟迟未出现反弹，那么这个底部 K 线信号就会慢慢被市场消化掉，导致该信号最终无效，之后价格很有可能不涨，反而破位下跌。

注意事项：与倒锤头线一样，锤头线同样也会失效。出现在横盘或是价格顶部时，该 K 线的测市效果基本无效。不过，市场上没有哪一种指标百分之百有效，只要成功的概率大于失败，在设置好止损位的情况下，都可以大胆一搏。

光头光脚的阴线和阳线是 K 线图中经常出现的 K 线形态，K 线实体越大，信号的有效性越强，但是也不可走极端。如图 3–6 所示。

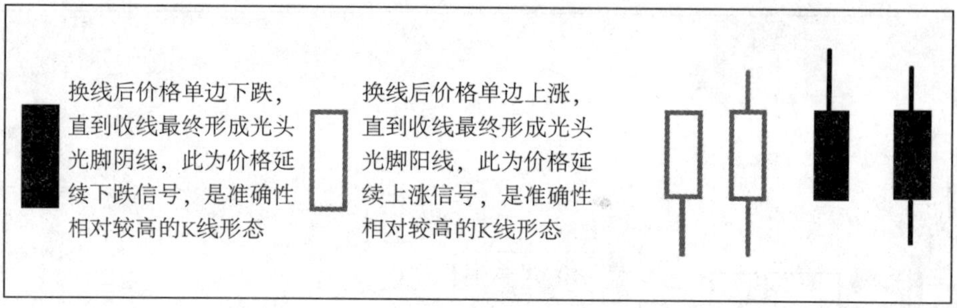

图 3–6

光头光脚的阴线和阳线通常是一轮单边行情的起点，根据出现的周期不同，影响力度以及持续性也不一样，实战中要区别对待。在大多数时候，出现这种形态后，可以作为下单交易的依据，具体应用方法如下。

在窄幅整理走势中，小阴、小阳线错综复杂，趋势走平，难以确认行情突破的方向。若震荡区间过于狭窄，即使进行波段交易，依旧没有足够的获利空间，只有等待突破信号出现，方可进场交易。实体较大且没有上下影线的中阴线或中阳线，通常是打破盘整僵局的拐点信号。这种单根 K 线形态出现后，一般来说信号还是比较明确的，但是也会存在风险，只要交易者掌握了这种 K 线形态的研判方法，了解需要规避的风险，就可以大大提高使用效率和获利概率。如图 3–7 所示。

买入时机：强势行情下出现实体中阳、中阴线后，一般来说价格会继续顺势运行。如何判断涨跌走势是否强势呢？这时就要结合多空动能是否放大来判断。如果价格上涨，多头动能并未使成交量明显放大的话，涨势就会比较弱，这时就需要在实体阳线出现后，等待价格回调一半左右时进场做多。在涨势较弱的情况下，宁可错过交易机会，也不要采用特别激进的交易策略。

止损时机：出现这种 K 线形态后，交易过程中的止损设置特别重要。出现实体阳线追多，出现实体阴线追空，进场价格本身就不是特别有利。遇到单边行情强势延续还好，如果走势出现反向波动，损失就会很大。

不论是采用激进策略进场交易，还是采用稳健策略在回调时进场交易，止损的设置要固定，而且止损幅度不要太大。如果价格触发止损，也不要抱

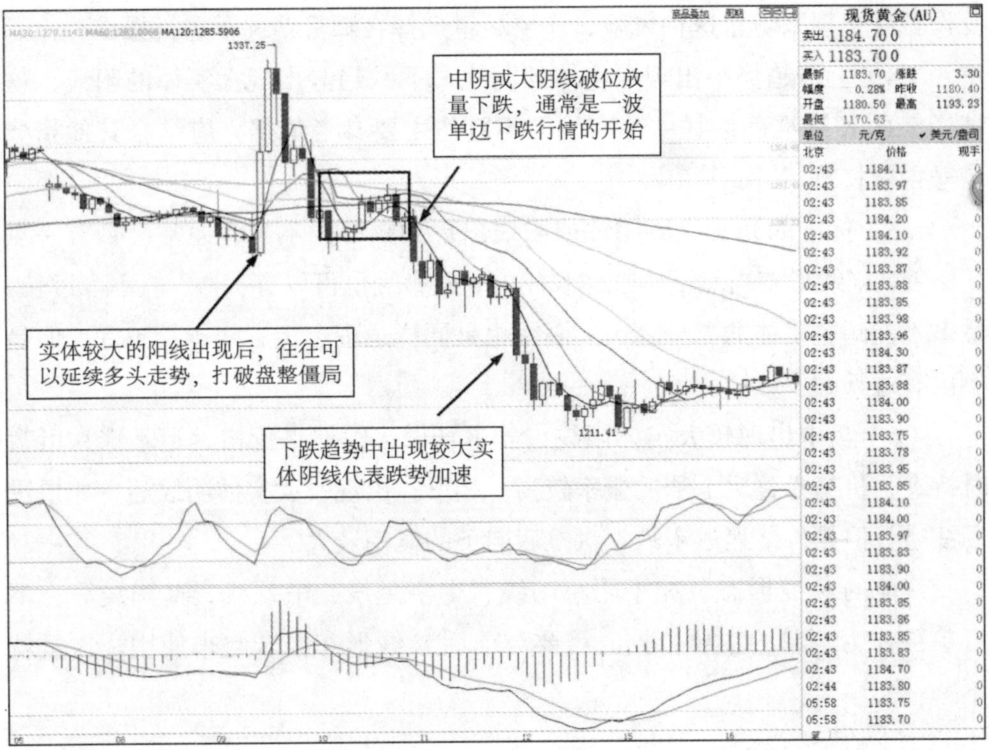

图 3–7

有侥幸心理，严格执行止损。当然，最稳健的止损位置就是阳线的最低价下方，以及阴线最高价上方的位置。在 K 线被吞没后，继续等待行情回头完全没有意义。

注意事项：

（1）当均线已经形成多头（空头）排列形态和单边行情，在上涨趋势出现实体阳线，在下跌趋势出现实体阴线，这种情况下指示的信号更加明确。

（2）盘整阶段出现较大实体阴线或阳线，信号会弱一些。如果行情得以延续，要防止价格与均线形成背离。即便价格沿阴线或阳线指示的方向发展，走势也不会持续太久，行情力度比较有限，属于短线行情。

（3）在中长期盘整格局中经常出现中阴线接中阳线、大阳线后马上接大阴线的情况，这也是操作这种 K 线形态面对的最大风险。实战交易中，要设置好止损来防止这种风险，还要尽量选择在顺势情况下进行操作。

（4）上涨趋势中出现大实体的阴线，下跌趋势出现大实体的阳线，这种逆势的K线准确性最差，实战中不宜作主要参考依据，应结合其他指标信号再做打算。

（5）标准的光头光脚阴线或阳线出现的频率并不高，通常会带有一点儿影线。阳线形态当然下影线越长越好，上影线也可以有一些，但不可过长，最多不能超过实体的二分之一。阴线也是同样道理，上影线越长越好，但是不可有过长的下影线。

（6）盘中出现较大实体阳线，若进场做多，但是价格迟迟不涨，可暂时持仓，价格盘整后上涨的概率较高。相反，出现较大实体阴线后，如果进场沽空，但是价格迟迟未跌，盘整后向下的概率较大。

其他的K线形态，如小阴小阳线、十字星线、吊颈线、墓碑线等，不可单独作为下单的主要依据，需要与前后K线形态组合起来使用，这里就不一一列举了。

二、有效的K线组合

学习K线分析的最大难点，是需要记住大量的K线组合形态。从两根K线组合到六七根K线组合，数量多到几百种。如果操盘多年，会累积一些经验，能够牢记许多组合，但在临场应用上还是会忽略掉很多交易机会。

在“孝寒点位交易法”这套交易体系中，笔者将K线的分析应用降至最低，除了保留一些简单实用的组合外，并没有应用太多的K线分析技巧。根据操盘经验，笔者把每一种分析方法化繁为简，提取其精华，与其他分析方法组合起来，就构成了一套简单有效的交易模型。

如图3–8所示，2016年6月27日，美油价格开盘即单边大幅下跌，至凌晨2:00，2小时周期K线已经连续收出5根阴线，表明跌势强劲。凌晨2:00过后，价格快速反弹，2小时周期K线收出久违的阳线且实体较大，将前一根阴线吞没。此后价格便展开了一段中短期的上涨走势，期间涨幅高达4美

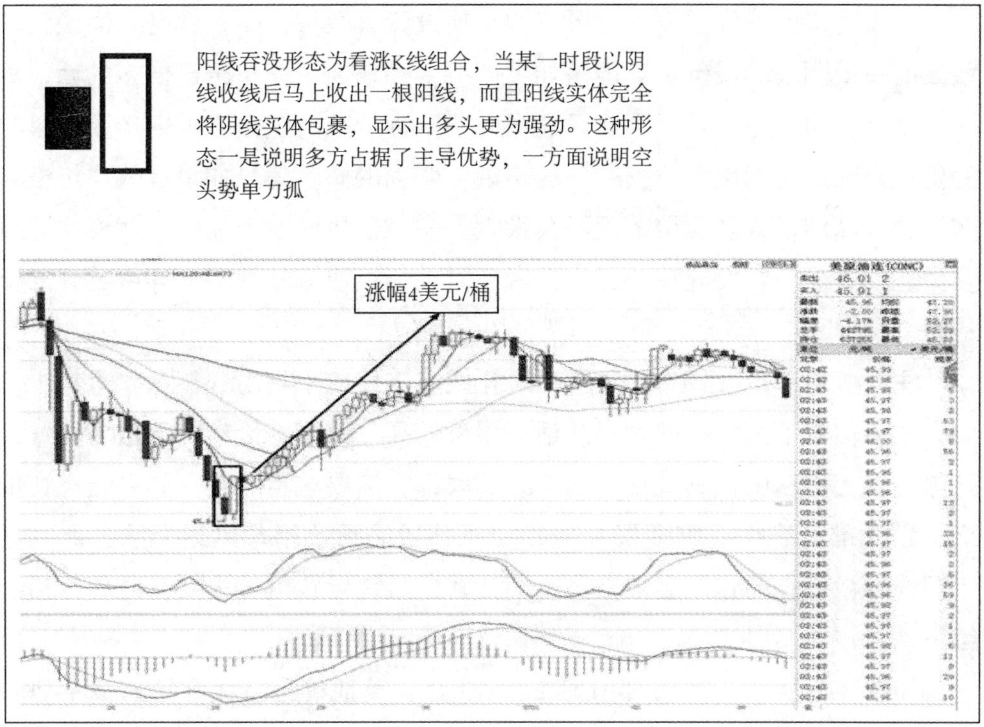

图 3–8

元 / 桶。按成交一手来计算，这一波上涨交易者可以获得 4000 美元的利润。

通常价格低位反弹或反转的 K 线形态有两种，一种是底部的锤头线形态，另一种就是阳线吞没形态，大多数底部都是由这两种形态构筑的。从实战经验来看，阳线吞没形态的准确率还是相当高的，如果刚好遇到下方某些重要的支撑位，则看涨信号更加明显。

进场时机：如果阳线吞没形态的阳线实体比较小，激进的交易者可以进场做多，止损放在前一根阴线的最低价格下方即可。如果阳线实体比较大，稳健的交易者可以等待价格适当回调一些，或价格高位盘整 2 ~ 3 根 K 线时再进场做多。有些阳线吞没形态虽然看起来很标准，但是由于前期跌幅过大，空头动能蓄势充分，止跌后还不会马上释放完毕，多头需要蓄势一段时间才有机会发力。

止损时机：一般阳线吞没形态的止损设置有两种，一种就是上面说到的跌破前一根阴线的最低价。但是如果阳线实体较大，高位跟进做多的话，等待价格跌破阴线底部，亏损面已经很大了。为了减少损失，可以按照下单时的价位按固定比例设置止损。一般来说，明确的做多信号如果有效，价格大多不会有回调，或者回调幅度不会太大。一旦价格触及止损位，就说明此时多头还没有准备好发起攻势，交易者还需要继续在场外观望，等待更好的交易时机。

注意事项：如果阳线吞没形态的 K 线实体比较小且出现在盘整走势中，那么做多信号不强，据此做多的话失误率较高。该形态最准确的做多位置，一是价格上涨途中，其次是价格下跌的底部。需要注意的是，如果出现在价格下跌底部后连续盘整多根 K 线，出现该形态后价格却迟迟不涨，那么这个阳线吞没形态的作用会被空头逐渐瓦解，最终导致信号失效，此后价格继续下跌。

如图 3–9 所示，2016 年 6 月 22—23 日，美油价格持续维持震荡走势，均线系统横向黏合，显示行情缺乏明确的方向。图中显示有一段时间价格震荡缓慢上涨，但是由于买盘动能不足，24 日开盘后价格便展开回落调整，2 小时 K 线收阴，刚好吞没前一根小阳线，形成了阴线吞没形态。随即价格连续 4 个小时加速下跌，收出大阴线且卖盘动能充足，交易大幅放量。虽然出现阴线吞没形态后，价格只走出了两根阴线，但是下跌幅度大、跌速快，在不到 4 小时的时间里，交易者若是进场做空，每手即可获得 3000 美元的巨大利润回报。

阴线吞没形态与顶部的倒锤头线、双针探顶，都是相当准确的顶部反转形态，只不过该形态出现的频率更低一些。它的出现往往预示着上涨结束，顶部信号来临。如果出现在下跌趋势中，则预示着下跌行情持续。

进场时机：阴线吞没实体较小，可以进场沽空，止损位设于阳线最高价上方。若阴线实体较大，则等待价格小幅反弹至阴线实体一半附近，或连续盘整 2 ～ 3 根 K 线再进场沽空。

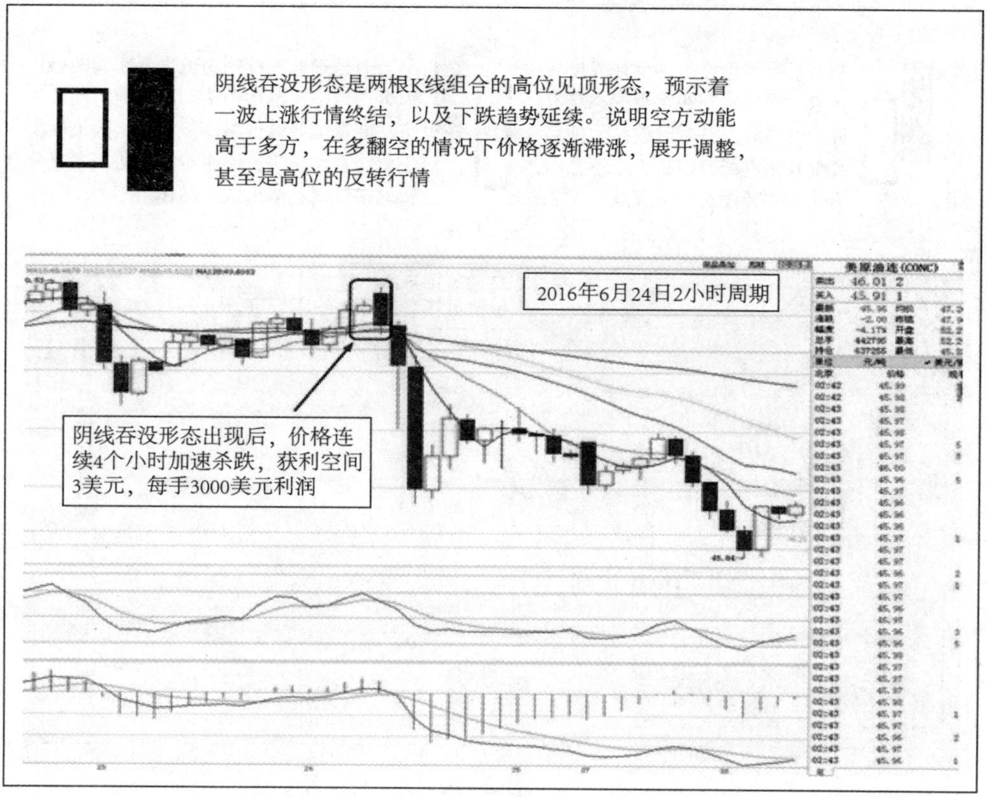

图 3–9

止损时机：跌破前一根阳线最高价位，若阴线吞没形态中的阴线实体较大，按正常比例止损或跌破阳线实体一半止损。如果横盘阶段出现阴线吞没形态并进场放空，价格突破盘整平台上方止损。

注意事项：同样在横盘阶段出现阴线吞没形态，如果下一根 K 线卖盘持续放量，进场做空的成功概率较高。如果卖盘动能较弱，要防止价格继续盘整。交易者尽量在下跌趋势或上涨顶部出现该形态时进场交易，在判断顶部时，还要结合量能的变化进行判断。

刺透形态和乌云盖顶两种 K 线组合很少导致价格反转，通常为反弹行情。该形态有效持续时间不会特别长，而且大多时候幅度比较有限，所以交易者在操作这两种形态时，要以短线交易为主。如图 3–10 所示。

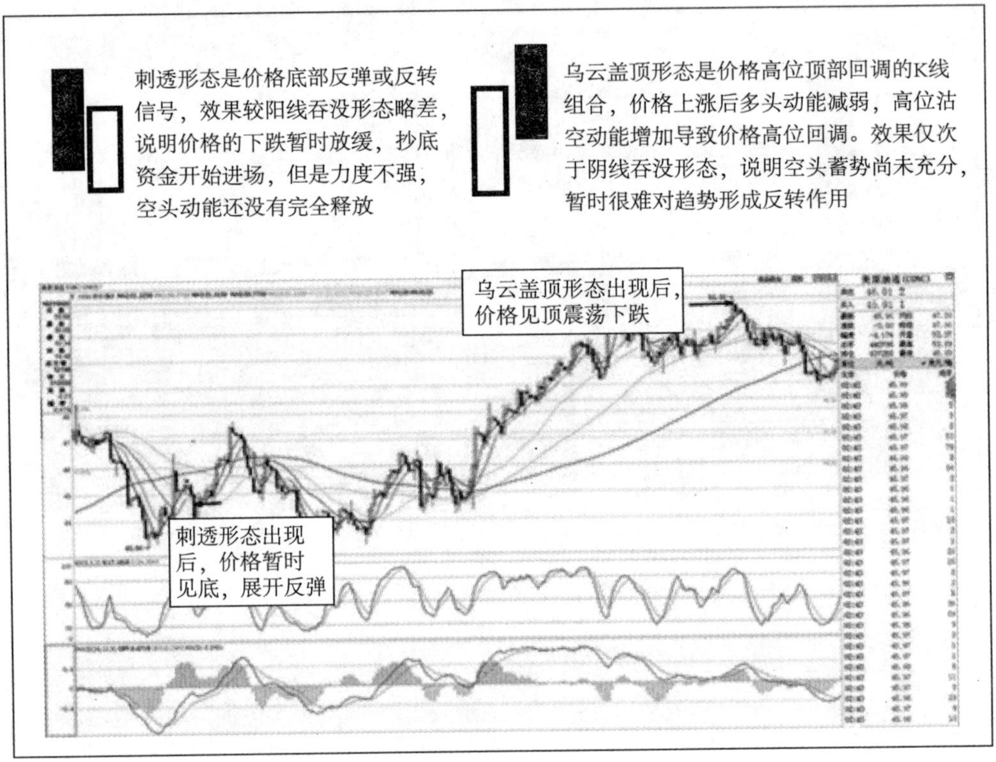

图 3–10

刺透形态和乌云盖顶这两种 K 线组合出现的频率相对比较高，但是信号效果要比阳线或阴线吞没形态差一些，实战中要多结合其他指标进行交易。这两种 K 线组合未形成吞没形态，本身也说明多方或空方的力度不足，蓄势尚不充分，所以行情的持续性有限。

买入时机：这两种 K 线组合出现后的买入时机也比较简单，收线形成标准的刺透或乌云盖顶形态后即可进场交易。

止损时机：刺透形态出现后进场做多，一旦价格跌破阳线的最低价，通常说明信号失效，需要立即止损。乌云盖顶形态收线后，价格上涨突破阴线最高价格也需要立即止损。一般这两种形态形成后，价格不会向反方向运行太大的幅度，一旦开始反方向运行，即说明信号有失效的风险。

注意事项：乌云盖顶形态出现在价格高位，可短线沽空，不做反转。如果进场沽空后价格迟迟不跌，则慢慢信号失效。由于此时价格处于上涨趋势，所以盘整后价格会再度发力冲高。刺透形态出现在价格底部，可以短线抢反弹。价格连续走出几根 K 线都不下跌，做多信号将会失效。盘整后价格沿原趋势下跌的概率比较大。此外，这两种形态不要在横盘的时候使用，此时准确率比较低。

早晨之星是少数几个应用在这套交易体系中的由三根 K 线构成的组合形态，该形态发出的做多信号准确性较高，而且存在一定的出现频率。这种 K 线组合不论在横盘或是上涨趋势中出现，信号作用都不明显。但在底部出现时，该形态的信号作用较为明显。同样是价格下跌到底部的反弹或反转信号，该信号出现的频率相对较低，而且有效性跟阳线吞没形态以及双针探底形态相比，略显逊色。如图 3–11 所示。

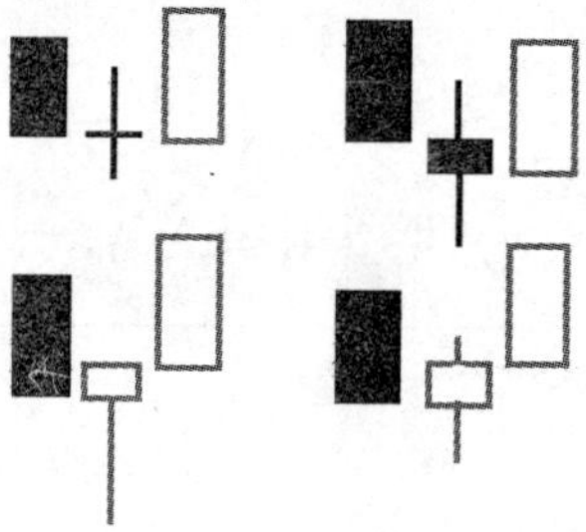

早晨之星是底部看涨K线组合，第一根阴线没有具体要求，阴线最好不要太大，中间第二根可以是十字星或小阴、小阳，锤头线最佳。第三根阳线实体太小，说明多头并不强劲，效果较差。阳线过大，多头释放得比较充分，很难持续上涨追高，风险增加

图 3–11

现货交易者都知道，美元指数大多数时候会与国际金价走势相反，所以在交易现货黄金时，适当关注美元走势也是很有必要的。有时可能黄金价格还在延续着上涨行情，但是美元指数却已经发出了见底反弹的信号，随即黄金价格也毫无征兆地展开了回落。

2016 年 8 月 3 日前，美元指数展开了一波较大幅度的快速调整行情，自 97 点跌至 95 点附近，国际金价也延续着持续的上涨行情。凌晨过后，美元指数在底部企稳，震荡反弹，3 日亚洲盘阶段收出久违的阳线，刚好与前两根 K 线组成早晨之星的底部看涨形态。随后价格便持续保持反弹，直至

冲到 MA120 均线压力附近才止步。就在美元指数探底反弹的同时，国际黄金价格也在高位回落，下跌幅度超过 30 美元 / 盎司，止跌企稳的节奏与美元指数同步。如图 3–12 所示。

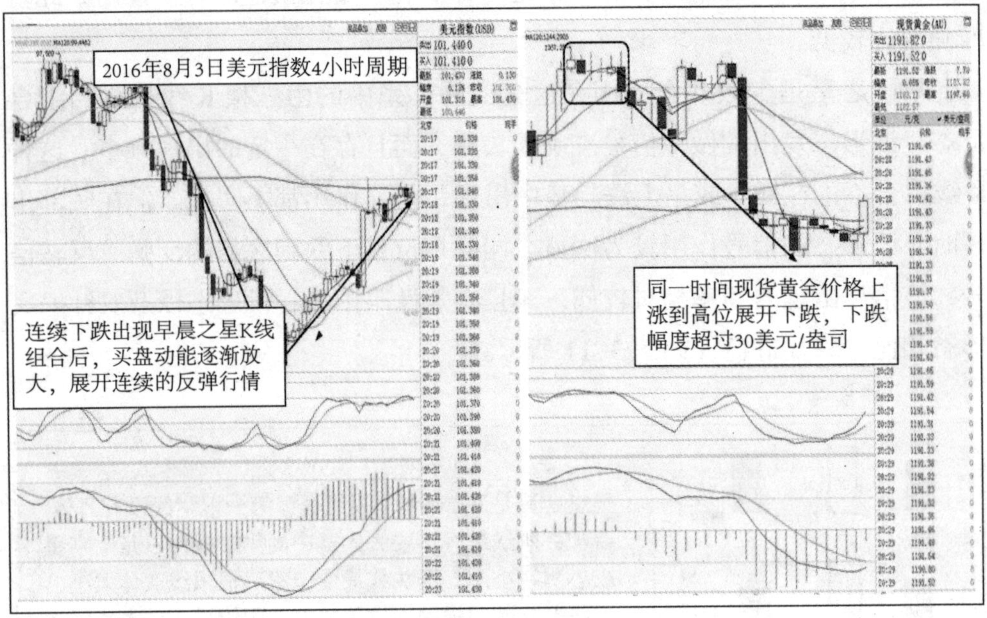

图 3–12

买入时机：当早晨之星收线确认后，如果阳线实体不大，可以直接介入做多。阳线过大，需要考虑是否要冒风险，此时追涨收益下降，风险增加，要根据价格距上方压力位的距离来决定是否进场。

止损时机：小阳线形态跌破阳线最低价，基本上就很难有反弹机会了。一般标准的早晨之星出现后，如果信号有效，价格会直接上涨。如果阳线实体较大，高位进场追涨的话，宜按固定比例法进行止损。

注意事项：出现这种 K 线组合后，进场博弈获得收益的概率还是比较大的。如果失败，也只是以少量的损失作为代价。如果信号有效，价格会走出大幅度的上涨行情。出现该做多信号后，如果价格持续盘整，而不是直接上冲，由于此时价格还处于下跌趋势中，所以继续向下的概率很大。

黄昏之星同样是由三根 K 线组成，很多拥有技术分析经验的朋友都非常熟悉，这里不做过多讲解。在股票市场中，个股若在价格顶部出现这种形态，不一定会有效刺激价格下跌，因为同时还要考虑板块因素以及大盘因素。但是在现货以及外汇市场中，这种形态的作用是很明显的，起码在多数情况下可以指示价格将从顶部回落。同样，黄昏之星出现在价格顶部时信号的指示作用明显，但是在横盘阶段或下跌趋势中，该信号的有效性就会降低。如图 3–13 所示。

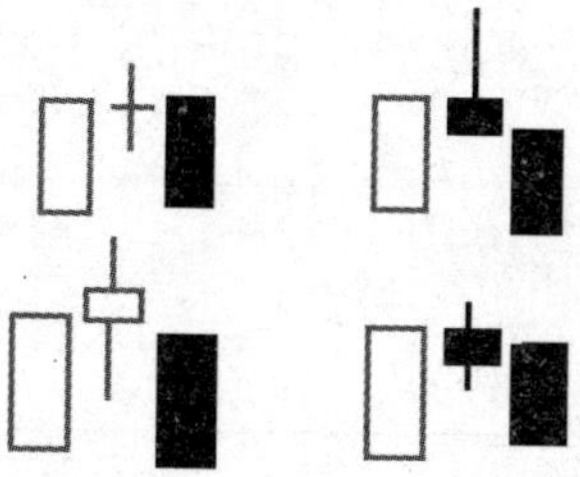

黄昏之星是价格上涨的顶部K线组合，与早晨之星截然相反。最左边的阳线并没有太高的要求，当然实体不要太大，不然多头动能十分充足的话，会影响整个顶部信号的效果。中间K线为倒锤头线最佳，其次是小阴线或十字星。最后的阴线最好是中阴线，实体太小说明动能不足，空头蓄势不充分。太大的话空头得到充分的释放，继续追进空单风险较大，空间有限

图 3–13

下面来看一下一旦形成这种 K 线组合形态，对价格的影响多么有效。笔者并不是一个 K 线分析“推销员”，这里只是把最简单有效的 K 线形态及 K 线组合分享出来。

在两波下杀形成的中短期下跌趋势中，一波是黄昏之星引发的下杀，一波是阴线吞没形态引发的更大力度的下杀。这两波下杀，大家可以计算一下如果做空能从中获取多少收益。如图 3–14 所示。

并不是每一种 K 线形态和 K 线组合都是我们熟知的，但是一旦出现了熟悉的 K 线组合或形态，就决不能放过，哪怕最后证明入场操作是错误的。另外，在这一套交易法则中，还有许许多多的验证方法用以判断走势，因此可以极大程度地把握市场提供的操作机会。

虽然以上这些 K 线组合和形态只是 K 线分析理论中的冰山一角，但却足够交易者在实战中应用了。但是本书提供的分析模型，K 线分析并不是最核心的部分，交易者只需要掌握几种行之有效的 K 线组合或形态即可。

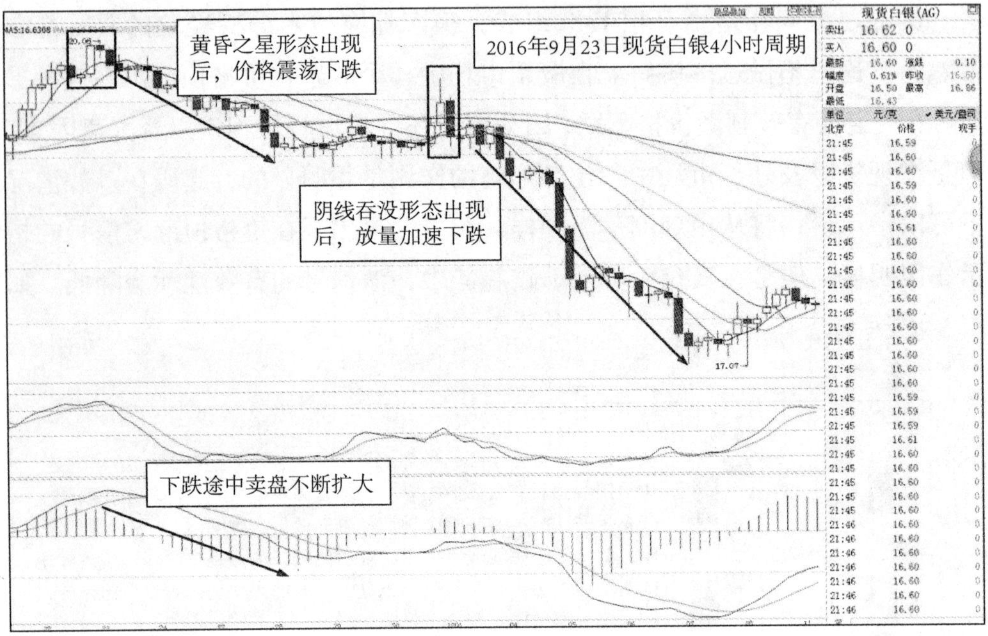

图 3-14

K 线组合以及 K 线形态，有些在任何趋势下都可以使用，但是大多数都是应用在判断顶部或者底部，然后进行逆势操作。反弹或反转的起点和终点是不可预测的，上涨时强者恒强，大跌时则不言底，没有一种有效的方法能够准确预测趋势的拐点，所以出现操作信号后，任何的反向交易都只是试探性的。如果操作失败，要争取付出最小的代价；如果操作正确，就要尽可能获取更多的回报，这样才值得交易者在逆势行情中放手一搏。

第四章　四彩均线的作用

一、均线的趋势指示作用

在“孝寒点位交易法”中，均线系统是主要的趋势型指标。在这套交易模型中，突出了均线的趋势指示作用，相对淡化了其买卖点位的指示作用。与均线相似的趋势指标还有一种是“瀑布线”，但是笔者认为均线要比瀑布线清晰，而且应用更加简单，在点位的指示作用上也更加准确。当然，如果交易者十分精通瀑布线的话，则另当别论。不过，至少在国内，应用均线的人绝对比瀑布线多得多，这也恰好说明了问题。

很多交易者在行情软件上设置了多条均线，如MA5、MA10、MA20、MA30、MA60……密密麻麻，看着就头疼。笔者喜欢盘面保持“干净”，“干净”的盘面看着才舒服，分析起来才不会觉得“乱”。

笔者在之前出版的《四维操盘》一书中，应用的主要是四条均线，这也是操盘机构主要参考的均线。很多读者会问，《四维操盘》这部书是讲解股票操盘技术的，但是现货市场是国际交易品种，全球交易者人数众多，均线的指示作用会有效吗？

殊途同归！任何一个市场，很多的分析方法都是一样的，只不过现货市场更注重技术分析。四条均线其实就够了，现货交易主要以日内短线操作为主，所以使用太长周期均线的机会不多。即使是需要更长周期的均线来确认交易点位，也完全可以用其他指标来代替。在本书介绍的这套交易模型中，不缺乏判断交易点位的指标，如果交易者真的需要，可以增加一条 MA120 均线。

“孝寒点位交易法”沿用了《四维操盘》一书中的 MA5、MA10、MA30、MA60 均线，分别组成了短期均线组合、中短期均线组合及中期均线组合。若应用到更长 K 线周期中，可以组合为中长期以及长期均线组合。在使用的方式上，保留了几种简单明确的价格趋势组合，使应用更简单明晰，这也是该交易模型的特点。

技术分析中，判断趋势是最简单的。在价格的运行中只有三种趋势：上涨、下跌和盘整。上涨趋势又分为单边上涨和下跌趋势中的短线上涨。下跌趋势又分为单边下跌趋势和上涨趋势中的短线下跌。盘整行情又分为窄幅整理和宽幅震荡。

判断价格趋势是技术分析的第一步。第一个步骤如果交易者就判断错误，那么后面的分析也就毫无意义了。所以，正确判断价格运行趋势是交易成功的首要条件。

二、多空单边趋势

单边上涨趋势是指在某一周期中，各个均线组合均呈现出上涨或下跌的趋势。在这样的趋势下，价格会持续上涨或下跌，不断创出新高或者新低，而且在短时间内不会发生反转。若没有重大利空消息，甚至不会出现大幅度的回调走势。单边上涨出现在周期越长的 K 线中，趋势持续的时间越长，涨跌幅度就越大。

在一年的价格波动中，不论什么 K 线周期，单边行情相对来说都比较少见，大多数时候价格是在震荡趋势中，所以出现单边行情的时候，真的是天赐良机。在单边行情刚刚形成时进场交易，绝对是最佳时机。

单边上涨趋势也叫多头排列趋势，即是 MA5、MA10、MA30、MA60 均线由上至下依次排列并且全部向上运行的均线组合形态。在图 4–1 中，均线多头排列出现在 4 小时周期中，上涨行情持续了 4 个交易日。若多头行情比较强大的话，持续几周都是有可能的。

多头排列出现在周期越短的 K 线中，单边行情的持续性就越差。比如，多头排列出现在 15 分钟周期中，可能持续不到 1 个交易日，甚至几个小时就可能结束了。

在一段均线多头排列的行情中，只要上涨趋势不变，价格就有继续上涨的可能。市场中最常听到的一句话就是“顺势交易”，这句话在现货以及外汇市场中体现得更加充分。其实只要是注重技术分析的金融市场，“顺势交易”这句话都非常重要。当均线组合形成多头排列时，要谨慎沽空。

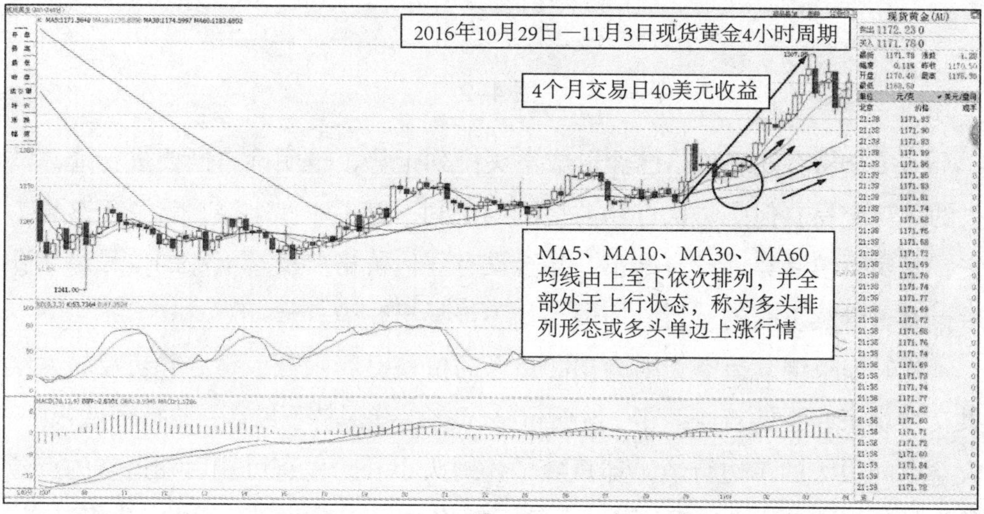

图 4–1

单边上涨行情反转过程：MA5、MA10 均线死叉→ MA5、MA10、MA30 均线死叉→全部均线死叉→全部均线拐头向下→反转完成。

单边下跌均线空头排列趋势，是指引交易者不断沽空的一种均线组合形态。在单边下跌趋势形成并延续的情况下，交易者要尽量以沽空交易为主。在价格没有跌至强劲的支撑位，或者没有其他明确的底部信号时，不要盲目抄底。在没有支撑的下跌趋势中，价格可能会跌到任何价位。

与单边上涨趋势相反，空头排列趋势是从长周期均线到短周期均线由上向下排列，所有均线全部呈现向下运行的形态，如图 4–2 所示。在空头排列趋势中，只要 MA60 均线始终保持着向下运行态势，价格就依旧有继续下跌的可能，此时沽空就属于顺势交易。

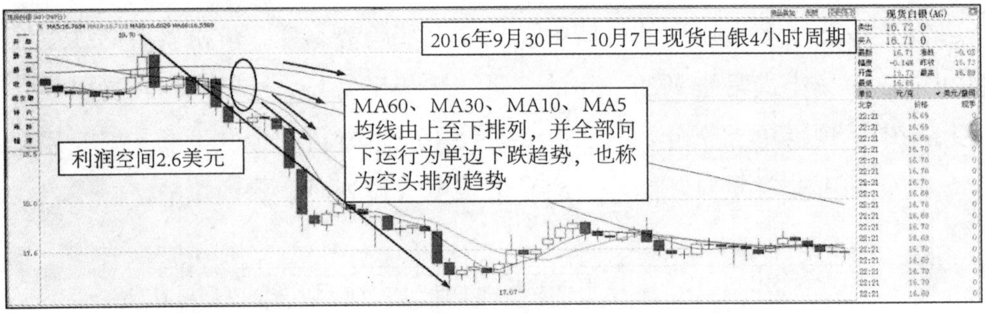

图 4–2

很多交易者发现价格已经形成空头排列走势，也明确自己要进行逢高沽空的顺势交易。但是每次进场沽空刚刚获利，赚了一些小钱，就急于落袋为安，其实行情趋势远没有结束，甚至没有任何价格要反转上涨的信号。平仓后，看着继续下跌的行情，悔恨当初不该早早止盈。

此时如果继续追空，因为担心追入的价格已经很低，担心趋势反转，结果又是赚了些小钱就止盈了，然而价格还在继续保持下跌。一波持续性很强、收益空间很大的单边行情，却只赚了些蝇头小利。也有可能后期追空的点位越来越低，最终价格出现反弹，一笔亏损将之前所有的利润吞噬。更有甚者，一波单边行情不但没有任何盈利，甚至还出现些许亏损。

实战交易中，当一波单边行情持续发展时，只要趋势还在延续，没有发生反转，或者没有出现任何反弹做多信号，就可以继续持仓，尽可能多获取一些收益。

单边下跌行情反转过程：MA5、MA10 均线金叉→ MA5、MA10、MA30 均线金叉→全部均线金叉→全部均线拐头向上→反转完成。

这里讲解的操作单边行情，仅仅是比较基础的单独使用均线分析研判行情，至于单边行情能持续多久，力度有多强，是否会出现反转，还需要结合其他指标进行辅助分析和验证。在“孝寒点位交易法”中，单独使用任何一个指标和分析方法，准确率都会受到限制，只有将其中几种方法组合在一起，形成完善的交易模型，才会发挥更大的作用。

三、单边回调趋势

单边行情一定不会一直持续下去。单边行情持续期间，会出现短暂的回调，这是正常的市场行为。如果前期一直保持单边上涨走势，一旦出现回调，回调幅度一定会很大。在所有均线运行方向没有全部改变前，单边行情仍然有可能持续。

图 4–3 为现货白银 2016 年 10 月的 60 分钟 K 线周期的一波多头排列上涨趋势行情。在这一波上涨趋势中，价格并不是一直向上的，期间也多次出现了价格回调。当 MA30、MA60 均线仍保持上涨趋势时，MA5、MA10 均线形成死叉下跌，当价格与短期均线跌至 MA30 均线时逐渐企稳，并继续沿着 MA30 均线指示的上涨趋势重新金叉上涨，恢复了多头排列的单边上涨趋势。这种均线趋势，在《四维操盘》一书中称为“踏浪形态”，该形态也可以理解为中长期上涨行情中的短线回调走势。

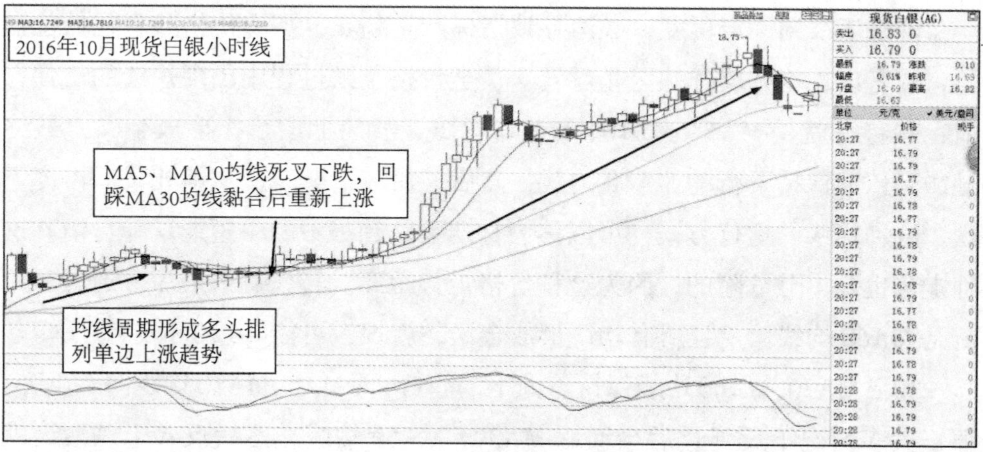

图 4–3

如果 MA5、MA10、MA30 均线形成死叉，回调至正在上行中的 MA60 均线的话，则是中短线下跌行情，但长线行情仍是上涨趋势，这也是最危险的上涨趋势。三条均线形成死叉，本身就意味着回调力度强劲，一旦三条均线下跌破位 MA60 均线的话，将会发出行情反转的初期信号。

下跌趋势也是如此，趋势发展不会一帆风顺。如现货黄金 2016 年 11 月 10 日后的走势那样，所有均线全部向下运行，形成空头排列的单边下跌趋势，自此黄金价格拉开了持续下跌的帷幕。如图 4-4 所示。

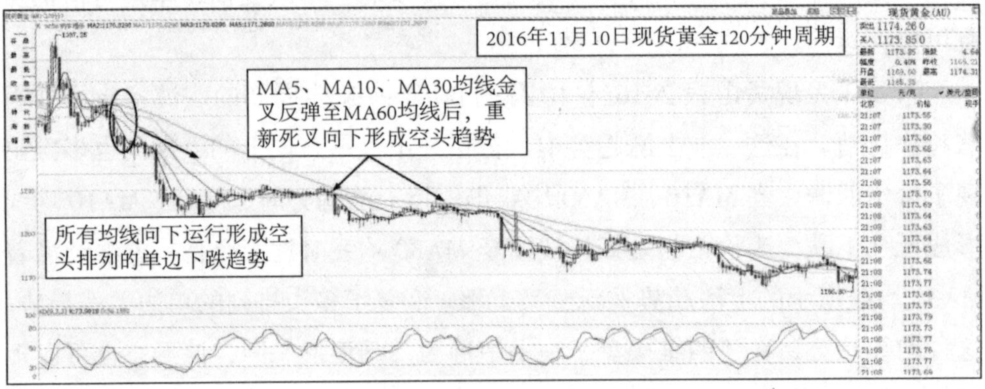

图 4-4

价格下跌到一定程度，必然导致指标严重超卖，那么价格或者在低位盘整，或者出现小幅反弹甚至是反转。黄金价格下跌过程中出现短线的反弹行情，其特征就是 MA5、MA10、MA30 均线逐渐向上运行，形成金叉，最终触碰到依旧保持下行的 MA60 均线，然后“借坡下驴”，重新死叉后再度下跌。这种均线的运行方式，可以称为长期下跌趋势中的中短线反弹行情。这种走势也是十分危险的，因为这种价格走势距离反转仅剩下最后一道屏障，就是 MA60 均线。一旦所有均线形成金叉，就很有可能导致价格趋势反转。

如果 MA30、MA60 均线保持着向下的趋势，而 MA5、MA10 均线向上反弹，那么大多情况下反弹过后会回踩 MA30、MA60 均线，然后反转下跌，这就是中长期上涨趋势中的短线反弹行情，也是空头表现比较强劲的行情。

四、震荡行情中的不同趋势

前面讲到，在一年的价格波动中，其实单边行情并不多见，更多的时候是在走不同幅度的震荡行情，如宽幅震荡、窄幅整理、震荡行情中的短线反弹行情和短线下跌行情等。

震荡行情中的短期趋势方向是最难判断的。大多数交易者都喜欢追涨杀跌，但是可以追涨杀跌的行情极少。如果震荡行情中还在追涨杀跌的话，结果很可能是屡战屡败，所以正确判断震荡行情中的短期趋势非常重要。

当所有均线全部横向运行并且相互黏合，甚至分不清是哪条均线的时候，说明价格已经步入到了窄幅整理状态。在窄幅整理期间，价格波动十分狭窄，几乎没有交易的机会，因为获利空间十分狭小，除去点差，基本上没有过多盈利空间了。尤其是一旦窄幅整理结束走出单边行情，恰好单边运行的方向与交易的方向截然相反，就会造成极大的亏损。

如图 4–5 所示，在 2016 年 11 月 23—25 日间，美原油价格每小时的波动仅有 0.1 美元左右，根本没有获利的空间。但是窄幅整理行情不会一直持续下去，通常窄幅整理结束，就代表着新一轮单边行情到来。窄幅整理期间卖盘突然放量，价格下跌，黏合在一起的均线逐渐分散向下，说明一波单边下跌行情已经到来。

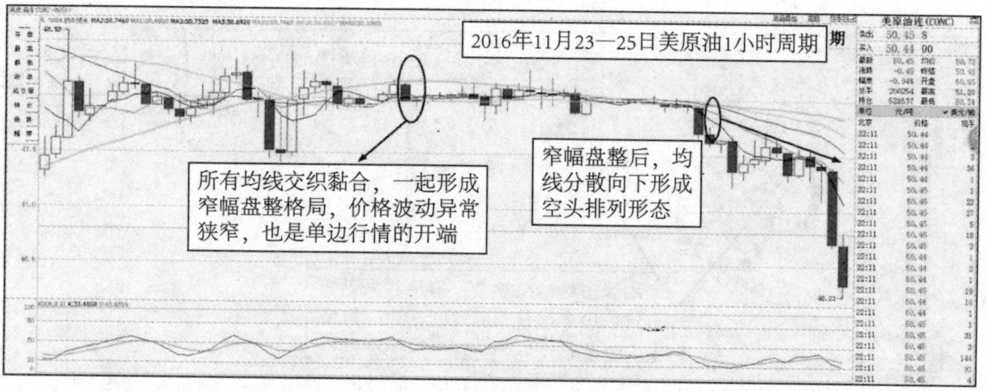

图 4–5

技术分析中有一句话，叫做“横有多长，竖有多高”。这句话很多人理解为横盘一段时间后就会下跌，例如“盘久必跌”。其实这样理解是错误的。正确的理解是盘整的时间越长，一旦走出单边行情，其持续性和涨跌幅度就会越大。

当价格出现这种窄幅整理趋势的时候，交易者最好不要进行任何操作，一是波动幅度太小，缺乏操作空间，二是变盘后的趋势方向不明，防范做错方向。什么时候是进场的最佳时机呢？当均线开口向同一方向运行时，这属于顺势交易。

学习了本书讲解的整套交易法则后，就可以利用其中的其他指标，在趋势没有明确前寻找到变盘方向的蛛丝马迹，并且适当提前布局交易。

宽幅震荡趋势一般出现在单边行情结束以后。因为单边行情结束后，市场交易情绪还处于活跃之中，多空双方开始势均力敌且此消彼长，所以价格虽然停止运行单边行情，但是却会走出较大幅度的上下震荡行情。

宽幅震荡趋势的特点就是波动幅度较大，而且波动的高低点位相对固定，因此也是普通交易者比较容易盈利的行情走势。宽幅震荡趋势虽然没有单边行情波动大，持续性强，但是走势稳定，波动空间有限，风险可控，几个波段操作下来，交易者也可以获得比较不错的利润。

如图 4–6 所示，在 2016 年 10 月 12—19 日间，美原油价格刚刚结束了

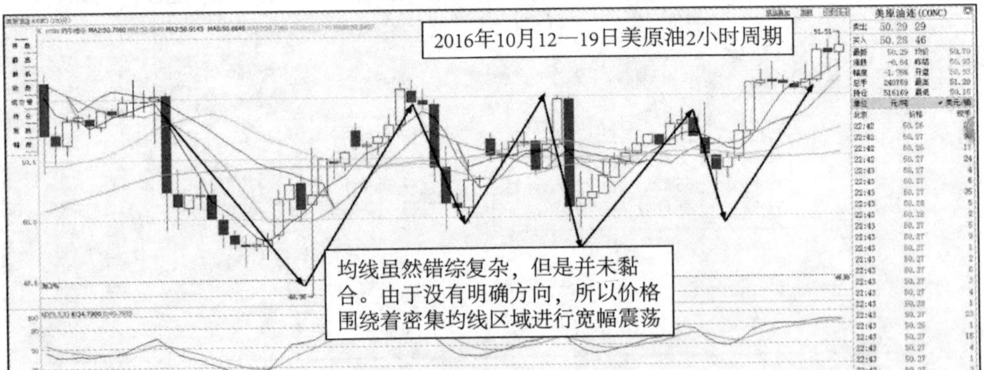

图 4–6

单边上涨行情，进入了宽幅震荡趋势。在这段震荡趋势中，价格振幅较大而且固定，每当价格上涨至 51 美元附近时就会向下调整，跌至 50 美元附近时就会反弹，交易者抓住各个波段，每一手交易都可以获得 1000 美元的收益，获利还是非常可观的。

与窄幅整理不同，宽幅震荡阶段均线不会纠缠、黏合在一起，而是错落无序，没有统一的运行方向，有些均线向上运行，有些均线向下或横向运行。只要均线之间线条分明，有一定的距离，价格就会围绕这些均线进行上下震荡。随着宽幅震荡行情的延续，价格波动会由宽幅震荡逐渐收缩，波动区间也会逐渐变窄，最终宽幅震荡转变为窄幅整理，之后开始新的一轮单边行情。

震荡行情特别是震幅较大的震荡行情中，均线系统并不会全部横向运行。有时候长期均线横向运行，但中短期均线或短期均线可能会走出向上或向下的方向，不过只要所有均线没有统一方向，尤其是长周期均线始终保持横向运行，那么中短期均线不论涨跌，最终都会回归到长周期均线附近。

图 4–7 是 2016 年 9 月 15—30 日现货黄金 4 小时周期的中期走势，价格运行在宽幅震荡行情中，震荡区间特别大。从均线上来看，当 MA5、MA10、MA30 均线向下运行时，便形成了中短期的价格下跌趋势。但是，

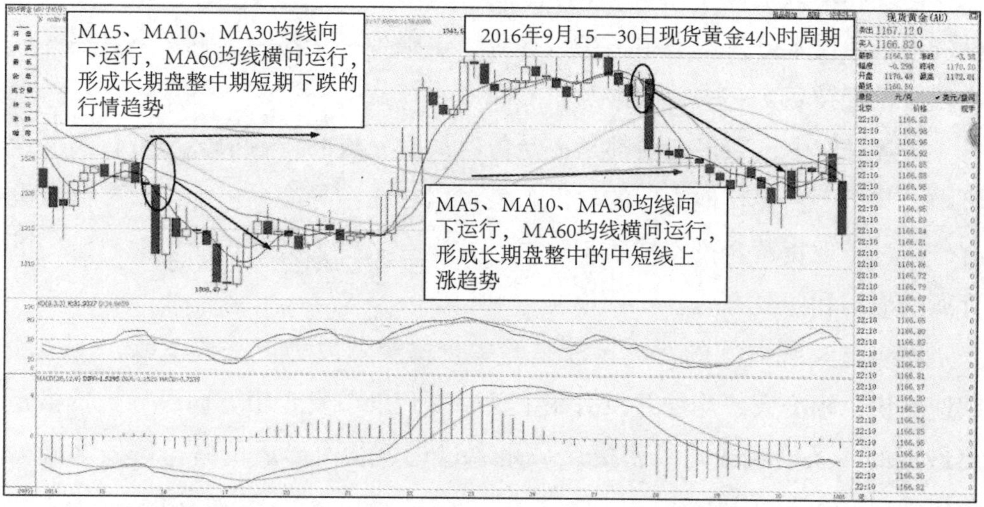

图 4–7

由于 MA60 均线还在上方且横向运行，所以并没有形成所有均线空头排列的单边下跌趋势，最终价格和中短期均线还会向上反弹，回归到 MA60 均线附近，这就是长期横盘中的中短线下跌趋势。

当 MA5、MA10、MA30 均线向上运行时，MA60 均线在下方还保持着横向运行，并没有随中短期均线一起上涨，这就是长期横盘行情中的中短线上涨趋势。价格和中短期均线上涨一定的幅度后，还会出现调整，回到 MA60 均线附近。

之所以出现这种长期横盘中的中短线涨跌趋势，主要原因通常有三个。

（1）基本面处于真空期。市场没有能够影响价格产生大幅波动的消息，多空双方势均力敌，所以行情缺乏方向性的指引，价格只能宽幅震荡。

（2）上方存在强压力，下方存在强支撑。由于成交量不足且缺乏消息刺激，市场突破盘局的尝试和努力屡屡失败。

（3）短线价格涨跌速度快、幅度大，从而刺激中短期均线涨跌过快，却并没有带动 MA60 均线同向运行，导致均线之间背离过大而进行修复。

五、均线之间背离与 K 线之间背离

均线和均线之间的背离，与均线和 K 线之间的背离，这一分析方法在投资市场和技术分析图书中很少被提及，也很少有交易者了解。笔者在《现货黄金投资技巧》一书首次涉及。

日常操作中，很多交易都是在走势背离时完成的。在很多严重背离的走势中，甚至不需要其他指标的辅助，就可以独立指导交易。由于很多读者没有研读过《现货黄金投资技巧》一书，这里有必要为大家再简单地总结一下背离的形态和修复方式。

均线与 K 线之间的背离，就是盘中价格突然发力上涨或下跌，由于涨跌速度快，幅度大，均线并没有跟上价格变化的节奏走出方向，导致价格距离最近的一条均线或均线密集区域距离过远，从而形成价格与均线之间的背离。

如图 4–8 所示，2016 年 11 月 9 日，现货黄金价格盘整后突然加速冲高。由于上冲速度过快，并没有带动下方的均线跟上来，这样就会发现，价格一直在创出新高，距离下方的密集均线越来越远。由于均线没有跟上来，这种价格的短线冲高行为必然不会持续很久。

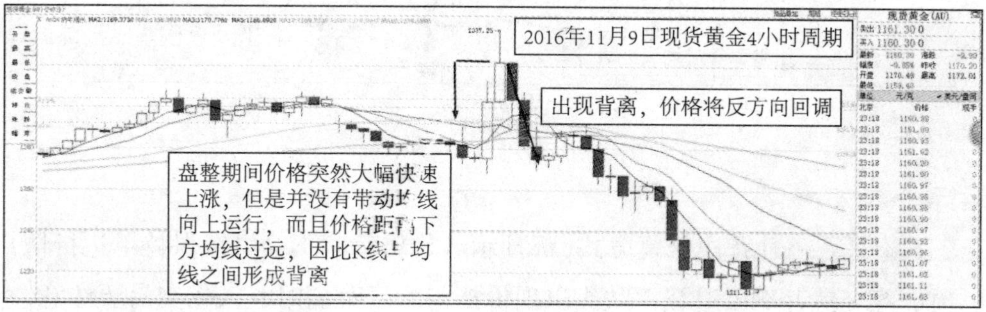

图 4–8

在一波上涨行情中，价格距离下方的均线越远，背离就越严重，那么之后价格回落的速度也就越快，幅度就越大，这就是价格与均线之间的修正。如果价格大幅度的涨跌与均线形成背离，而刚好价格遇到了比较强劲的支撑或压力，那么此时转为修复背离的概率极大，反向交易的准确性就更高。

价格背离后反向运行回到均线附近的背离修复方式，笔者称为价格回归均线。还有一种修复方式叫做价格牵引均线，也就是市场人士所说的“以时间换空间”。

2016 年双十一期间，当多数人都在疯狂购物、挥金如土的时候，现货市场却出现了疯狂的赚钱行情。当日晚间盘整数日的现货白银价格突然破位快速下跌，连续 6 个小时没有出现像样的反弹。价格越是下跌，距离上方均线就越远，价格与均线之间的背离就愈严重。

与价格回归均线的修复方式不同，价格与均线背离后，价格并没有快速向上反弹，而是持续在低位盘整，上方均线不断向下移动，逐渐与下方 K 线汇合。这种背离的修复方式，笔者称为价格牵引均线。通常以这种方式修复背离后，价格会像图 4–9 中的走势那样，沿着之前运行的方向继续加速

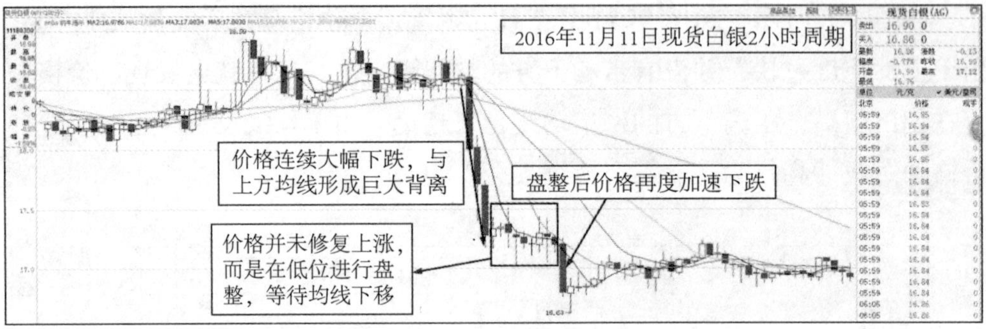

图 4–9

运行。

不论是哪一种背离修复方式，都预示着价格暂时不会继续保持单边行情，也预示着交易者不可追涨杀跌。出现价格与均线背离时，入场交易要注意，如果背离时恰好价格触及了比较强劲的支撑或压力位，交易者即可进场交易，只要防止价格出现破位加速的走势情况即可。

如果价格距离关键价位较远，且背离已经十分严重，此时交易者想放手一搏，反向操作，风险就会比较大。交易者一方面要严格止损，防止背离继续扩大，造成严重亏损。另一方面，如果进场后价格始终震荡盘整，迟迟未能实现盈利，预示着市场将实行价格牵引均线的背离修复方式，止损只是或迟或早的事。在这种情况下，交易者最好是及早离场，不要迟延，以免陷入被动局面。

六、均线的点位指示作用

均线系统除了用于判断价格趋势，同样对价格涨跌的抑制作用也非常明显，因此也是一个非常重要的点位指示指标。均线既可用于判断趋势，又可用于判断点位，这也是均线指标一直被沿用至今且被广泛使用的原因。

本书讲解的交易系统，每一条均线都是支撑或压力位置。参数越大的均线，支撑和压力效果也越明显。在不同周期的 K 线图中，均线组合对于价格的支撑、压力作用相比单条均线更大，如果与其他点位指标形成“共振”，交易信号的准确率会更高。

当均线形成多头排列格局，价格单边上涨时，任何一条均线都有可能成为有效的支撑。当价格回调至这些均线时，或许就是逢低做多的最佳时机。

如图4–10所示，现货白银价格2016年6月24日开始启动单边上涨行情。每一波单边上涨行情结束后，价格都会展开短线的回调盘整行情。回调盘整阶段，价格或回踩MA10均线反弹，或回踩MA30、MA60均线反弹，所以这些均线都可以成为价格回调阶段逢低做多的重要参考点位。

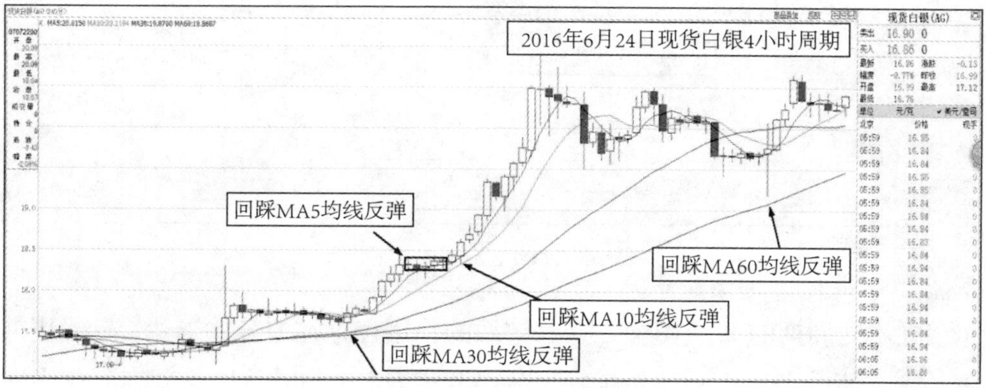

图4–10

需要注意的是，交易者依据某一条均线逢低做多后，一旦价格向下破位，距离下一个支撑位置过远的话，就要严格止损，等待价格到达下方更强劲的支撑位时再入场交易。

当均线形成空头排列，价格单边下跌时，这些向下运行的均线位于价格上方，就会成为下跌趋势中反弹的强劲压力。若价格下跌力度强劲，会沿着向下的MA5均线一路向下不反弹。当下跌力度减弱，抄底动能增强的时候，价格就会展开短线反弹，或反弹至MA10均线回调，或反弹至MA30、MA60均线回调。当然，参数越大的均线，压力也会越强。不过一旦价格突破均线的压制，也会加大反弹的速度和力度。

只要参数最大的均线保持向下运行的态势，价格就有可能随时回到下跌的走势之中。同样，交易者在某一均线高位沽空后，一旦价格放量向上突破，且价格距离上方均线较远，交易者就要严格执行止损，防止价格突破后加速上涨。如果价格距离上方均线较近，可以考虑在下一压力位置附近适当补仓。如图 4-11 所示。

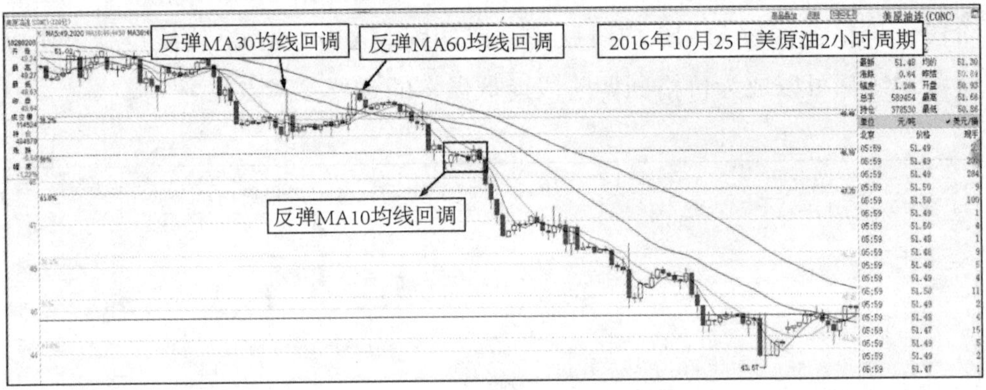

图 4-11

在不同周期的 K 线图中，这些均线的作用也存在差异。当然，K 线周期越长，均线的点位指示效果越好。从经验来看，1 小时及以下周期，仅参考 MA30、MA60 均线即可，参数更小的周期中，均线对价格的支撑和压力作用很小。2 小时、4 小时周期图中的 MA10 均线，可以适当作为参考，不过也要注意配合其他指标进行验证。日线及以上周期，则可以参考 MA5 均线。

交易者在任何周期依据任何指标进行交易，都要严格设置止损。任何指标指示的支撑和压力都不会绝对有效，都存在一定的破位风险，而且越强劲的支撑、压力位置，一旦出现破位的话，价格就会走出更大力度的单边走势。

第五章　宝塔线在交易系统中的作用

一、宝塔线指标基础知识

宝塔线及其使用技巧，在国内技术分析领域属于冷门。笔者曾在《现货黄金投资技巧》一书中讲解过，但是笔者发现学习过该指标的读者，使用并不是很熟练，而且也没有重视其作用。

在“孝寒点位交易法”中，宝塔线的唯一作用就是判断价格反转，或许这也是宝塔线唯一的用途。宝塔线不能用于判断价格趋势，也不能判断进场的点位。不过，“术业有专攻”，宝塔线这一指标在判断价格反转时特别灵敏有效，这也是该指标存在的重要价值。

本书中，笔者会把宝塔线的使用方法做更细致的讲解，如果交易者对宝塔线的使用方法有些了解的话，可以更进一步，学习更多的分析细节及应用技巧。如果是首次学习宝塔线这一分析指标，就需要认真地学习。宝塔线指标虽然使用起来很简单，但是掌握其中的玄妙却并不容易。一旦灵活掌握该指标的应用技巧，在现货市场中绝对是一种“杀伤利器”。

“孝寒点位交易法”中的宝塔线指标，舍弃了大多数宝塔线组合形态，只保留了三平低和三平顶两个组合形态的使用方法，这也符合该交易法吸收各指标精华的特点。如图 5–1 所示。

宝塔线（TOWER）缩写及软件指标代码为 TWR，是一种注重较长周期趋势的指标。宝塔线与 K 线相似，都是应用趋势线原理设计出来的。两者都是主图指标，所以二者只能取其一，不能共存。与 K 线相似，宝塔线也

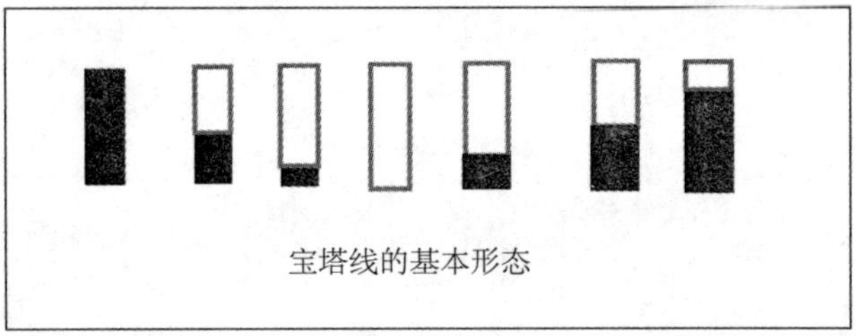

图 5–1

分为两种颜色，以红绿色或黑白色以及实体掺杂虚线代表价格走势。本书中以黑色实体代表阴线，白色虚线代表阳线。该指标将市场多空之间的争夺过程和力量转变，以价格数值的形式表现在图表中，借以研判未来价格的涨跌趋势，据此选择合适的买卖时机。

宝塔线应用趋势线的原理，引入支撑区和压力区的概念，用来确认行情是否反转。对于行情发展可能带来的方向变化不作主观臆测，而是作客观的记录，这一点是与其他指标不同的。

宝塔线指标认为，如果某一品种价格的上升趋势已经确认，就应该进场买入并且持仓，不主动预测价格的高点在哪里。当价格从高位出现反转向下的信号时，提醒交易者要小心。一旦确认价格在头部出现卖出信号，需作出相应的卖出动作。

反之，如果价格下跌趋势已经形成，就应进场沽空，持有空单，不去轻易预测底部在哪里。只有在价格由低位向上反转并出现买入信号时，才对空单进行止盈操作，并且做出买入做多的行动。

由上可知，宝塔线指标并不完全信奉“涨不言顶”“跌不言底”的交易理念，相反，它可以在一定程度上发出价格的顶部或底部信号。一般而言，按照宝塔线指标所揭示的信号进行多空交易，虽然在高点沽空或在低点买入做多会出现损失部分获利空间的可能，但这种方法相对来说不会错失涨升行情，避免反转时持有交易单，也不会在上升途中的盘整行情中轻易被震仓出局。因此，宝塔线指标比较适合稳健操作的交易者。

二、三平底空头反转信号

宝塔线三平底组合，是所有宝塔线中最准确的宝塔线信号之一。宝塔线三平底组合由三根宝塔线组成，首根宝塔线为阴线且幅度较大，第二根也就是中间的这根阴线最短，第三根即最右边的宝塔线则半实半虚，通常阴线较短，虚线较长。第三根虚线的长短代表了三平底底部看涨信号的强度，过长则出现“过刚易折”的问题，过短则说明趋势反转缺乏力度，有失败的可能性。只有三条线都恰到好处，才能发挥出最佳的分析研判和实战使用效果。需要注意的是，这三根宝塔线的底部是平行的，没有参差错落之感。如图5–2所示。

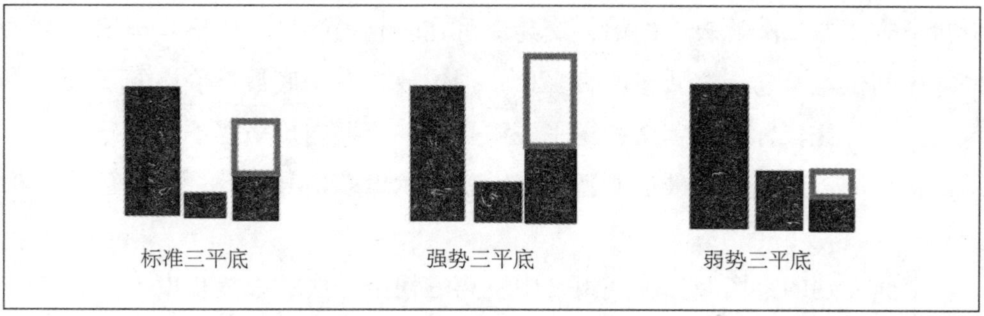

图 5–2

下面通过一副实盘走势图来感受一下宝塔线三平底组合的作用。

图5–3为2016年8月29日现货白银4小时周期走势图。价格持续下跌后，在底部逐渐企稳，之后形成了比较标准的宝塔线三平底形态。三平底形态形成后，价格没有继续下跌，而是走出了反弹行情，短线获利空间比较充分。

随后的两个交易日，价格始终保持盘整走势，始终没有跌破三平底的最低价格。盘整蓄势过后，走出了更大幅度的上涨，价格突破了上方的多重压力。

交易策略：

标准的宝塔线三平底组合完全形成后，一般价格会立竿见影地展开上涨，即使出现回调，回调幅度也不会很大，所以交易者可以直接进场做多。如果价格反弹幅度不是很大的话，进场做多后，可以将止损价位放在三平底的最

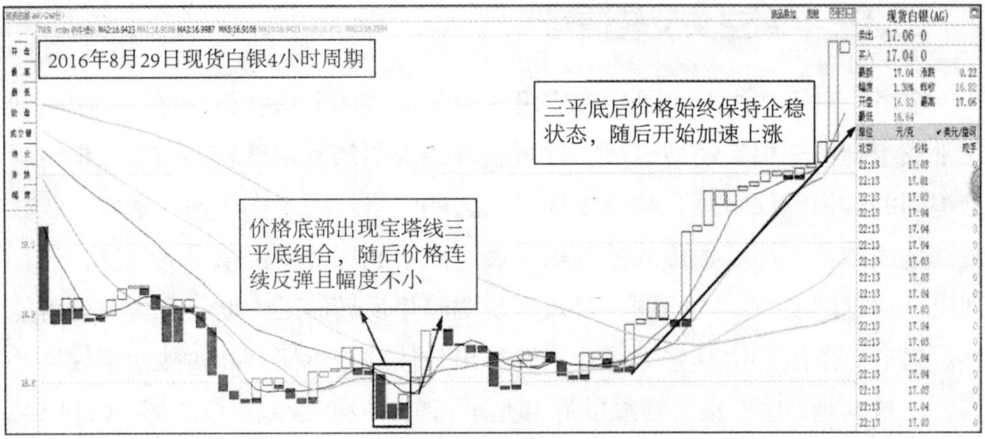

图 5–3

低价下方。如果涨幅较大的话，交易者可在轻仓做多后，价格跌至第三根宝塔线中间位置补仓，之后将所有多单止损位放在三平底最低价格的下方。一般出现这种比较标准的宝塔线三平底组合后，短期内价格是不会跌破三平底最低价格的。但是一旦破位刷新低点，就表示做多信号失效，多单必须立即止损。

上面提到的宝塔线三平底组合中，第三根宝塔线的虚线长度不同，看涨信号强度也不同。如果虚线较短的话，这个三平底的看涨信号就会弱几分，失败的概率也会增加。

如图 5–4 所示，美原油价格连续两轮加速下跌后，2016 年 9 月 1 日在 2 小时周期走势图中形成三平底的宝塔线组合。但是第三根宝塔线的虚线并不明显，阳线实体很短，所以属于比较弱势的三平底宝塔线组合。该三平底组合形成后，价格盘整了几根 K 线，然后突然再度拐头向下，迎来了新一轮单边下跌行情。价格破位后，如果交易者没有严格执行止损，就会损失惨重。

交易策略：

出现比较弱势的三平底组合后，不可马上进场做多，一定要结合交易体系中的其他分析方法综合判断。如果确认看涨信号明确，可以轻仓进行做多。由于宝塔线信号较弱，所以进场后不可长期持仓，也不可追求过多利润，要

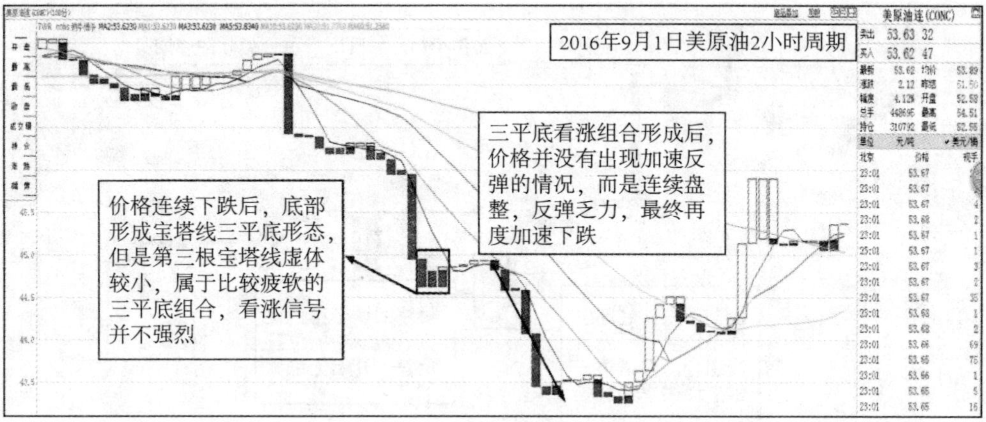

图 5-4

快进快出，获利后及时止盈。如果进场做多后，价格连续走出多根盘整 K 线，价格并未明显上涨，或者价格继续下跌，刷新三平底低点，则预示着反弹信号可能会失效，交易者需要暂时离场，规避风险。

如果宝塔线三平底组合的第三根宝塔线虚线过长的话，说明价格探底回升的力度很强，属于强势的三平底组合。强势的三平底一旦形成，价格可能会继续加速反弹，反弹速度快且幅度大，介入做多的话收益较高，但同时也存在相应的风险。这种强势的三平底组合一旦形成，也就意味着价格已经上涨了较大的空间，此时追高做多风险必然很大。一旦信号失效的话，就会出现比较大的亏损，所以交易者进场时要格外谨慎。

如图 5-5 所示，现货黄金价格 2016 年 10 月 21 日 1 小时级别走势图中出现了强势的宝塔线组合，发出了价格见底的信号。不过，此后价格并没有维持加速上涨，而是先行调整，价格回落到三平底第三根宝塔线一半位置左右时，才开始缓缓上涨。对于这种三平底组合，交易者在进行操作时，要比其他两种三平底组合更加谨慎，不能过于激进，也不能畏畏缩缩，错过交易的时机。

交易策略：

强劲的三平底形态组合完全形成后，激进的交易者可以直接做多，但是

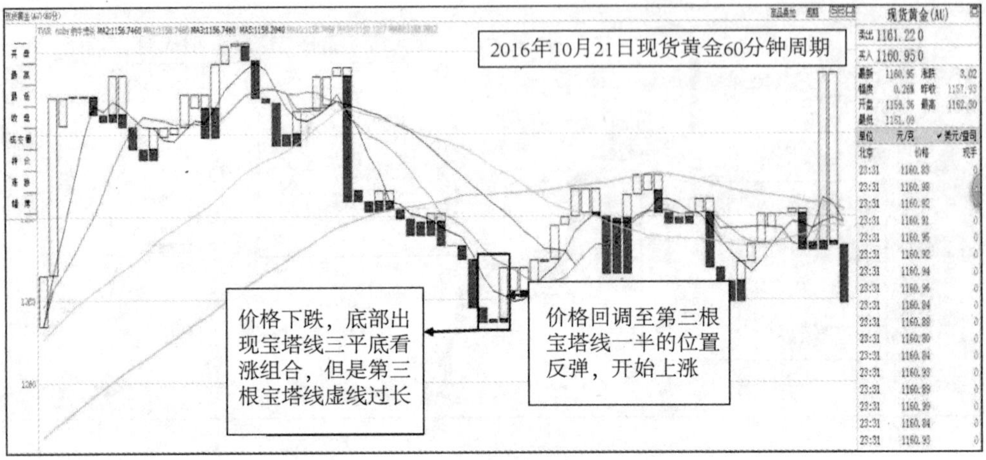

图 5–5

仓位要轻。如果入场很顺利，介入后价格很快上涨，要争取获得更多收益，不然对不起所冒的风险。多单进场后，如果价格回调至第三根宝塔线一半的位置附近，可以适当补仓，并将所有多单止损放至三平底的最低价位。

稳健的交易者可以等待价格跌至第三根宝塔线中间的位置时介入做多，直接将止损放至三平底的最低价格下方。

操作中，还要结合其他指标进行研判。如多头动能是否继续放大，随机指标能否继续保持上涨且并未显示超买，等等。

三、三平顶多头反转信号

宝塔线三平顶组合，是价格上涨至高位宝塔线发出的顶部信号。其组合特点是最左边的宝塔线为虚线且幅度较大，预示着价格还在加速冲高。中间宝塔线同样为虚线，但在所有宝塔线中实体幅度最小，说明价格上涨力度开始减弱。第三根宝塔线是实体与虚体的结合体，如果虚实参半，则属于比较标准的三平顶。如果分有强弱，那么三平顶对价格的影响也会有所不同。最后，三根宝塔线的顶部必须是平齐的，如果参差不齐，则不属于三平顶组合。如图 5–6 所示。

标准的三平顶如果出现在高位，价格见顶回落的概率是比较高的。如果

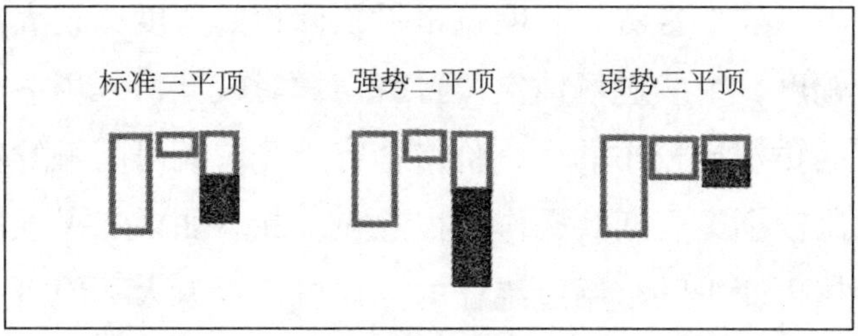

图 5–6

出现在较长周期的 K 线图中，回落的持续性可能会更好。

如图 5–7 所示，2016 年 11 月 30 日现货黄金价格高位出现了标准的宝塔线三平顶组合后，很快价格就展开了下跌，从 1187 美元跌至 1167 美元，期间跌幅 20 美元，不过这还不是最大的振幅。用 300 美元的亏损博取 2000 美元的利润，还是非常划算的，所以在交易中切不可忽略这一指标。

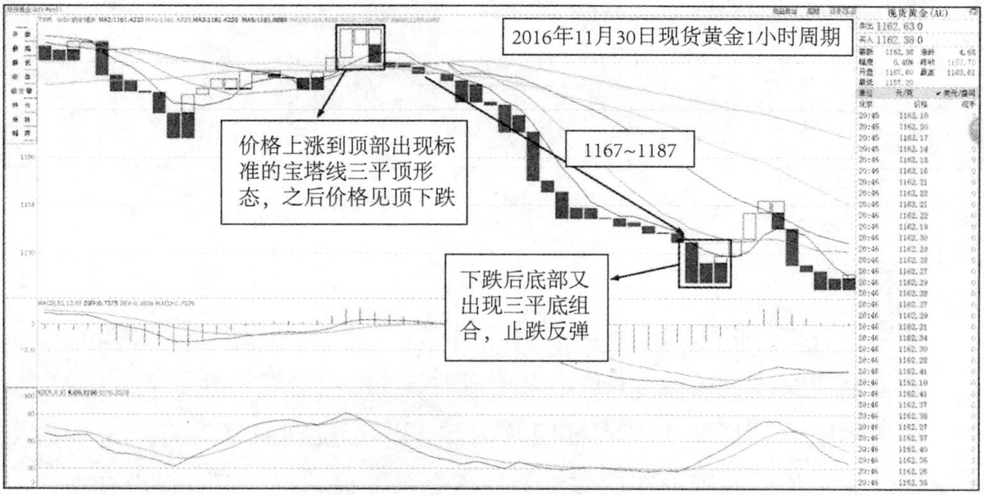

图 5–7

下跌途中，如果价格遇到强劲的支撑，或者出现一些见底的技术形态，就可以获利止盈了。如图所示，价格在低位出现了宝塔线三平底见底信号，很快价格就止跌反弹了。

如果三平顶组合的第三根宝塔线实体过长的话，那么这种宝塔线三平顶组合就属于比较激烈的走势，表明价格见顶回落的力度比较大。既然价格已经调整了较大幅度，继续进场沽空位置就会相对较低，入场沽空显得比较激进。一旦设置的止损比较小的话，价格稍有反弹，就可能触发止损。

止损设置比较小，后期的操作就很危险，此后如果三平顶信号并没有失效，止损后价格再度下跌，错过绝佳的操作机会，就太不值得了。但是如果止损设置得比较大，那么一旦三平顶信号失效，价格突破压制继续上涨，亏损的幅度就会比较大。如图 5–8 所示。

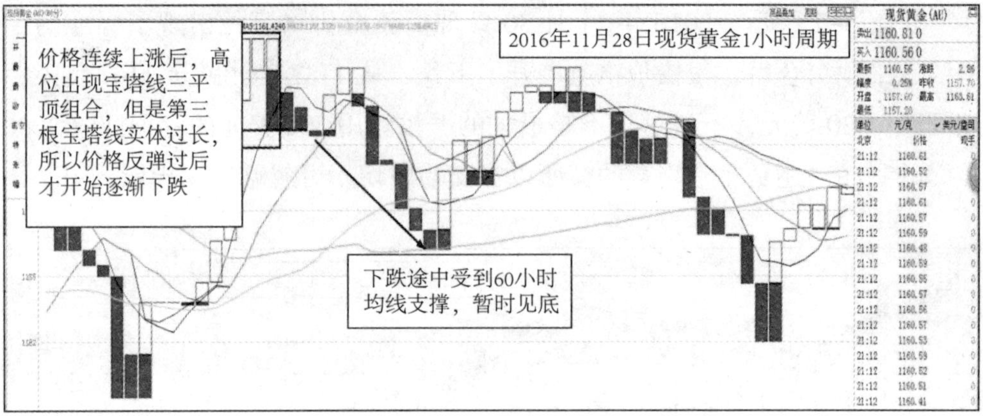

图 5–8

交易策略：

如图中所示，价格上涨途中宝塔线出现了三平顶见顶信号，但是很明显第三根宝塔线实体过长，三平顶形态形成时，价格也已经下跌了较大的幅度。

价格大幅冲高后马上又大幅回落的倒 V 字形反转行情毕竟只是少数，大多数时候，价格连续上涨后多头力量不会马上被消解，下方也会存在一定的支撑，所以短期内价格是不会马上强劲下跌的。

如果行情下跌力度较大，出现这种激进的三平顶后，价格自然会持续下跌，而且力度还不弱。如果下跌力度不强，多头如“百足之虫死而不僵”的话，形态形成后，价格或许会先小幅上涨，然后再缓缓而下。在这种情况下，稳健的交易者可以等待价格反弹至第三根宝塔线一半的位置沽空。若错过交易机会，就不要多想了。激进的交易者则在三平顶形态确认形成后，价格跌幅还不是特别大的情况下，可以轻仓顺势进场沽空。入场后价格直接下跌固然是好事，短时间内就可以获取不错的收益。如果介入后价格向上反弹，那么可以选择在第三根宝塔线一半位置适当补仓，并且将所有空单止损设置在三平顶组合的最高价格上方。

如果三平顶组合的第三根宝塔线实体很小，说明价格见顶回调的力度不大，空头力度不强，虽然此时宝塔线也发出了顶部信号，但是介入做空的话却有较大风险。

图 5-9 展示的是现货白银价格在 2016 年 8 月 10 日价格上涨后，就出现了这种略显疲软的三平顶组合，第三根宝塔线实体很小。虽然最终价格还是跌下去了，而且还是在 4 小时的中线周期图中出现的，但是价格依旧没有下跌太大的幅度，利润空间有限。这是比较疲软的宝塔线组合的一些弊端，但是准确性还是比较高的，即使信号失效，也不会有太大的亏损。

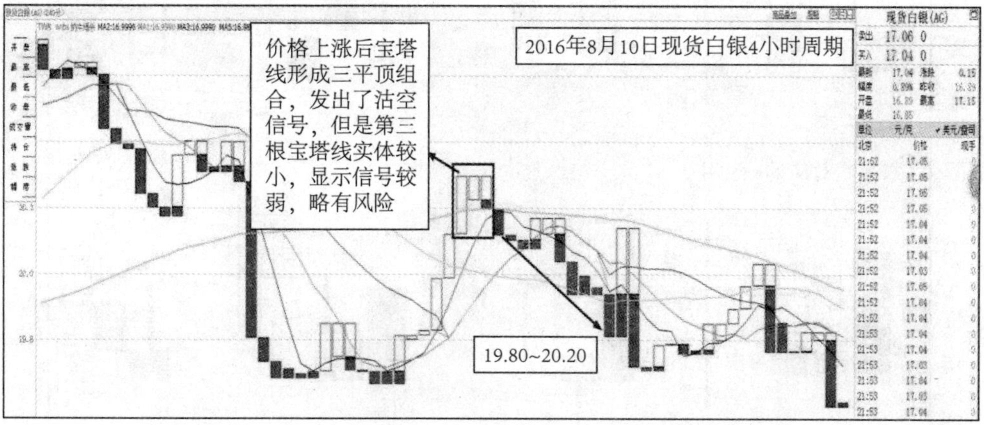

图 5-9

对于比较弱势的三平顶组合，入场交易也比较“简单”：形态形成后，交易者可以直接进场沽空，止损设置在宝塔线高点上方即可。但是由于沽空信号较弱，所以不要过度贪图利润。如果三平顶形成时，刚好遇到比较强的上方压力，可以适当激进一些。

笔者曾经测试过不用任何技术指标，只依据宝塔线三平顶、三平底方法进行交易，虽然机会出现的频率不高，一周或许也就有几笔交易的机会，但是准确率却出奇地高。不过，K 线与宝塔线两者只能存其一，交易者在分析 K 线走势的时候，就无法关注宝塔线，反之也一样。

交易者平时在跟踪分析行情时，大部分时间都在关注 K 线，这样就会错过很多宝塔线发出的交易信号。实战交易中可以通过 K 线的形态组合大致判断宝塔线组合，如果 K 线组合隐约透露出一些宝塔线组合信号，可以马上切换到宝塔线指标进行确认。

图 5–10 中展示的是三平顶、三平底对应的 K 线组合。其他变异组合，交易者可通过日常的交易逐步积累。

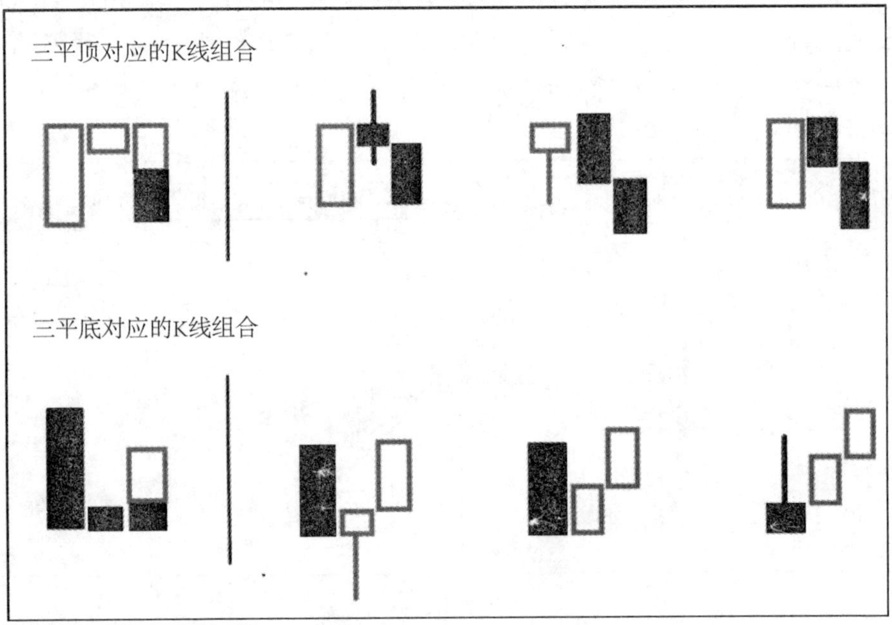

图 5–10

很多时候，宝塔线形成三平顶、三平底的时候，恰好 K 线图中也出现了明确的交易信号，这时进场交易成功率便又多了一分保障。

如图 5–11 所示，价格上涨到高位后，三根 K 线形成了黄昏之星的看空

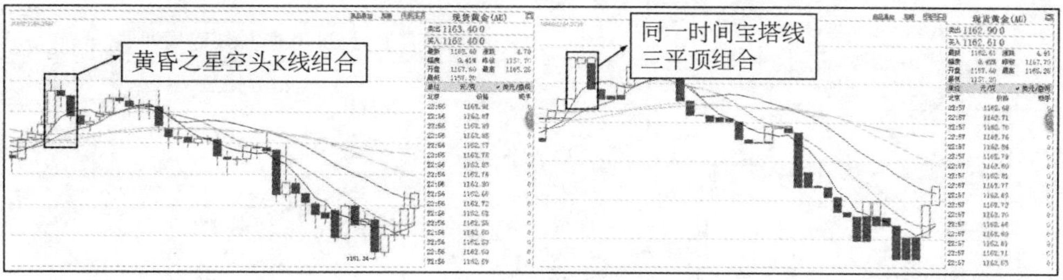

图 5-11

K 线组合。此时切换到宝塔线指标，刚好又形成了三平顶组合，随后价格展开一波持续性很强的下跌趋势。诸如此类，宝塔线发出空头信号，同时 K 线出现了双针探顶、倒锤头线、乌云盖顶等，宝塔线发出多头信号，K 线出现了早晨之星、双针探底、刺透形态等，都是绝佳的交易机会。

四、三平顶、三平底转换形态

宝塔线指标经常出现这样一种情况：价格上涨到顶部时出现了宝塔线三平顶组合，指标发出了看空信号，但是价格并没有继续下跌，而是盘整了几根 K 线之后，甚至是三平顶刚形成，立刻又出现了三平底的看涨信号。这时候交易者是继续按照三平顶信号入场持有空单，还是按照最新形成的三平底组合做多呢?

宝塔线三平顶、三平底快速转换形态出现的频率不高，但是一旦出现的话，交易者就面临艰难的选择。

如图 5-12 所示，美原油价格 2016 年 11 月 3 日前处于单边下跌趋势，而且趋势保持良好。价格下跌途中，在 4 小时周期走势图中，宝塔线形成了三平底组合，而且形态十分标准，此时进场做多毋庸置疑。

如果进场做多的话，入场后会发现价格并没有快速上涨，而是持续了数个小时的震荡盘整，甚至价格有所回调，随后又酝酿出一个三平顶的看空信号。很快价格按照三平顶的看空信号发展，重回此前的单边下跌趋势继续下行。

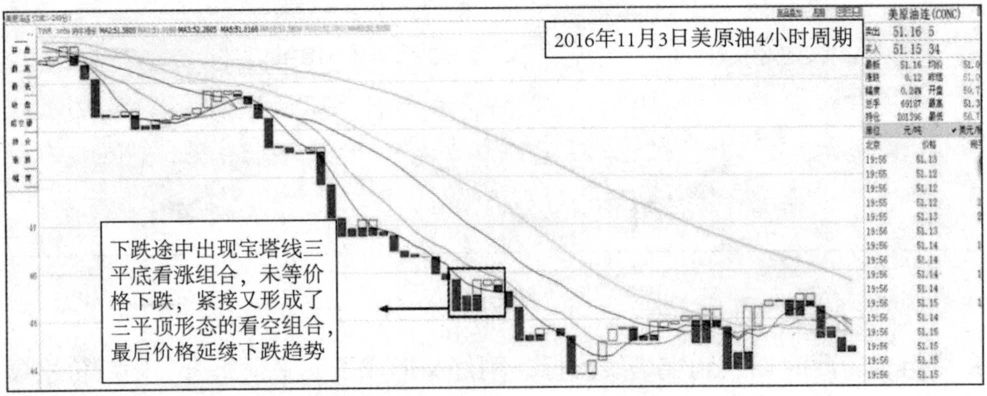

图 5-12

一般情况下，出现这种对立的宝塔线反转形态组合，价格会以最后形成的宝塔线组合指示的方向运行。如果交易者已经进场交易，宝塔线出现反转形态，交易者一定要在价格还没有反方向大幅度运行前以最小的损失离场。

本书介绍的宝塔线组合或者 K 线形态、K 线组合，大多都属于判断价格走势的反转信号。依据反转信号交易，本来就属于逆势交易，就像火中取栗，自然要格外注意风险。一旦进场后长时间不能获利或触及止损位，或者再次出现反转信号，一定要及时离场，不可存有任何侥幸心理。

笔者一向不赞成初出茅庐的交易者进行逆向操作，因为交易经验不足，不论是技术的分析应用，还是心态的调整和把控，都很不成熟，入场交易风险很大。如果能熟练掌握本书介绍的交易系统，尤其是判断价格顶部、底部反转的技巧，并且锻炼出了坚毅的心态，可以入场尝试。毕竟逆向交易顺利的话，进场交易的点位是相对更完美的价格，获利空间很大。唯一的担心就是信号判断有误，或者做错方向后不愿承认错误。

第六章　从随机指标看背离

一、辅图指标的选择

前面主要讲解的是 K 线图中的主图指标，其主要作用是判断价格趋势运行的方向，接下来开始学习“孝寒点位交易法”中的辅图指标。辅图中的“辅”字，就是辅助的意思，其作用是对主图指标发出的交易信号进行验证与辨别，对交易进行最后的确认。

选择辅图指标还是很讲究的。首先，辅图指标与主图指标指示的方向不能相反。如果辅图指标发出的信号与主图相反，不仅不会给交易者任何帮助，还可能会给交易者带来误导。

其次，辅图指标之间不能相互重叠，并且能够相互验证，同时能够对主图指标的缺陷进行弥补，不能成为鸡肋。

最后，辅图指标不能太多。现在的行情分析软件可以很方便地增加辅图指标窗口数量，许多交易者也认为指标多多益善，少则一两个，多则五六个，认为多一个指标就多一份保障，提高一些准确率，其实不然。如果辅图指标过多，会有很多鸡肋不说，一些指标之间还会产生冲突，让交易者无所适从。另外，辅图指标数量过多，再加上主图指标，那么在进行技术分析时，必然会耗时耗力，甚至会错过很多交易机会。更值得反思的是，指标数量多真的会增加交易的准确率吗？从笔者的经验来看，结论是“未必”！

二、随机指标基础知识

1. 随机振荡指标

随机振荡指标（KD）是一个度量市场中超买和超卖情况的指标，该指标有两条线，一条是快线，一条是慢线。随机振荡指标能够告诉交易者，市场是否处于超卖或者超买状态。

随机振荡指标的刻度值在0到100之间。当随机指标值大于75时，意味着市场处于超买状态，随后很可能会进入下跌行情；当随机指标值小于25时，意味着市场处于超卖状态，市场随时可能出现反弹。

作为一种经验法则，交易者应在市场处于超卖的市场买进，在市场处于超买的市场卖出。当市场长时间处于超买状态时，随后必然面临一个反转或回调，反之亦然。

使用随机振荡指标时，交易者也要提防市场连续处于超买或者超卖的情形，这种情形被称为指标钝化。在强有力的趋势市场中，随机振荡指标极易出现钝化，此时高抛低吸的观念就不合适了。

以上是随机振荡指标的基础知识。许多交易者以不同的方式使用随机振荡指标，但总的目的都是利用这个指标观察市场是处于中性区域还是极端区域。随着经验不断增加，交易者将会找到适合自己交易风格的随机振荡指标使用方法和技巧。

如图6–1所示，从KD指标图中可以看到，双线组合十分简单清晰，没有复杂的数值，没有错杂繁多的指标线。读者一定会将KD指标与KDJ指

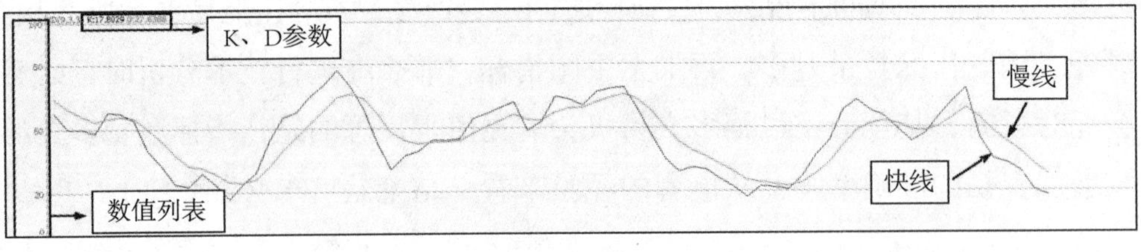

图6–1

标混淆，没错，其实这两个指标是一样的，只是 KD 指标少了一个 J 值。

笔者在使用随机振荡指标时，觉得 KD 指标少了一个 J 值，对行情的指示作用更大一些，分析起来也格外清晰方便。如果读者认为自己对 KDJ 指标的应用更加娴熟，也可以进行替换。J 值基于 K、D 而来，通常会走在 K、D 两线的前面。不过不要觉得指标走得快就能提前判断行情，结果很可能是恰好相反。由于 J 值走得过快，导致波动幅度较大，而价格往往并不会沿着提前运行的 J 值指示的方向移动，所以依据 J 值操作存在较高的错误率。

KD 指标之所以出现在本书介绍的交易系统中，是因为它对价格涨跌的超卖、超买判断相对准确。需要提醒的是，该指标并不是用来判断趋势方向。因为 KDJ 的 J 值经常会超出超买、超卖区域，略显鸡肋，所以这里只用 KD 值分析研判市场走势，使用中也觉得对行情的把握更加清晰流畅。

对于 KD 指标的参数设置，使用中不需要做任何更改，一般使用默认参数即可，即 N = 9、M1 = 3、M2 = 3。这个默认参数还是非常适中的，如果参数过小，进场后价格不会马上反转，可能会很快到达止损位。如果参数过大，确认进场信号时或会错过很多利润，就有追涨杀跌的风险。如图 6-2 所示。

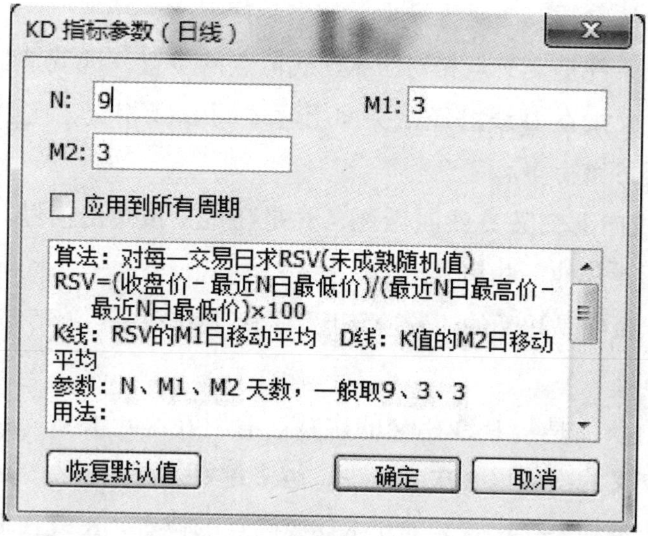

图 6-2

2. 基本用法

（1）从 KD 取值方面考虑。KD 的取值范围都是 0 ~ 100，可以将其划分为几个区域：80 以上为超买区，20 以下为超卖区，其余为徘徊区。

根据这种划分，KD 超过 80 应该考虑卖出，低于 20 应该考虑买入。需要说明的是，上述划分只是一个应用 KD 指标的一般原则，指标提供的也仅仅只是提示性信号，完全按这种方法进行操作，实战中很容易导致损失。

（2）从 KD 指标曲线的形态方面考虑。当 KD 指标在较高或较低的位置形成头肩形和多重顶（底）时，是采取行动的信号。注意，这些形态一定要在较高位置或较低位置出现，位置越高或越低，信号越可靠。

（3）从 KD 指标的交叉方面考虑。K 线与 D 线的关系就如同价格与均线的关系一样，也有死亡交叉和黄金交叉的问题。不过这里交叉的应用稍显复杂，还附带很多其他条件。以 K 线从下向上交叉 D 线为例：K 线上穿 D 线是金叉，为买入信号。但是出现金叉后是否应该买入，还要看其他的条件。

①第一个条件是金叉的位置要比较低，是在超卖区（25 以下）的位置，越低越好。

②第二个条件是与 D 相交的次数。有时在低位，K 线、D 线要来回交叉好几次。交叉的次数以 2 次为最少，越多越好。

③第三个条件是交叉点相对于 KD 线低点的位置，这就是常说的“右侧相交”原则。K 线在 D 线已经抬头向上时才同 D 线相交，比 D 线还在下降时与之相交要可靠得多。

（4）K 线向下交叉 D 线叫做死叉，是高位见顶卖出信号，是否应该高位沽空，也要看其他一些信号。

①第一个条件是死叉的位置应该比较高，要在超买区（75 以上）的位置，越高越好。

②第二个条件是与 D 线相交的次数。有时在高位 K 线、D 线要来回交叉好几次。交叉的次数以 2 次为最少，越多越好。

③第三个条件是交叉点相对于 KD 线高点的位置。K 线在 D 线已经抬头

向下时才同 D 线相交，比 D 线还在上涨时与之相交要可靠得多。

三、超卖区金叉底部信号

KD 指标数值到达 25 以下，预示着指标达到超卖区域，此时价格的下跌或已到达底部，未来一段时间内价格随时可能探底回升甚至反转。此时交易者一是不可继续激进追空，二是手持的空单应该及时获利了结，随时准备进场逢低做多。

如图 6–3 所示，2016 年 12 月 16 日 1:00 前，现货黄金价格连续下跌且下跌力度较强，均线系统形成空头排列形态，期间没有任何止跌企稳的信号。随着价格持续下跌，随机指标 K 值和 D 值全部跌至 25 以下，发出超卖信号，随后价格暂时见底，小幅反弹。当价格反弹时，随机指标的 K 线与 D 线也在超卖区域形成金叉，进一步确认底部信号后，价格开始缓慢上涨。

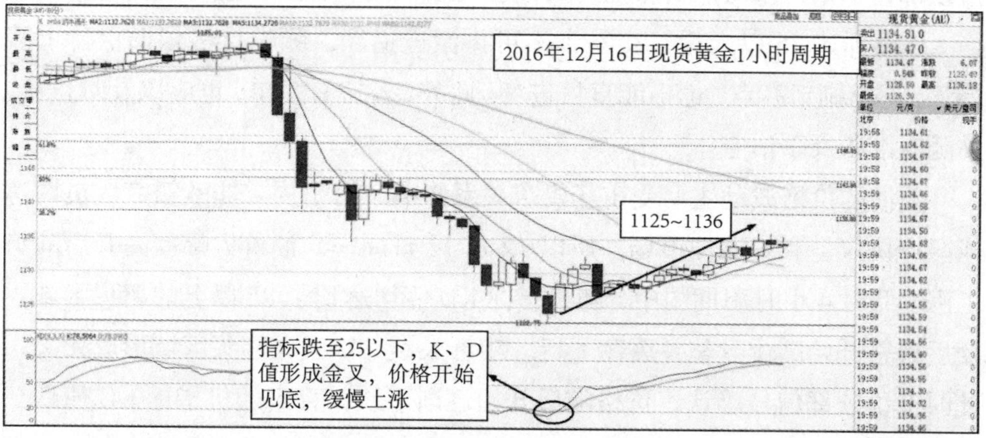

图 6–3

K 线是快线，会首先到达超卖区域，K 线、D 线同时到达超卖区域效果更佳。激进的交易者可以在 KD 值到达超卖区域后抄底做多。如果价格刚好遇到下方支撑，该信号的准确性会很高，一旦反弹，获利空间也比较大。如果没有到达下方支撑位，仅是 KD 指标到达超卖区域的话，价格可能会继续下跌一定幅度，稳健的交易者可以等待 K 线、D 线在超卖区域形成金叉以后进场做多，这样操作会比较安全。

K 线、D 线形成金叉后，也要注意快慢线上涨的角度。角度过小，说明价格反弹力度较弱，反弹空间有限，入场后不可追求过多利润。金叉角度大的话，说明价格上涨力度很强，随后价格会立竿见影地上涨，而且上涨速度较快，涨升幅度较大。

如果 K 线、D 线金叉后又反转形成死叉，或者指标长时间上涨价格却并未出现较大幅度的上涨，KD 指标就来到了超买区域，此时多单要及时离场避险。

四、超买区死叉顶部信号

KD 值涨至 75 以上，意味着市场步入超买区域，此时价格的上涨逼近价格顶部，未来一段时间价格随时可能会见顶回落，展开调整行情甚至反转。当 KD 值到达 75 以上后，交易者不可再激进追涨，哪怕价格依旧保持上涨趋势，不断刷新高点，也不能盲目进场。此外，若持有多单，也应该及时止盈，并随时准备反手沽空。

原油的价格波动主要受市场供求关系影响，由于周末非欧佩克成员国达成减产协议，利好原油市场，所以 12 月 12 日周一，油价大幅度高开后顺势上涨。此时 4 小时周期图中，随机指标 KD 值均达到了 85 以上的超买区域，随后价格开始高位盘整并震荡下行。接着 K 线、D 线在超买区域形成死叉，此时油价顶部信号确认，价格随后开始逐渐下跌，直到随机指标 KD 值跌至超卖区域，跌势才开始企稳。如图 6–4 所示。

同理，如果仅是 K 值到达超买区域，效果只能是差强人意。如果 K 值与 D 值全部到达超买区域，信号的准确性会更强一些。激进的交易者在 KD 值到达超买区域后，可以提前沽空，尤其是价格恰好涨至强压力位时。如果交易成功，则获利的空间很大，不过也存在价格继续上涨一段幅度的可能性，这是激进交易的风险所在。

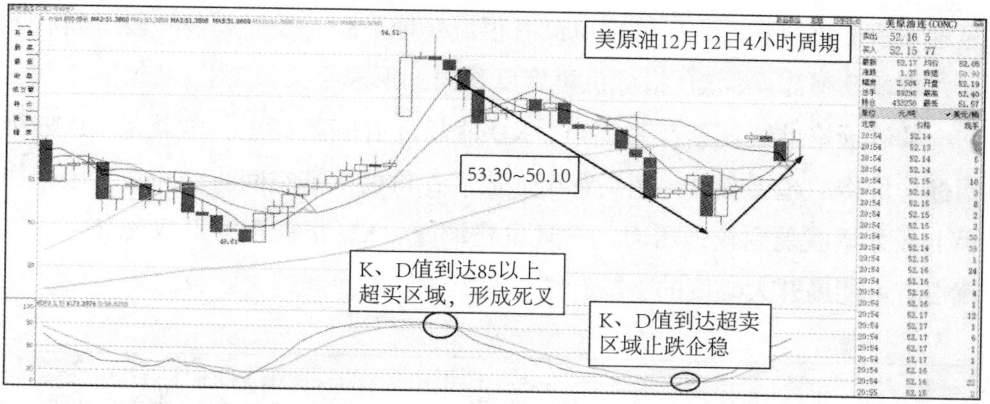

图 6-4

如果 KD 值到达超买区域并且形成高位死叉后进场沽空，准确性会得到进一步的加强。不过这时价格也已经下跌了一定幅度，会损失部分利润，这可能就是“鱼与熊掌不可兼得”的道理吧。进场做多后，如果 KD 指标还没有跌至超卖区域就形成金叉，或者价格反弹到止损位，应该严格执行止损。此外，如果金叉上涨但是上涨力度较弱，指标到达超买区域，价格却并没有上涨很多，此时即使价格没有涨至目标位，也应该及时止盈离场。

五、随机指标与价格背离

上面讲解的是 KD 随机指标的标准用法，但是投资市场变化无穷无尽，任何情况都有可能出现。KD 指标也不会始终像上面讲解的那样，从超买区域直接下跌至超卖区域，或从超卖区域顺利地回到超买区域。很多时候 KD 指标的运行会出现一些波折，经历多次金叉、死叉后，才会到达目标区域，期间对交易者应用指标的熟练程度和交易心态是一种严峻考验。

KD 值涨至超买区域，说明价格经历了一番上涨行情，这段时间多头力量越强，价格上涨幅度越大，市场反转回调就越是不易，KD 值想要跌至超卖区域就越困难，转换过程也会越坎坷。

如图 6-5 所示，2016 年 12 月 15 日现货黄金价格缓慢上涨，KD 指标也随之涨至超买区域并形成死叉。但是 KD 指标死叉后向下运行的角度很小，显示下跌走势疲软。之后价格也没有很流畅地下跌，反而震荡一段时间后上涨并刷新反弹高点，KD 指标也再度反弹向上形成金叉。

虽然价格继续刷新反弹高点，KD 值却没有刷新高点，这就是 KD 随机指标与价格的超买背离。超买背离形成后，价格上涨空间将会非常有限，如果上涨无量或受到较强压力，一旦价格调整，KD 指标再度形成死叉，价格就很有可能展开大幅度的下跌行情，直到 KD 值回到超卖区域。

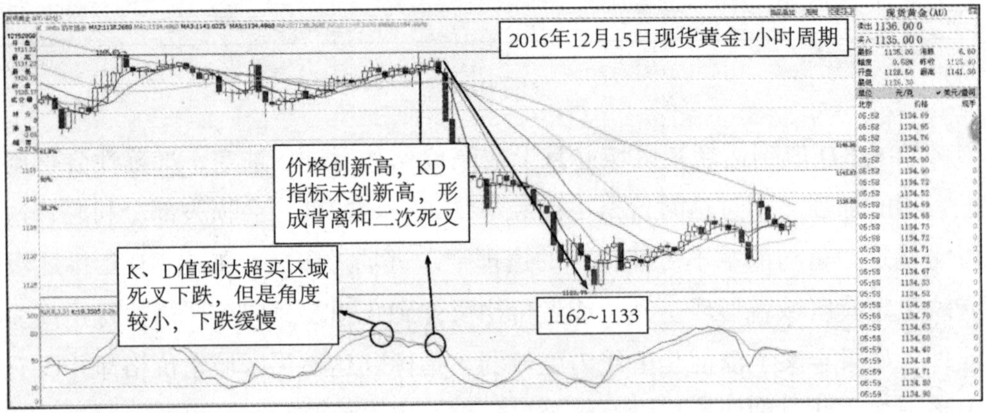

图 6–5

如果 KD 值到达超买区域后形成死叉，但价格并不下跌，反而上涨刷新 KD 指标死叉前的上涨高点，此时 KD 指标再度金叉且刷新高点，这是价格继续上涨的信号，此时不可激进沽空。交易者若想沽空，需要等待 KD 指标重新在高位形成死叉时进场。

图 6–6 为 2016 年 12 月 1 日现货黄金 2 小时周期走势图。从图中可以看到，价格在下跌途中探底回升，收出带长下影线的阴线，形成单针探底的底部 K 线形态，发出见底信号。与此同时，KD 指标数值也跌至 20 以下，到达超卖区域，并且形成反弹金叉。

如果此时交易者已经进场做多，可持仓待涨。一旦价格如图中走势那样，KD 指标已经金叉，但是价格再度下跌并刷新低点，跌至止损位置时，应及时离场避险。如果未到止损位，则可继续持仓。如果 KD 指标也刷新了低点，价格必然会达到止损位。此时如果形成二次金叉，价格有望重新看涨，前面被动止损后，可以再度进场参与多单交易。

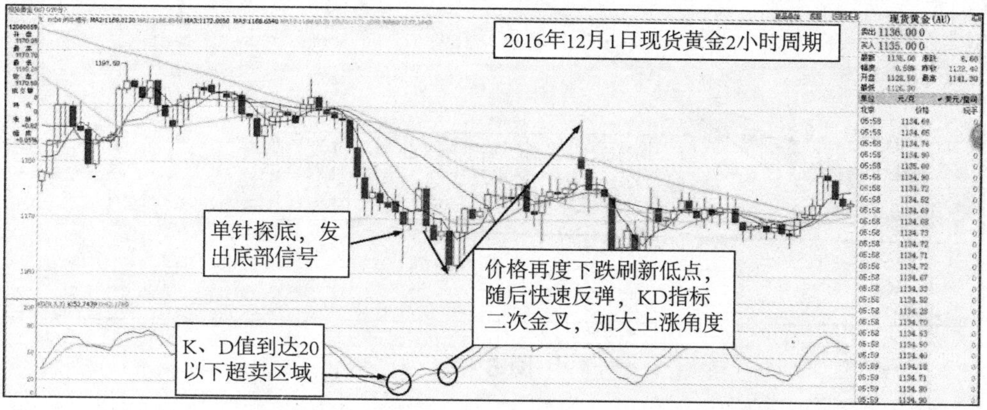

图 6–6

六、随机指标的严重钝化

KD 随机指标有一种情况是指标"钝化"，指标"钝化"会给交易者带来巨大的风险。很多时候 KD 指标值已经到达超买或超卖区域，甚至超买、超卖已经非常严重，但是行情依旧没能形成反转，快慢线仅是在高位或低位水平运行。此时不论做多还是沽空，都很难进行决断，也是交易风险最大的时候。

如图 6–7 所示，2016 年 11 月 19 日，亚洲盘阶段现货原油 KD 指标就已经到达了 80 以上的严重超买区域，但是始终未见价格反转下跌。期间 KD 指标快慢线几次出现死叉，都很快重新上涨并重新形成金叉，价格则单边上涨了两个交易日才逐渐构筑顶部。上涨力度越强，KD 指标高位钝化的时间也就越长，之后即使价格开始下跌，下跌过程也会一波三折。

如果 KD 指标涨至超买区域，形成死叉后交易者进场沽空，甚至是还没有死叉就已经沽空，一旦进场后价格不跌反涨，KD 指标出现钝化，快慢线始终保持横向运行，价格触及止损位必须要离场。离场后如果买盘依旧强劲，

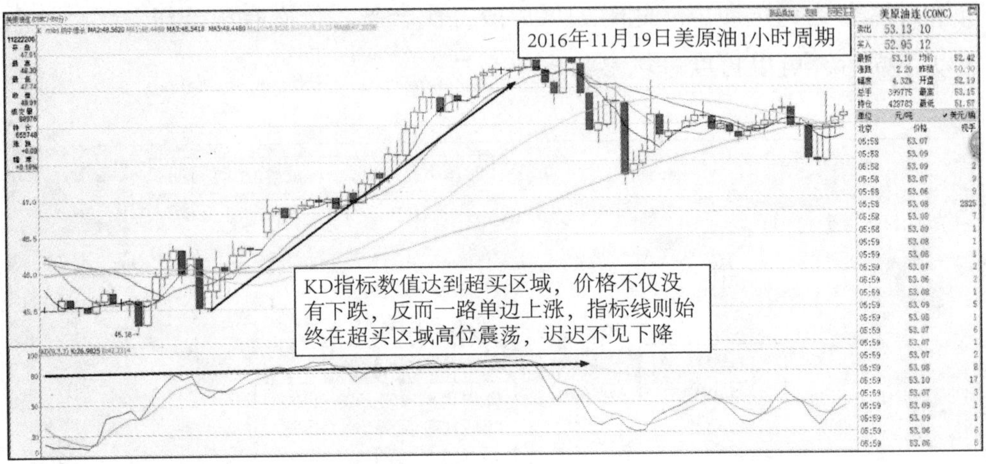

图 6-7

激进的交易者可以轻仓尝试顺势追多。稳健的交易者则等待 KD 指标快慢线真正形成死叉，同时结合其他辅图信号，才能谨慎尝试沽空。

当 KD 数值到达超卖区域后迟迟不上涨，快慢线始终在低位震荡不反弹，就是低位钝化。

如图 6-8 所示，2016 年 9 月 9 日现货黄金价格单边震荡下跌，虽然下跌趋势力度不大，速度不快，但是持续性很强。此时 KD 指标数值已经到达 20 以下，超卖现象十分明显。但是超卖后快慢线一直在底部横盘震荡，始终没有反弹，黄金价格却不断刷新下跌的低点。直到 KD 指标快慢线二次金叉后才开始上涨，此后价格却并未上涨很多，这就是稍后要讲解的 KD 指标修复。

行情出现钝化，已经说明价格单边运行力度强劲，短期内很难反转。即使 KD 随机指标发出反转信号且信号有效，价格反方向运行的幅度和持续性也会相当有限。在这种情况下，交易者一是不可贪求过多利润，二是不可长期持仓，最重要的是严格止损，防止价格继续顺势单边运行。

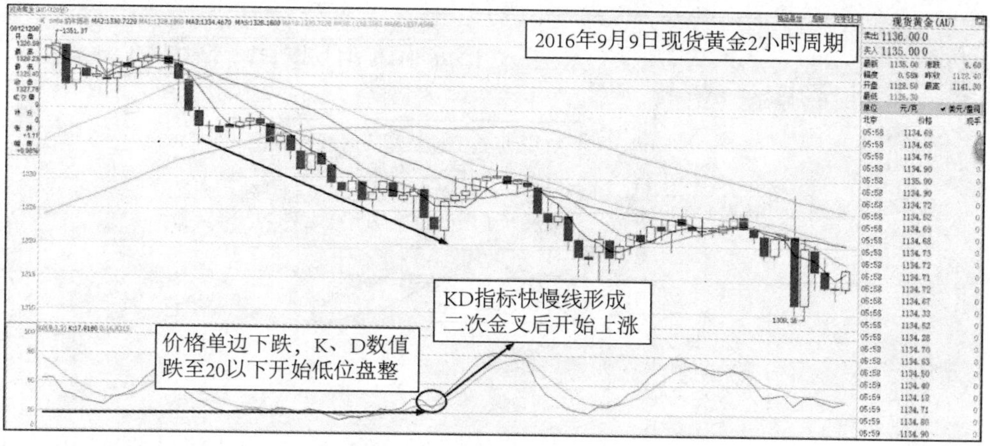

图 6–8

七、KD 指标的修复

这里主要讲解 KD 随机指标的修复，指标修复也是一种风险形态。有时候，即使 KD 指标在超卖区形成金叉并上涨至超买区域，或者在超买区形成死叉后下跌至超买区域，但是交易者据此操作，可能依旧获得不了多少收益，甚至还可能会被扫掉止损。出现这种情况，就是因为 KD 指标走出了修复行情。

当价格单边下跌的时候，可能 KD 值并没有下跌很大的幅度，但是价格却大幅下跌。一旦 KD 值跌至超卖区域形成金叉反弹，看似 KD 指标涨幅较大，但是价格却仅出现小幅度的反弹。一旦 KD 指标值再次回到超买区域，价格便再度展开新一轮的单边下跌行情，刷新前期低点。

如图 6–9 所示，这是一段现货白银的走势图。当 KD 数值由 43 跌至 15 时，白银价格从 18.40 美元跌至 16.40 美元。由于 KD 指标严重超卖，快慢线形成金叉后开始震荡反弹，可以看到快慢线的上涨速度和角度还是比较强劲的。但是价格的反弹却非常乏力，仅反弹了 0.8 美元，KD 值就到达了超买区域。随后 KD 线形成死叉后价格继续下跌，最终展开了新一波的单边下跌行情。

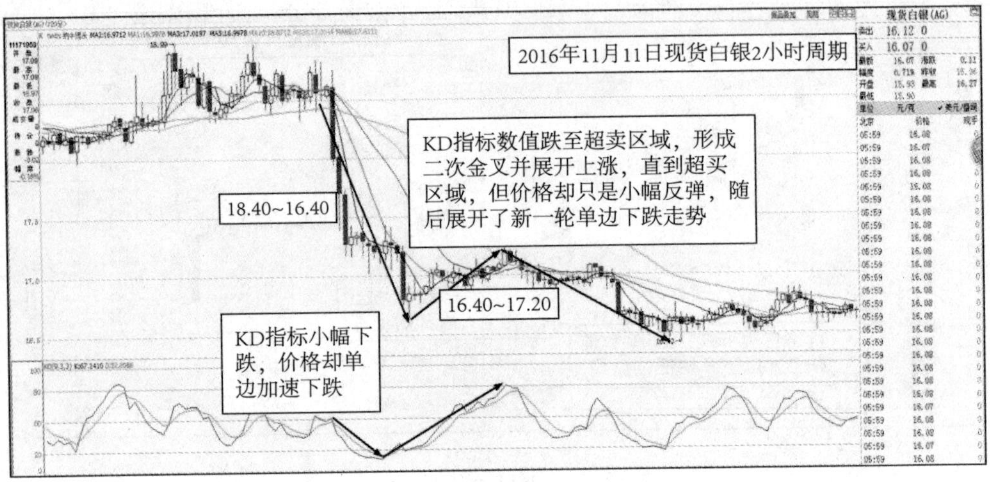

图 6-9

在跟踪行情走势时，交易者要及时发现这种 KD 指标反弹修复的行为。如果交易者持有多单，KD 指标正常反弹上涨，但是价格上涨却十分疲软，就要随时做好离场的准备。如果 KD 指标出现死叉，或者涨至超买区域，就要及时获利离场，哪怕是没有任何利润，也要离场避险，此时持仓的风险已经远大于收益了。

如图 6-10 所示，2016 年 9 月 2 日美原油价格连续下跌后，低位出现单针探底的底部信号，KD 指标也跌至超卖区域。随着价格的反弹，KD 指标快慢线反弹金叉，价格从 43.00 美元反弹至 44.60 美元。

当KD值到达超卖区域，价格反弹至MA60均线压力位后，开始滞涨回调，KD 指标值也在超卖区域形成死叉后快速下跌。此时可以发现，KD 指标快慢线下跌速度快，幅度大，而原油价格却始终窄幅盘整，并没有下跌很多。直到 KD 指标跌至超卖区域后，快慢线形成金叉，价格才开始加速上涨，且涨升幅度很大。

通过上面的讲解，交易者可能也会发现，KD 指标有它的优势，但弊端也是十分明显的。在价格震荡的时候，哪怕是宽幅震荡，KD 指标的超卖、超买信号都能够起到很大的指示作用。一旦遇到单边行情，KD 指标的弊端

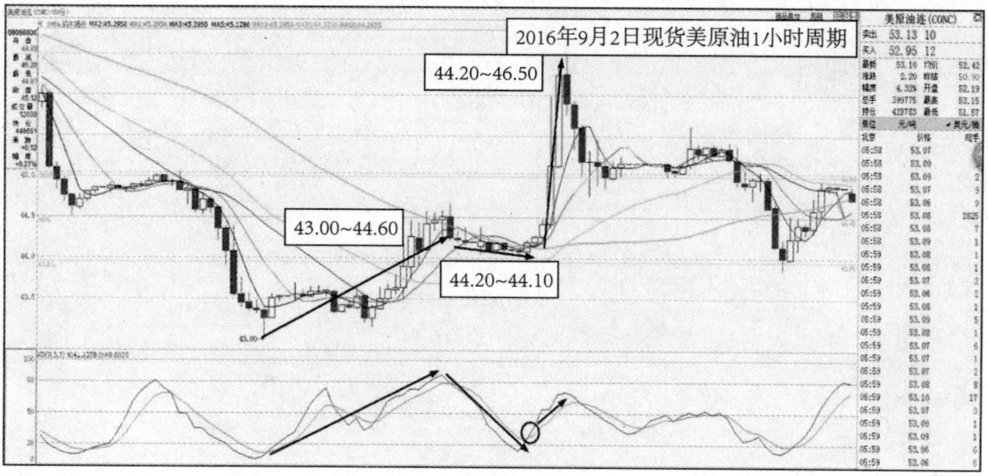

图 6–10

就会体现得淋漓尽致，单边行情发展过程中，可能会出现指标修复的弱势反弹行情，也可能出现钝化行情，此时交易或持仓，风险就比较大了。

不过，毕竟 KD 指标只是一个辅图指标，一般不能单独依据该指标进行交易，实战中必须结合其他指标进行综合分析，比如结合 K 线形态，结合支撑及压力位置，或者是下面将要讲解的另一个辅图指标 MACD。

第七章　MACD 指标的主要用途

可能有读者看到这一章的标题会失去学习的兴趣，因为 MACD 这一指标，几乎有些操作经验的交易者都会使用，但是“会”和“懂”是两回事。MACD 指标的精华在哪儿？ MACD 指标的主要功能是什么？这些或许很多交易者并不了解，或者是了解不深。“孝寒点位交易法”中的所有分析指标，对于“久经沙场”的交易者来说都不陌生，但是为什么很多人在使用时依旧没有达到很好的效果，没有获取充分的收益？笔者认为是使用方法和细节上存在问题。

MACD 是一个很好用的技术指标，各个投资领域都应用广泛，这也足以说明它的有效性。很多交易者在分析 MACD 指标时，只是简单地看一下快慢线金叉和死叉、能量柱的伸长与缩短，但这只是该指标的一些简单用法，对于MACD这个用处巨大的指标来说,仅仅做到以上两点简直是“暴殄天物”。

国际现货市场是全球投资市场，每日各国成交量巨大，所以根本无法统计具体的成交量。MACD 指标几乎是现货市场中唯一判断市场交易多空能量的动能指标，这一点也是该指标的核心价值。笔者希望不论是战场新兵，还是沙场老兵，都能够仔细学习本章的内容。

一、MACD 指标基础知识

“孝寒点位交易法”中，MACD 指标是一个十分关键的组成部分，任何一个指标发出多空信号，都要用 MACD 指标显示的动能大小来进一步验证，所以这里要从 MACD 指标的基础开始学习。

1.MACD 指标

MACD 指标全称为指数平滑异同移动平均线，属于大势趋势类指标，该指标由长期均线 DEA、短期均线 DIFF、红色能量柱（多头）、绿色能量柱（空头）和 0 轴（多空分界线）五部分组成，利用短期均线 DIFF 与长期均线 DEA 交叉作为交易指示信号。MACD 指标产生的交叉信号比较迟钝，但作为制定相应交易策略使用，实战效果比较好。

MACD 指标的组成部分很多，用法也比较多，但核心主要是代表多空动能的量能柱。本书案例中，0 轴上方为红色的多头动能柱，0 轴下方为绿色的空头动能柱。至于快慢线的区分，上涨趋势中上方为快线，下方为慢线。下跌趋势中下方为快线，上方为慢线，如图 7–1 所示。本书主要讲解多空能量柱的用法，但是其他研判方法也会适当进行讲解。

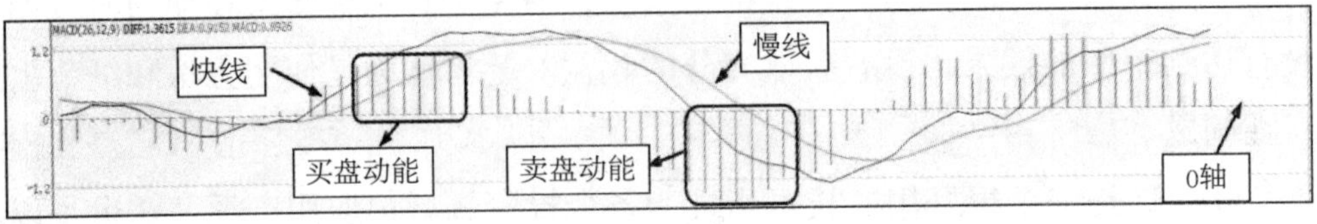

图 7–1

对于 MACD 指标的参数，建议交易者不要随意改动，原始参数就是最好用的。对于经典不要轻易推翻，虽然笔者提倡创新精神。交易者如果修改参数的话，一定要有理有据，并且要经历长期验证，确认比原始参数有效后，才可以用于实盘交易。如图 7–2 所示。

2. 基本用法

（1）MACD 金叉：DIFF 由下向上突破 DEA，为买入信号。

（2）MACD 死叉：DIFF 由上向下突破 DEA，为卖出信号。

（3）MACD 绿转红：MACD 值由负变正，市场由空头转为多头。

（4）MACD 红转绿：MACD 值由正变负，市场由多头转为空头。

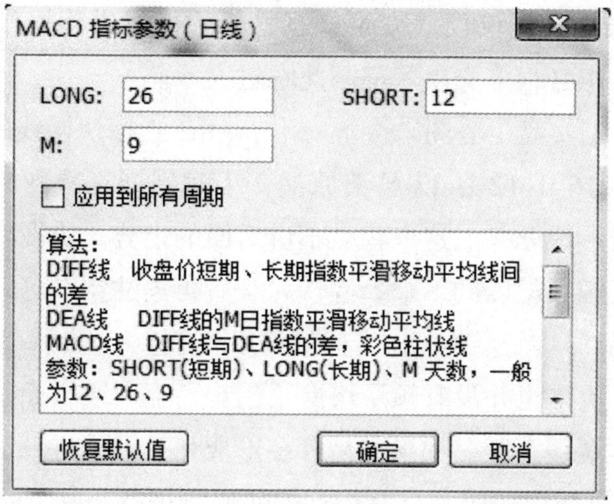

图 7–2

（5）DIFF 与 DEA 均为正值，即都在 0 轴线以上时，大势属于多头市场，DIFF 向上突破 DEA，可以作为买入信号。

（6）DIFF 与 DEA 均为负值，即都在 0 轴线以下时，大势属空头市场，DIFF 向下跌破 DEA，可以作为卖出信号。

（7）当 DEA 线与 K 线趋势发生背离时，为反转信号。

（8）DEA 在盘整局面时失误率较高，但如果配合 KD 指标研判，可以适当弥补缺点。

以上这些仅是 MACD 指标最基础的用法，相信很多读者都不陌生，接下来对指标的用法进行深入浅出和更加细致的讲解。虽然 MACD 这一指标存在很多缺陷和弊端，不过经过交易者的精炼，同时参以其他指标，可以达到相对完美的应用效果。

二、MACD 快慢线的趋势指示作用

需要再次强调的是，MACD 指标属于滞后型指标。所谓滞后，就是价格先动，指标再相应地随之运行变化。其实技术指标中，大部分指标都属于滞后型指标，其中尤以 MACD 指标为代表。MACD 指标中的快慢线滞后现象

十分明显，如果交易者仅仅依据 MACD 指标快慢线进行操作的话，准确率将会低得可怜，想必很多交易者都因此吃过大亏。

下面通过一副实盘走势图来讲解一下 MACD 指标快慢线的滞后问题。

图 7–3 为 2016 年 12 月 13 日美原油 2 小时周期走势图，MACD 指标快慢线在价格高位形成死叉。这里暂且不讲后面的走势，快慢线形成死叉前，价格已经出现了很大幅度的下跌，等待死叉后再去沽空，已经错失良机，更何况是逆势交易，这就是 MACD 指标的滞后现象。

死叉之后，价格也并没有顺从快慢线趋势马上下跌，而是先行反弹了数个小时，之后才缓缓下跌。如果交易者在形成死叉前就进场沽空，早就止损不知道多少次了，所以按照 MACD 指标的快慢线进行交易，准确率着实太低。但是该方法也有准确的时候，如图中快慢线死叉后持续下行，随后价格连续反弹，牵引 MACD 快慢线在低位形成金叉，之后价格很快展开持续的反弹行情。

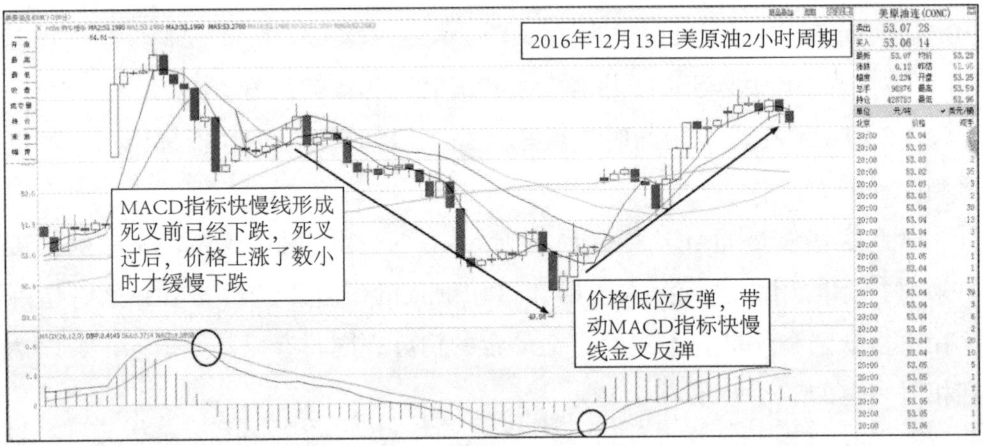

图 7–3

虽然这仅是一段时期内 MACD 指标的运行情况，但是走势却是包罗万象。MACD 指标快慢线的延迟行为有时会持续很久，有时体现得比较迅速，但终究有一定的滞后性。这就导致在 MACD 指标快慢线形成金叉或死叉发出交易信号后进场交易，有时会成功，有时会失败，盈亏概率几乎平分秋色，整体来说准确率比较低。从以上讲解不难看出，MACD 指标绝不可以单独使用，有时甚至可以不用。

三、MACD 指标 0 轴的指示作用

0 轴是 MACD 指标的组成部分，虽然它只有一条横线，但它既是多空动能的分界线，又对价格起到支撑和压力的作用，其重要性不言而喻。

MACD 的 0 轴不仅是价格的支撑和压力，也是快慢线的支撑和压力。如图 7–4 所示，2016 年 11 月 23 日，现货黄金 2 小时周期走势图中，MACD 指标快慢线金叉后震荡上行。当快慢线运行至 0 轴位置时止住了上升步伐，再难拓展上行空间。此时，价格也受到 MA60 均线的压力影响，转为窄幅盘整。最后价格受阻回落，MACD 指标快慢线盘整后向下开口，转为向下运行。这时卖盘开始放量，价格重新展开了一轮下跌。

交易者持有多单时，MACD 快慢线涨至 0 轴附近，要防止价格受阻回落。持有空单时，快慢线从上向下跌至 0 轴，要做好离场准备，防止价格受到支撑反弹。

单边下跌趋势中，MACD 快慢线从下至上反弹，受到 0 轴压力有效影响

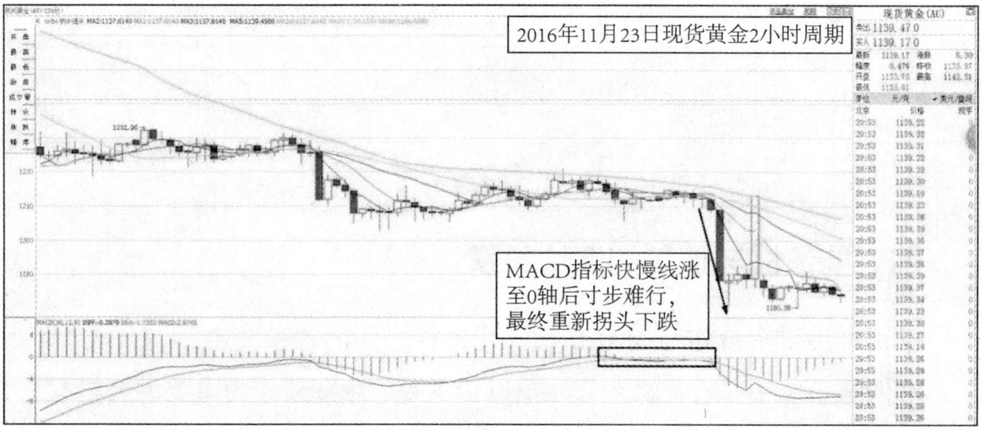

图 7–4

重新拐头向下时，可进场沽空。单边上涨趋势中，MACD 快慢线从上向下运行至 0 轴且 0 轴支撑有效，重新拐头向上时可进场做多。

其实 MACD 指标 0 轴的支撑、压力效果不是每次都有效，更多的时候会被突破。如图 7–5 所示，如果价格在涨跌的时候量能持续放大，0 轴的压力或支撑瞬间可被突破，所以 0 轴的支撑和压力作用可作参考，但不可作为交易的主要依据。

如果交易者持有多单，当 MACD 指标由低位上升至 0 轴，此时多头动能继续放大可继续持仓，博弈指标线向上突破。若交易者持有空单，当 MACD 指标快慢线由高位跌至 0 轴，此时空头动能不断放大，也可以继续持仓，博弈指标线向下突破。这里交易者也可以看出，0 轴的作用在 MACD 指标中仅是辅助作用，是否能够起到指示交易的作用，还要配合多空能量柱。

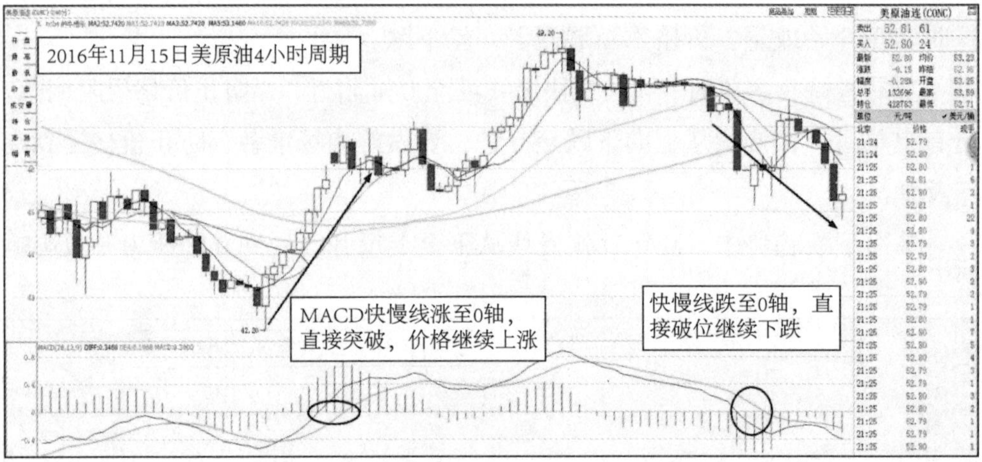

图 7–5

四、能量柱与价格的量价关系

下面详细讲解价格与 MACD 指标能量柱之间的各种关系。

在股票市场中，笔者就十分注重量价关系，并将其作为主要的分析模式。若读者同时进行股票交易的话，可以阅读笔者撰写的《量价精研》这部图书，书中基本包含了所有量价关系及应用原则和技巧，对于现货市场交易，也可起到很好的指导作用。

由于现货市场没有成交量这一指标，所以实战中只能应用 MACD 指标来分析多空动能。

1. 红色能量柱伸长，价格上涨

量价关系中有这样一种规律：价涨量增后市看涨。交易者应该知道现货市场价格之所以有波动，是因为供求关系发生了变化。当买入量能增长时，需求大于供应，价格就会上涨。市场又有这样一种说法：量在价先。先有涨跌的量能，然后才有价格的波动。现货市场量能的体现就是 MACD 指标的能量柱，多头动能表现为红色的能量柱。

若 MACD 指标红色能量柱逐渐伸长，说明市场多头动能逐渐放大，这是后市价格看涨做多的信号。

图 7–6 为 2016 年 9 月 21 日现货黄金价格 4 小时周期走势图。红色能量柱缓慢伸长的同时，黄金价格也震荡上涨。在多头动能持续增长的背景下，黄金价格走出了一波 1 小时周期的短线单边上涨行情，所有均线全部向上运行，形成多头排列格局。

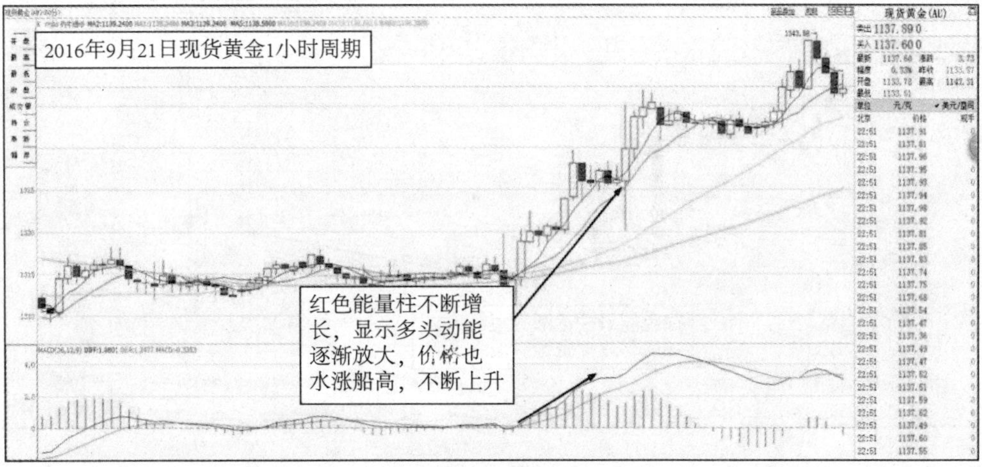

图 7–6

一波多头量能放大行情中，红色能量柱不会始终伸长，否则上涨很快就会到顶。如果买盘动能减弱，价格小幅回调是很正常的，只要价格跌幅不大且未破位，缩量后买盘动能继续放量，价格就仍有上涨空间。

一波多头动能放大、价格上涨的趋势中，若价格上涨至上方强压力位，此时稳健的交易者可以暂时获利离场，防范压力有效，多头动能减弱，价格回调。激进的交易者可以继续持仓。如果下一根 K 线多头继续放量，则有望形成突破并展开更大幅度的上涨。

2. 绿色能量柱变短并翻红，价格上涨

当 MACD 指标绿色能量柱由长变短，说明市场沽空动能正在逐渐减弱，或者多头动能正在逐渐增长，此时价格上涨属于正常的量价关系，表明价格即将见底回升，是后市看涨信号。

如图 7–7 所示，2016 年 11 月 10 日前，现货黄金价格持续下跌，卖盘逐渐放量。随着绿色能量柱逐渐变短，显示市场沽空动能有所减弱，此时价格的下跌速度也越来越小。随着绿色能量柱持续变短，现货黄金价格由跌转升。随后能量柱由绿变红，且红色能量柱逐渐伸长，预示空头力量被市场消

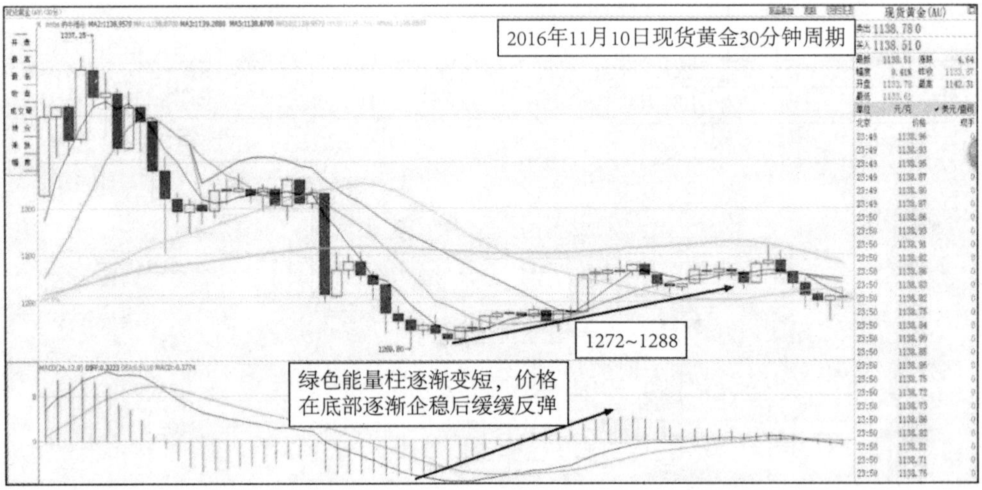

图 7–7

化，多头力量逐渐占据优势，价格的上涨力度正在逐渐增加。直到多头动能开始减弱，反弹逐渐接近尾声。这一波反弹持续时间较长，虽然价格上升角度平缓，但期间盈利空间依然可观。

激进的交易者可以在绿色能量柱连续变短、空头动能持续减弱的时候进场做多。如果确认价格筑底反弹，此时交易者进场的点位几乎是最佳，风险是入场后价格可能不会马上展开上涨走势，多头或许会蓄势一段时间，行情才会逐渐走强。此外，如果空头动能逐渐缩量后再度放大，则价格可能会刷新低点，导致多单止损。

稳健的交易者可以等待绿色能量柱萎缩到极致，并且出现红色量能柱时再进场做多。这样操作的优势是多空能量反转更加明确，缺点是进场做多时，价格可能已经反弹了一定的空间，利润空间会少一些。这样操作，空头动能再度放大，价格跌至止损位时，也要及时离场。从这里也可以看出，是否进行激进的交易，既要看价格是否跌至有效的支撑位，也要根据日积月累的交易经验来判断是否进场。

3. 绿色能量柱伸长，价格下跌

可以把 MACD 指标中的绿色能量柱看作卖盘量能，也可以理解为市场沽空动能。当绿色能量柱伸长，说明市场沽空的动能在增加，这也就是量价关系中所说的“价跌量增，后市看空”，是价格即将下跌和进场做空的信号。

如图 7–8 所示，2016 年 12 月 15 日，现货白银价格震荡盘整后小幅下跌。从图中可以看到，很明显绿色能量柱逐渐伸长，显示市场沽空能量正在放大，发出沽空信号。随着沽空力度逐渐增强，价格下跌速度加快，跌幅增大，几个小时的时间，现货白银价格下跌了 0.5 美元 / 盎司。如果交易者已经沽空的话，当绿色能量柱开始变短的时候，止盈离场即可。此时就算价格没有快速反弹，也暂时不会出现更大幅度的下跌。

这种放量下跌的量价关系，是较为典型的沽空信号，比较容易判断，市场中也经常出现。尤其是在单边下跌中出现这样的量价关系，信号准确率非常高。

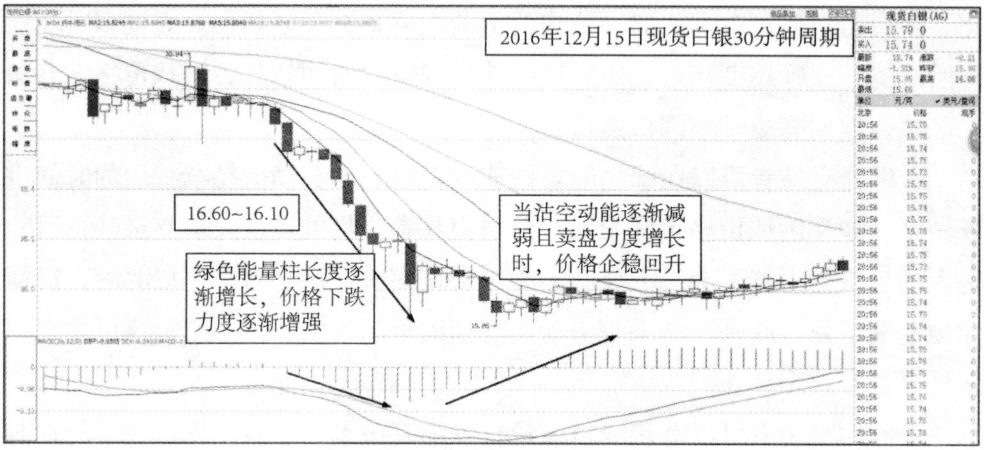

图 7-8

如果沽空动能小幅度地持续增长，那么交易者可以等待放量 2 ~ 3 根量能柱后进场沽空。如果沽空动能大幅增加，表明价格出现了爆发性的空头行情，价格的下跌力度可能很强，如果还要等待的话，价格很快就会见底，错过交易的机会。在这种情况下，激进的交易者可以跟进沽空，设置止损后，博弈短线快速盈利行情。稳健的交易者等待适当反弹后沽空，错过机会的话，就放弃交易。

4. 红色能量柱由长变短，价格冲高回落

当价格上涨时，红色能量柱一般会逐渐变长，表明买盘动能逐渐转强。当做多动能减弱的时候，红色能量柱长度会逐渐缩短，价格也会逐渐见顶回落，或者暂时停止上涨，甚至会缓缓下跌。当多头动能由强转弱的时候，是进场沽空的机会。

如图 7–9 所示，2016 年 11 月 29 日前，美原油价格放量上涨，上涨力度较强。随着买盘动能逐渐减弱，红色能量柱变短，价格也见顶回落，缓慢下跌。当能量柱由红转绿，说明市场买盘被充分消化，市场出现多翻空的情况。随着沽空动能逐渐放大，价格开始加大下跌的力度。

从红色能量柱开始缩短，直到绿色能量柱缩短，期间美原油价格从

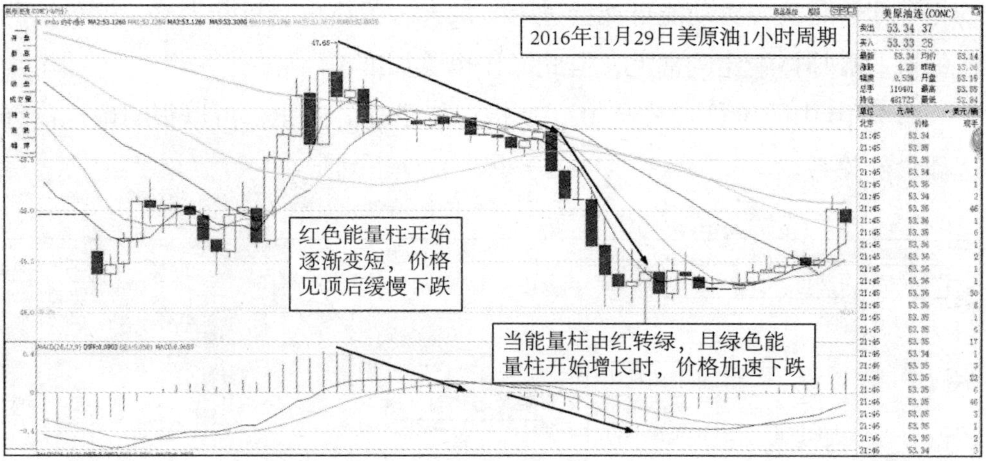

图 7–9

47.10 美元/桶跌至 45.10 美元/桶，如果介入做空的话，每手可获利 2000 美元，这是一个十分可观的利润空间。这还仅仅是 1 小时短线周期，如果是 2 小时或 4 小时甚至是日线周期，下跌的持续性会更长，下跌幅度更大。

当红色能量柱开始连续缩短时，最好是价格刚好受到上方的压力冲高回落，此时激进的交易者即可进场沽空。若价格顺利下跌，买盘动能持续回落，甚至是卖盘逐渐放量，那么交易者可以获取一波下跌行情中最充分的收益。如此操作，风险则是买盘动能减弱，交易者进场沽空后，买盘再度增加，价格上涨。为防范这种风险，需要严格设置止损，以免价格刷新高点，甚至重新走出一轮上涨行情，导致出现严重亏损。

稳健的交易者可以等待能量柱由红变绿，卖盘动能连续放大后进场沽空，这样获利的可能性会有小幅提高，但是很明显获利空间也会受到限制。交易者要明白，投资市场中，绝大多数情况下，承受的风险与获利空间都是成正比的。

5. 红色能量柱由长变短，再度伸长时价格上涨

很多时候，当买盘动能开始减弱，价格出现滞涨，并不能说明市场转为空头市场，也有可能是买盘得到一定程度释放后，做多动能暂时不足。当市

场充分蓄势后，多头动能可能会进一步加大，价格也会重新上涨。这种情况在价格上涨趋势中比较常见，据此操作也更加准确。

图 7-10 中的价格走势及 MACD 指标能量柱的变化，可以很明确地诠释这种量价关系。

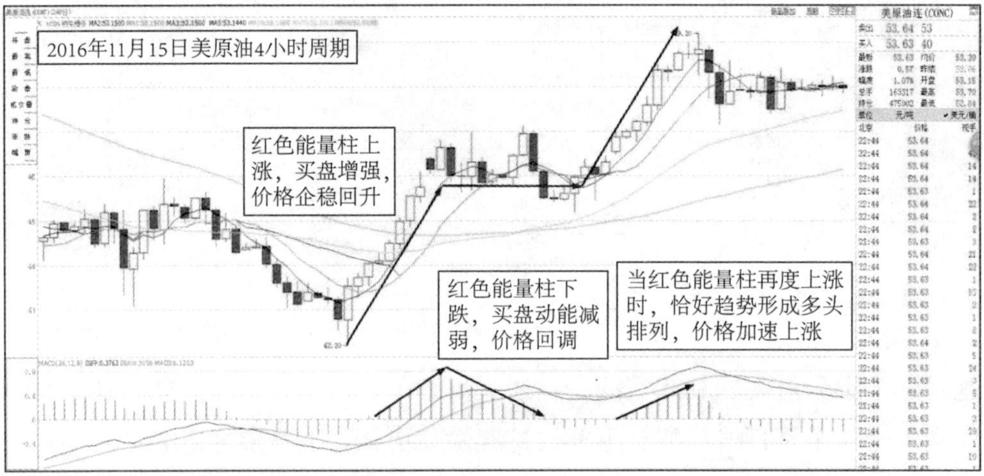

图 7-10

首先来看图中价格开始起涨的部分。如上所述，当红色能量柱开始逐渐放大的时候，显示做多动能释放，价格也展开上涨走势。当能量柱开始缩短的时候，多头动能开始减弱，并出现些许空头占优的迹象，价格也开始出现滞涨。此时价格虽未下跌，但也没有持续上涨，而是在高位进行盘整。当价格盘整一段时间，多头蓄势充分之后，市场买盘死灰复燃，多头动能重新开始释放，价格进一步上涨。

其次，均线系统形成多头排列形态，此时价格的上涨将更加稳定可靠。

交易者在应用这一种量价关系指导操作的时候，要注意第二波买盘放量。价格盘整蓄势后，多头动能展开第二轮上攻。如果交易者已经进场做多，只要买盘动能还保持增长，那么交易者自然可以继续持仓待涨。

两种情况下，交易者需要做好离场的准备。第一种情况是多头动能开始减弱，红色量能柱开始缩量的时候。第二种情况是价格刷新前一轮上涨的高点时，红色能量柱未突破前一轮放量的高点。这是后面将要讲解的量价背离现象。

6. 绿色能量柱由长变短，再度增长时价格下跌

绿色能量柱由长变短，说明市场沽空动能有所减弱，此时价格会暂时停止下跌，展开盘整甚至出现反弹。如果此时没有出现太大的买盘动能，而是多空双方处于势均力敌的状态，一旦红色能量柱再度伸长，价格也会出现更大幅度的上涨走势。这种量价关系出现在上涨趋势中，进场做多的准确率将更高。

如图 7–11 所示，2016 年 12 月 8 日开始，黄金价格受到上方 MA60 均线的压制开始回调，红色能量柱逐渐变短，市场做多动能减弱。随后能量柱红色转为绿色并且逐渐伸长，价格也始终保持震荡下跌的走势，直到卖盘动能开始减弱时，价格才止跌反弹。

虽然沽空动能减弱，市场买盘人气有所回升，但未能持续扩大，价格也未展开过大幅度的上涨行情，而是保持区间震荡走势。当绿色能量柱再度伸长的时候，表明空头蓄势充分，将再度发力，价格也将展开新一轮的下跌走

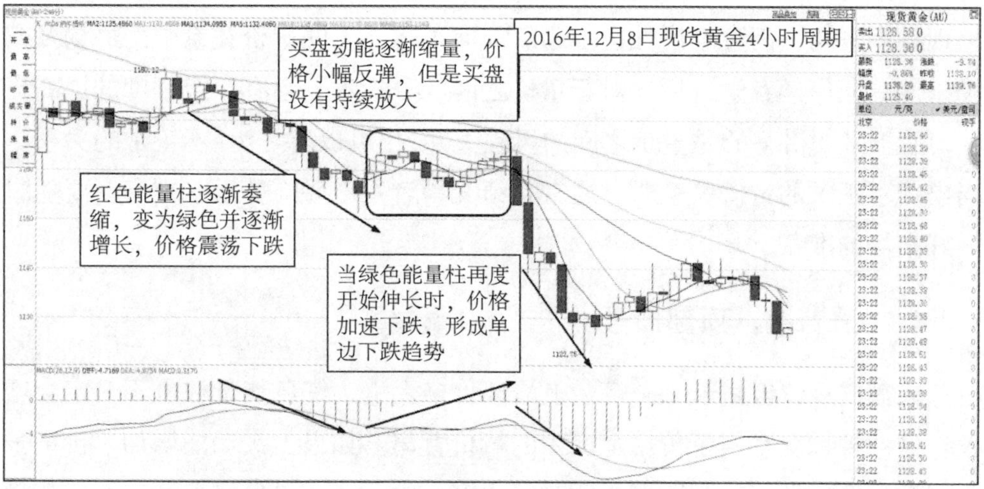

图 7–11

势。此时均线系统也处于单边下跌趋势中，所以下跌力度也更加强劲。

如果卖盘第二轮放量力度比第一轮放量力度更强的话，那么第二轮的价格下跌行情中，交易者获利的空间更大。交易者在第一轮放量下跌时沽空，一旦沽空动能开始减弱，不论后期是否继续下跌，都要暂时离场避险。即使价格继续下跌，也要做到无动于衷。

激进的交易者还可以尝试短线做多，博弈底部的技术反弹。如果图中的走势并没有出现太大幅度的反弹，而是保持盘整走势，随后卖盘继续扩大，不论多单是否盈利都要马上离场。这种情况叫做量能修复形态，后面还会讲到。

当绿色能量柱展开第二轮伸长时，若此时价格处于下跌趋势中或弱势盘整区域，可再次进场沽空，等待第二轮价格下跌。交易者介入第二轮价格的放量下跌行情后，如果沽空动能开始减弱，需要平仓离场。若价格下跌，刷新第一轮放量下跌的低点，绿色能量柱并没有创下新低，也属于下跌走势中的量价背离，交易者就要做好随时离场的准备。

五、量价的背离与修复

价格与 MACD 指标能量柱表征的量价关系，属于常态下的量价关系，出现频率较高，而且准确性也很高。前面讲述了不同量价关系中的进场及离场条件，相信读者学过后，对于量价之间的分析水平会有一定程度的提高。

接下来要讲解的是量价之间的风险关系，也可以称之为“不正常的关系”。当出现不正常的量价关系时，通常是给交易者发出风险警示，交易者要随时做好离场的准备。

1. 上涨背离，顶部信号

买盘放量，价格未必一定会上涨；价格上涨，红色能量柱也不一定会增长。这两种情况都属于价格上涨中的量价背离。如果多头动能增加，价格未涨，这种情况还好，表明多头暂时处于安全阶段。如果价格上涨，红色能量柱未增长，多头也未放量，很可能意味着价格即将见顶了。

当价格上涨时，红色能量柱也随之伸长，这是正常的量价关系，同时价格也将会保持上涨趋势。但是如果价格上涨，红色能量柱反而变短，这种量价关系就不正常了，也就是大家所说的上涨背离。

图 7–12 中箭头所指的那根阳线，价格创下了上涨的新高，但是红色能量柱不增反减，形成了量价背离关系，这说明多头动能难以支撑价格继续上涨。出现这种背离行为后，价格的上涨随时都有可能终结，随后迎来一波回调。

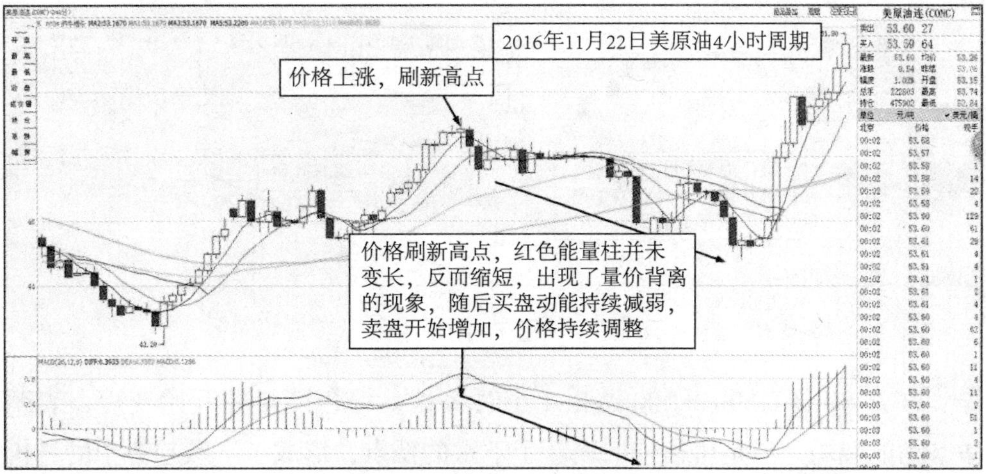

图 7–12

如果交易者在量增价涨时还持有多单，一旦多头动能开始萎缩，虽然价格还在上涨，不断刷新高点，也要做好随时离场的准备。一旦出现较大实体的阴线，或者多头动能连续萎缩，就要马上离场，或者量价出现背离的时候直接离场，规避下跌风险。多单离场时，同时也是沽空进场的时机。

2. 下跌背离，底部信号

绿色能量柱持续伸长，价格也会继续保持空头走势。如果价格还在继续下跌，甚至不断刷新低点，此时沽空动能并没有增加，反而有所萎缩，这种量价关系叫做下跌途中的量价背离。这种背离说明价格下跌空间十分有限，随时可能停止下跌企稳，甚至会探底回升。

如图 7–13 所示，2016 年 11 月 29 日美盘阶段，1 小时周期美原油价格沽空动能开始放出，价格连续数个小时下跌，此时短线周期价格形成了单边下跌趋势。

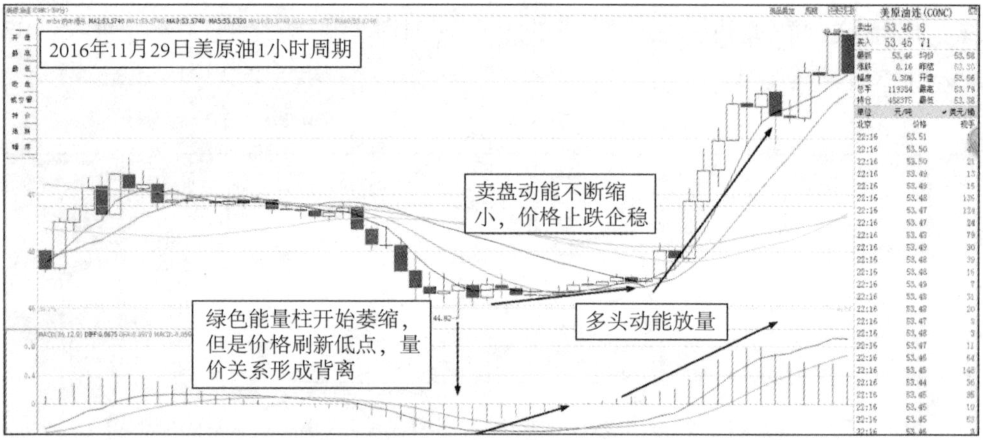

图 7–13

11 月 30 日 00:00—1:00 这根 1 小时 K 线，绿色能量柱开始变短，表明沽空动能减弱，但是价格依旧刷新了下跌的低点，形成了下跌趋势中的量价背离。当卖盘动能逐渐减弱后，价格随即止跌企稳。当红色能量柱开始放出，多头动能占优的时候，油价开始加速上涨。

如果量能缩量，价格继续下跌，激进的交易者进场做多的话，一旦卖盘再度放量，价格继续下跌，就可能会跌至止损位。如果卖盘不断缩量，但是价格并未上涨，当沽空动能再度开始放出的时候，此时不论多单是否获利，都应该及时离场。只有在绿色能量柱开始翻红，且多头动能持续放出，才可以继续持有多单待涨。

如果下跌的量价背离出现在大的上涨趋势中，交易者可以选择激进做多的操作。但是如果出现在大的下跌趋势中，那么价格从下跌趋势到企稳，最后至反转上涨，期间周期长，风险大，这时交易者就要采取比较稳健的操作方式，等待能量柱由绿翻红，多头动能持续放量时，再进场做多。

3. 买盘放量修复，价格延续下跌

很多时候，当多头动能缓慢增长时，看似价格可能会展开上涨行情，但是进场做多以后，价格迟迟不涨，或上涨速度过于缓慢，且上涨幅度不大。这种情况说明市场买盘力度不足，空头在消化市场买盘，价格或许还处于大的下跌趋势中，只是暂时企稳以修复指标。一旦上涨动能开始减弱，红色能量柱泛绿时，价格可能会不涨反跌。若此时已经进场做多，应及时离场避险。

如图 7–14 所示，2016 年 11 月 11 日，现货白银形成单边下跌趋势。价格放量下跌后，卖盘动能持续萎缩，价格暂时企稳，但是反弹幅度狭小，此后很可能还会出现加速下跌，创下新的低点。即使后期绿色能量柱翻红，多头动能持续增长，价格也出现了一定幅度的反弹，但走势十分疲软。这种走势持续时间长，而且上涨空间有限。当市场买盘被逐渐消化，卖盘重新放量的时候，价格则会再度展开单边下跌行情。

这种上涨修复的量价关系，经常出现在价格单边下跌趋势中。由于前期价格下跌幅度过大，导致各项指标背离、超卖，所以存在修复的需求。另外，

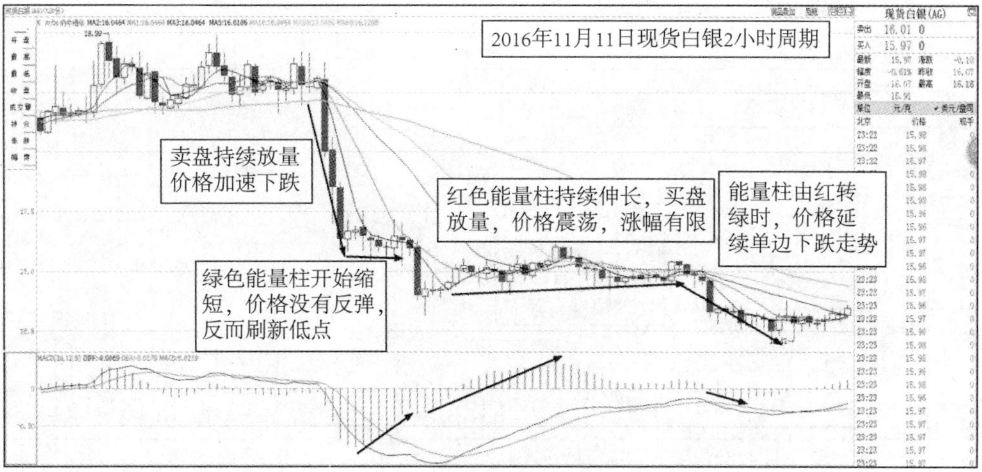

图 7–14

价格连续下跌后，必然会出现一定数量的抄底资金，所以价格会暂时企稳，买盘或许稍微占有优势。如果买盘动能不足的话，价格上涨空间就会比较有限，并保持窄幅震荡走势。当买盘开始衰退，卖盘开始重新增加，价格很大可能会重新展开单边下跌行情，这也验证了笔者《现货黄金投资技巧》一书中讲的“下跌横盘必跌”的说法。

此外还有一点要说明，绿色能量柱缩短，可能是因为市场卖盘在减少，也可能是市场做多动能在增加，还有可能是多空双方交易量都在下降导致。但是不论是哪一种情况，下跌力度都会暂时减弱。这种情况下交易者可以尝试做多，只要关注量价之间是否正常即可。一旦卖盘动能增长，就要及时离场。

4. 卖盘放量修复，价格延续上涨

红色能量柱长度开始变短，或红色能量柱翻绿，这表明空头动能增加，是价格即将见顶回落和沽空的信号。出现这种沽空信号之后，如果价格并没有下跌，或价格下跌的力度远不如空头放量的力度，这种量价关系就是卖盘的放量修复。一旦卖盘动能减弱，绿色能量柱翻红，则表明下跌行情结束，价格很可能会展开更大幅度的上涨，重新回到多头趋势当中。

如图 7–15 所示，2016 年 11 月 15 日起，美原油价格便展开持续上涨行情，成交量能密集增加。随后价格上涨，买盘缩量，出现背离现象，油价的上涨

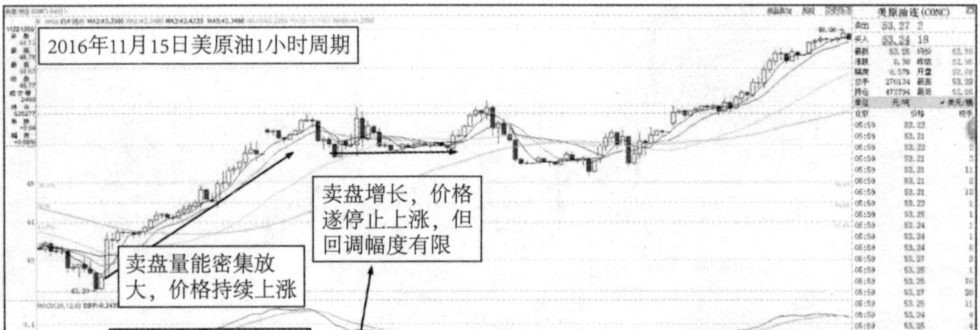

图 7–15

也逐渐放缓，价格见顶。

当买盘动能持续减弱时，能量柱红色翻绿，沽空动能开始增强。但是价格并没有出现相应的调整，而是小幅回落后持续盘整。最终沽空动能被市场不断消化，做空动能减弱，之后油价再度上涨，刷新反弹高点。

这种走势是利用价格的盘整来吸收市场的做空能量，做空能量充分消化后，价格按照前期的趋势运行，这也说明上涨趋势并未改变，多头能量更为充分。

一般在单边上涨趋势中，价格不会马上反转走出持续的空头趋势，价格回调时都是震荡运行，通过不断的下跌反弹，逐渐跌破下方重要支撑，同时改变趋势方向，最后才会释放出更强劲的下跌走势。交易者在买盘萎缩或卖盘放量时进场沽空，若价格并未下跌，只要沽空动能还在继续放量，就可持仓等待价格下跌。一旦卖盘缩量，或者是能量柱由绿转红，就要准备平仓离场。

不论是背离形态还是修复形态，都是风险信号的一种。当价格与市场交易量之间的关系发生偏离时，随后的价格走势很可能会向反方向运行，交易者就要随时准备离场避险。

六、量能累积判断震荡方向

均线形成多头或空头排列时，价格始终向某一方向运行，趋势明确，也是交易者最佳的交易时机。如果价格处于盘整阶段，操作则比较困难。提前进场可能会遇到价格持续盘整，同时可能会错误地判断交易方向。但是如果能适当提高价格盘整后运行方向的判断概率，一旦成功，进场位置将非常有利，也能获取较大幅度的收益。利用 MACD 指标的能量柱，可以在一定程度上判断出价格盘整后的运行方向。

1. 盘整期卖盘蓄势，放量下跌

价格横盘震荡期间，均线系统错综复杂或相互黏合，价格运行方向不明，但期间 MACD 指标能量柱始终为绿色，或者是买盘量小且持续性差，卖盘增长且连续性强，说明在价格盘整期间空头动能处于蓄势阶段，盘整结束后，趋势向下的概率较大。

如图 7–16 所示，2016 年 11 月 22 日，美原油价格冲高回落，开始进入盘整阶段，均线逐渐向中间回归并相互黏合，MACD 指标交易动能开始萎缩，能量柱始终为绿色，显示沽空动能在盘整期间不断蓄势积累。25 日午间 MACD 指标快慢线缓缓跌破 0 轴支撑，表明卖盘动能逐渐增长，价格也开始破位下跌，走出了一波短线的单边下跌趋势。

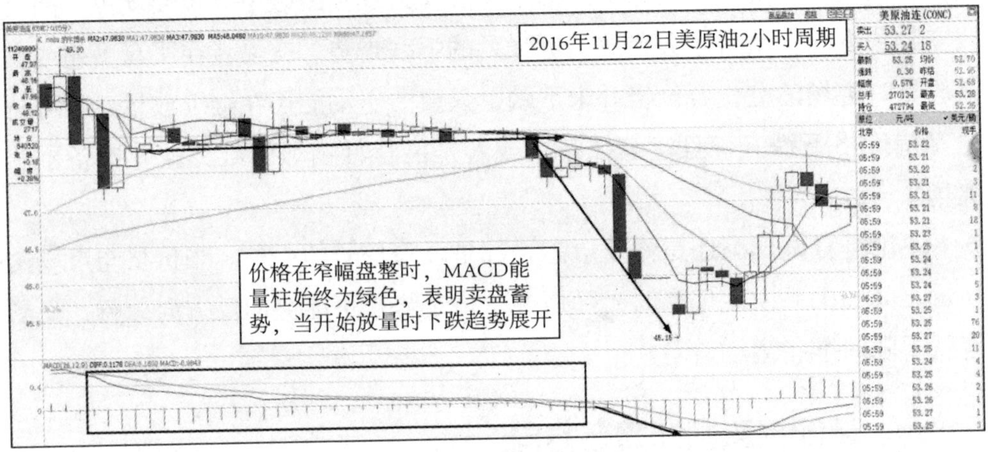

图 7–16

如果 MACD 能量柱多空交替，多空双方成交动能始终无法长时间蓄势，行情运行方向不明，交易者应该暂时观望，等待方向确认。如果很明显有蓄势行为，当空头动能较长周期蓄势累积，价格震荡幅度逐渐狭窄时，激进的交易者可以提前布局，将止损设置在窄幅震荡区间上轨的上方，防止盘整后突然放量加速上涨，然后等待运行方向明确即可。

稳健的交易者可以先做好进场准备，当卖盘开始放量，价格跌破震荡区间下轨后再进场沽空，安全性则更高，但是会降低少许利润空间。价格在下跌趋势底部出现这种卖盘蓄势，震荡后继续下跌的概率较高。

2. 盘整期买盘蓄势，放量上涨

当价格进入较长周期的震荡行情时，均线错综复杂或相互黏合，行情没有明确的方向。此时 MACD 指标能量柱始终为红色，或买盘动能蓄势周期长，卖盘动能较弱，说明价格盘整期间，市场沽空动能在逐渐减弱。当市场充分消化卖盘动能，买盘动能开始增长时，价格就可能结束震荡，开始一段时间的单边上涨行情。

如图 7–17 所示，2016 年 9 月 19—21 日欧洲盘阶段，现货黄金价格经历了较长时间的震荡盘整走势。盘整期间可见多头蓄势更为强劲，一是买盘蓄势的时间更长，二是红色能量柱增长力度更大，进入盘整行情之前价格就是放量上涨的。盘整结束后，买盘开始逐渐放量，价格上涨力度逐渐增强，最后形成一轮较长周期的单边上涨趋势。

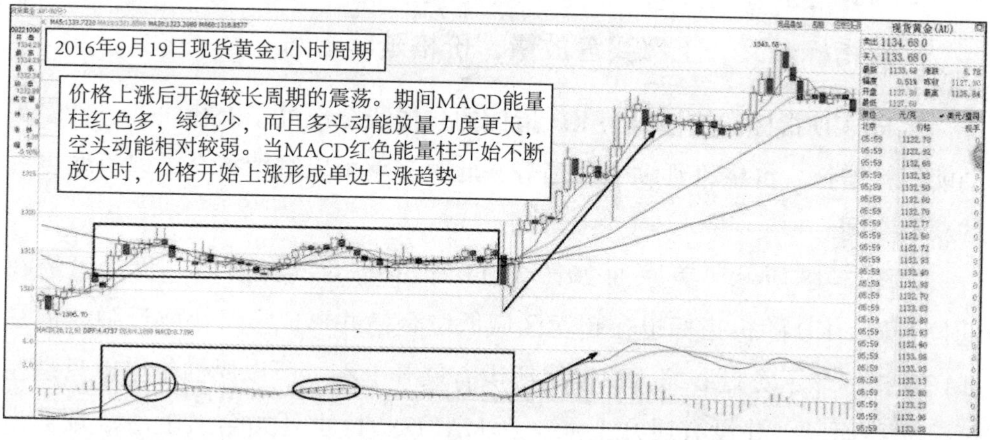

图 7–17

价格震荡期间，如果多头动能积蓄更加充分，当价格振幅逐渐收窄时，激进的交易者即可在盘整区间低位提前布局多单。如果多空双方势均力敌，不分胜负，则保持观望，等待方向抉择。稳健的交易者可以等待买盘蓄势结束后多头动能开始逐渐放出，价格突破震荡区间上轨后顺势买入。

利用 MACD 指标能量柱判断价格盘整后的方向，只能适当增加判断盘整后价格运行方向的概率，仍然存在较大的失误概率。不过富贵险中求，想要博取较大的收益，必然要承担相应的风险。

如何进一步提高价格盘整结束后行情运行方向的判断概率呢？一是要将MACD这一项指标使用熟练，熟能生巧。二是利用其他指标辅助判断，以提高判断正确的概率。

七、辅图指标的组合用法

前面学习了MACD指标和KD指标两种辅图指标的应用方法，笔者认为这两种辅图指标是比较完美的组合，配合主图指标进行技术分析，可以极大提高交易成功的概率。两种指标结合起来使用，能对交易信号起到较好的验证作用。

下面就对这两种指标的各种组合使用方法进行讲解。

1. 双指标金叉，上涨买盘放量，价格延续上涨

当MACD指标的快慢线与KD指标的快慢线全部处于上行状态，且多头动能保持增长，价格将延续上涨趋势，此时多单可以继续持仓，以争取更大的获利空间。

如图7-18所示，美原油2016年11月30日亚洲盘阶段，价格已经在低位企稳，KD随机指标也在超卖区域低位企稳并形成金叉小幅反弹。但是MACD指标显示卖盘萎缩，快慢线还没有展开上涨，所以原油价格也只是在低位企稳而已，并没有展开上涨。当MACD指标也开始金叉上涨，且多头动能逐渐放出后，油价开始加速冲高行情。

当KD指标保持上涨且没有到达超买区域，MACD指标快慢线也处于上涨趋势且多头动能还在放出，说明价格还没有发出顶部信号，还有进一步的上涨空间，此时交易者不必急于平仓多单，更不能激进沽空。如果多头动能还未萎缩，KD指标也未到达超买区域，距离上方压力位还有空间的话，空仓的交易者甚至可以继续跟进多单，以获取上涨趋势中余下的利润空间。

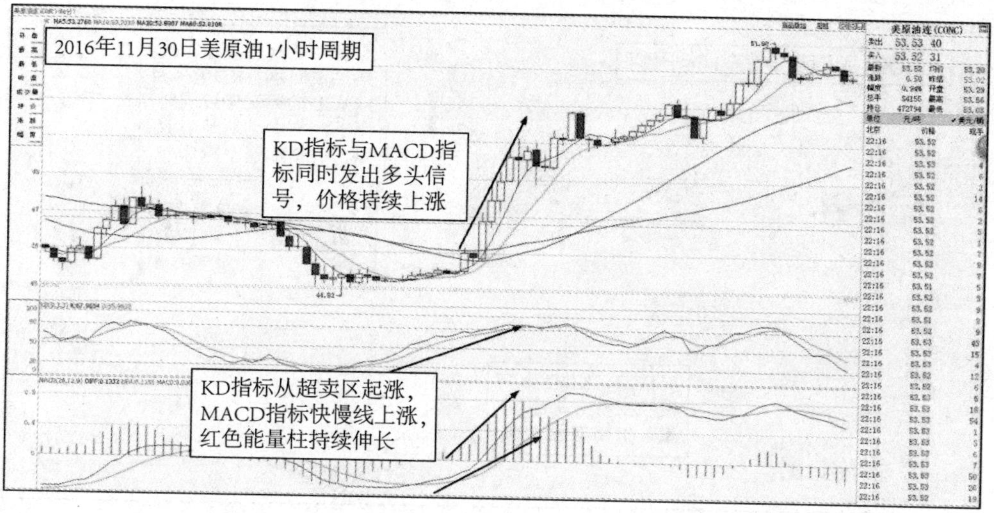

图 7–18

2. 双指标死叉下跌，卖盘放量，价格延续下跌

当 KD 指标与 MACD 指标的快慢线全部处于下跌趋势，且仍有下跌空间，市场沽空动能还在逐渐放出，此时价格处于下跌趋势中，交易者可以继续持有空单，以获取更充分收益。

如图 7–19 所示，2016 年 11 月 9 日现货黄金价格放量上涨，上涨力度较强。当买盘动能开始萎缩时，黄金价格立竿见影地见顶回落，此时 KD 指标和 MACD 指标的快慢线均未出现死叉下跌走势。当这两种指标的快慢线全部形成下跌趋势后，黄金价格走出了一波加速下跌的走势。

当多头动能还在持续萎缩，甚至是沽空动能还在放大时，MACD 指标与 KD 指标快慢线依旧处于下跌趋势，交易者可以继续持有空单，且不可盲目进场抄底。直到价格在下方遇到强支撑或指标出现底部信号，才能尝试进场持有多单。

需要注意的是，当 MACD 指标与 KD 指标同时形成下跌趋势时，并不是价格反转的信号。由于这两种指标都属于滞后型指标，通常这种情况出现的时候，价格已经下跌了一段时间，所以这只是空头延续的信号。

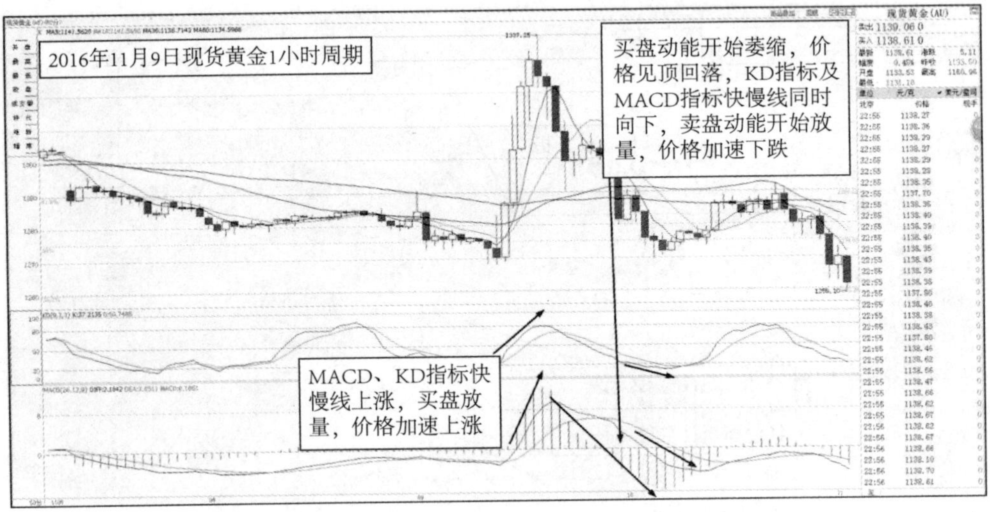

图 7–19

3.KD 指标超卖，MACD 显示卖盘萎缩，起涨信号

当价格下跌至低位，KD 指标到达超卖区域，MACD 指标显示空头动能开始萎缩，则发出价格见底起涨的信号，同时也是空单离场的时机。

如图 7–20 所示，2016 年 12 月 27 日 1 小时周期走势图中，黄金价格先行下跌。KD 指标到达超卖区域后开始反弹，市场沽空动能开始减弱，之后价格探底回升。KD 指标快慢线在超卖区域形成金叉后，MACD 能量柱由绿变红，显示多头动能开始放大，随后黄金价格的上涨力度也开始增加，加速冲高。

当 KD 指标到达超卖区域，市场沽空动能开始缩小时，空单持仓者最好暂时止盈离场。激进的交易者此时可以考虑进场，虽然这只是初期的起涨信号，但是一旦价格成功上涨，盈利空间将会十分可观。当然入场做多也要注意风险，防止卖盘再度增长，价格重回下跌趋势中。

稳健的交易者可以等待 KD 指标在超卖区域形成金叉，MACD 能量柱绿翻红，多头动能开始放大，上涨信号进一步确认时进场做多。虽然此时入场可能会错失一部分收益，但是安全性会更高一些。当然，即便安全性较大，

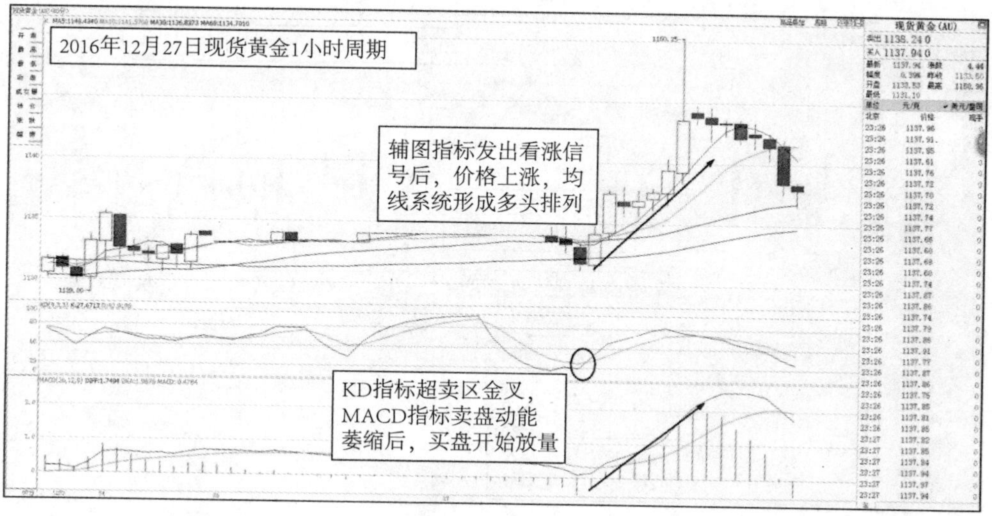

图 7-20

仍然要严格设置止损。

4.KD 指标超买，MACD 指标显示买盘萎缩，顶部信号

当价格连续上涨，KD 指标进入超买区域，MACD 指标显示多头动能逐渐减弱，表明此时价格或已见顶，交易者应止盈多单并准备沽空。

如图 7-21 所示，2016 年 10 月 20 日 00:10，美原油价格加速冲高，KD 指标已经到达超买区域而且出现背离，此时 MACD 指标显示买盘动能还在继续放大。下一根 K 线之后，价格开始小幅回调，KD 指标形成死叉形态，买盘动能也开始逐渐缩小，此时发出价格从顶部回落的信号。

当 MACD 指标快慢线形成死叉，能量柱由红变绿且开始放量时，原油价格也开始加速下跌，并且跌幅较大。当 KD 指标跌至超卖区域且卖盘动能开始缩量时，价格开始在底部企稳。

当价格上涨，KD 指标到达超买区域，MACD 指标显示多头动能刚刚开始萎缩时，稳健的交易者应该把持有的多单止盈离场，否则如果空头动能较强的话，价格很快就会转为下跌。当 KD 指标形成死叉后，是第一个进场沽空的机会。当 MACD 指标能量柱红翻绿，显示卖盘放量时，为第二个沽空机会。

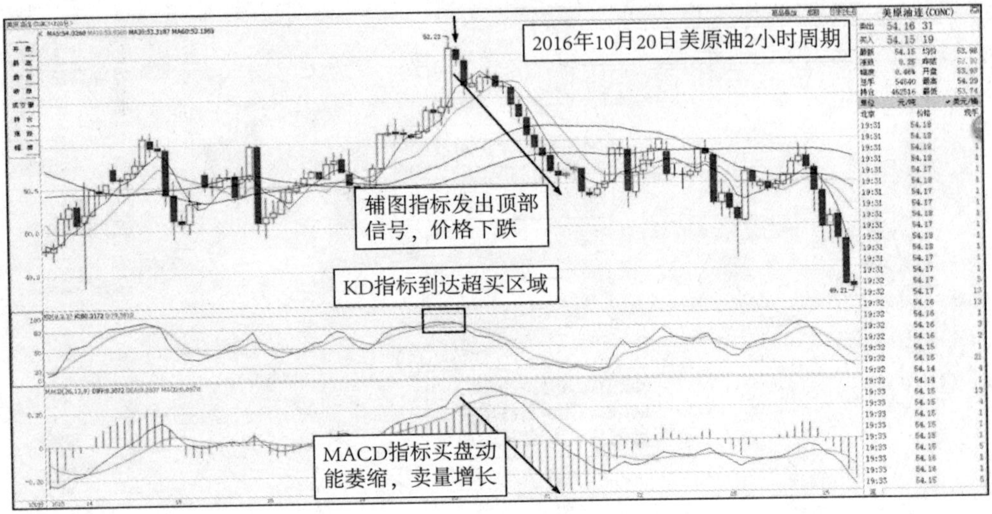

图 7–21

金融投资市场有一句话说得好：“会买的是学生，会卖的是老师。”很多交易者都知道何时进场，但是却不知如何出场。本书中讲解的方法中既有进场的信号，也有离场的信号。很简单，就像上面讲解的两种辅图指标用法，有看涨信号，有看空信号，有顶部信号，也有底部信号。当看涨做多信号出现时，自然就是空单离场信号；当顶部信号出现时，就是沽空的时机，自然也是多单离场的信号。

5.KD 指标与 MACD 指标方向不一，观望信号

有些时候在分析行情时，发现 KD 指标走出了看涨趋势，但是 MACD 指标却显示价格看空，亦或相反。两种指标方向不同时，价格通常处于盘整状态，突破方向不明，是观望信号，交易者应该等待两种指标处于同一方向时再进场交易。

如图 7–22 所示，2016 年 9 月 8 日早盘阶段，现货白银价格震荡运行，波动幅度不大，KD 指标已经到达超卖区域，显示下跌空间有限，发出了看涨信号。但是 MACD 指标的快慢线还处于下跌趋势中，显示空头行情持续，但卖盘动能在逐渐萎缩。两个辅图指标运行方向不一致，此时交易者应该保

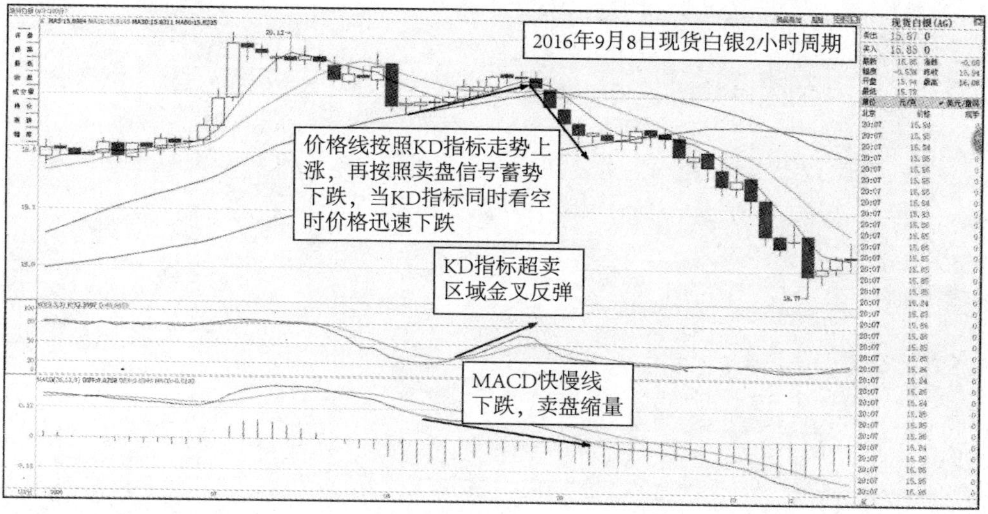

图 7-22

持观望，不要轻易进场交易。

随后价格先按照 KD 指标的信号指引反弹了些许幅度，之后卖盘蓄势了一段时间，价格开始按照 MACD 指标指示方向向下运行。当 KD 指标死叉下跌，MACD 指标显示卖盘再度放大时，价格开始加速下跌。

其实在交易的时候，很多技术走势是之前没有经历过的，或者说是看不懂的，比如两个指标指示方向不一的情况，这都是很正常的。即使是身经百战的职业交易者，也会遇到看不懂的行情，也可能经历过但没有留下深刻印象。当遇到这种情况时，保持观望就好，不要为了交易去钻牛角尖，不赚钱总比亏损要好。

上面讲解的内容，主要是"孝寒点位交易法"中的趋势指标用法，目的是判断价格运行方向，以及趋势结束和反转的信号。判断价格运行方向是技术分析的第一步，当趋势判断正确，即可分析判断交易的点位。前面讲到了均线的用法，其中对行情走势起到一些判断点位的作用，下面讲解的指标用法，主要作用就是寻找交易点位。

第八章　布林线的两种主要作用

前面详细讲解了 MACD 指标的主要用法，让各位读者对这种指标有了更深刻的认识，本章学习的布林线指标依旧是“旧相识”。

布林线指标普遍应用于震荡行情区间高低点位的把握，很多交易者认为其在单边行情中用处不大，其实不然。布林线指标在单边行情中同样会起到很大的作用，尤其是趋势的延续以及价格反转中。下面笔者把布林线这一指标的两种主要用法详细讲解一下，使其成为技术分析中一个重要的组成部分。

一、布林线基础知识

1. 布林线

布林线（BOLL）由约翰·布林格先生发明，是金融市场常用的技术指标之一，属于价格路径指标。该指标利用统计原理，求出价格的标准差及其信赖区间，从而确定价格的波动范围及未来走势，利用波带显示价格的风险、安全的高低价位，因此也称之为布林带。

布林线属于综合类指标，一方面可以用于判断价格的支撑与压力位置，一方面也可以判断价格趋势的反转。布林线指标并不完全属于滞后型指标，因为它对价格支撑及压力的位置具有提前性，但对于判断趋势和反转，指标信号具有一定的延迟性。

布林线指标是技术分析常用的工具之一，通过计算价格的“标准差”，再求价格的“信赖区间”。该指标在图形上有三条线，其中上下两条线可以分别看成是价格的压力线和支撑线。两条线之间还有一条价格平均线，该线同时具有支撑与压力的效果。

布林线指标的参数一般设置为 26 或 20（根据交易者的偏好确定）。一般来说，价格会运行在压力线和支撑线所形成的通道中。如图 8–1 所示。

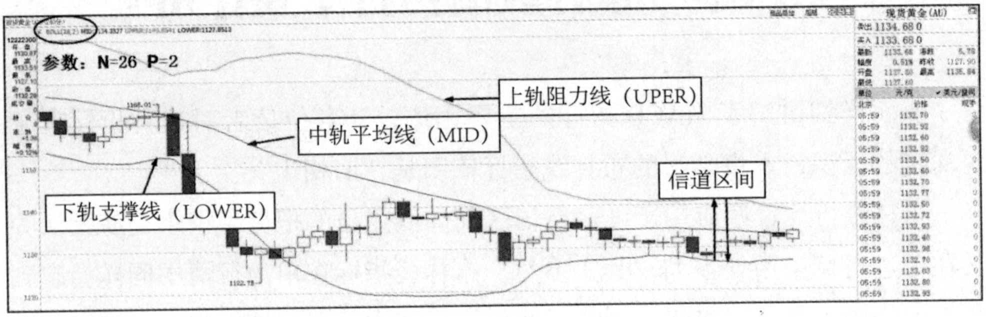

图 8–1

2. 计算方法

布林线需要绘制支撑线（LOWER）、阻力线（UPER）和中线（MID）三条线。

MID = 收盘价的 N 日移动平均

UPER = 中线 + 偏移值

LOWER = 中线 – 偏移值

参数：N 限定统计天数，一般为 26；P 限定布林带宽度，一般为 2。

布林线上下两条线可以分别看成是价格的压力线（上轨）和支撑线（下轨），两条线之间是一条价格平均线（中轨）。一般情况下，价格线在上下轨道组成的带状区间游走，而且随着价格的变化可以自动调整轨道线的位置。当波带变窄时，激烈的价格波动有可能不久产生，表示变盘在即。若高低点穿越压力线或支撑线很快又回到波带内，则会有回档或反弹产生。

3. 主要功能

（1）布林线可以指示支撑和压力位置。

（2）布林线可以显示超买、超卖。

（3）布林线可以指示趋势。

（4）布林线具备通道功能。

布林线的一般使用原则是：当价格穿越最上面的压力线（支撑线）时，表示卖点（买点）出现。当价格沿着压力线（支撑线）上升（下降），虽然价格并未穿越轨道线，但若回头突破其下面的轨道线即是卖点或买点。

二、布林带信道震荡

布林线在价格震荡盘整期间的作用是最大的。价格在布林带信道内运行，每一条轨道线都会对价格的涨跌造成影响，给交易者指示比较清晰直观的交易点位。

当价格单边行情结束后，会进入指标修复阶段。此时布林带也会逐渐收口，信道开始横向运行，信道上轨至下轨之间的空间，就是价格盘整震荡的区间，交易者可在这个信道内进行高抛低吸的区间波段操作。

如图 8–2 所示，2016 年 10 月 11 日，现货黄金价格由涨转跌，随后布林带信道开始走平，价格进入震荡行情。从图中可以看到，每当黄金价格跌至布林带信道下轨后，就会震荡反弹，反弹至中轨或上轨的位置就会受阻回

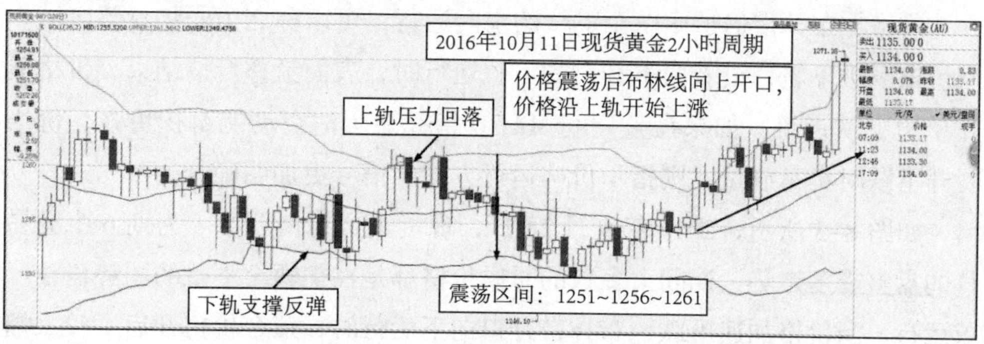

图 8–2

落。区间最大波动幅度在 10 美元左右，收益空间还是非常可观的。

利用布林带信道指导操作，有下面一些风险需要注意。

（1）布林带信道不会一直保持在水平固定区域，而是会上下移动，所以止损与进场点位也要随之适当调整。

（2）价格涨跌时偶尔会暂时突破信道，进入布林带外侧，所以交易者止损位的设置不可过于狭窄，但也不可过大。只要价格涨跌没有放大，布林线没有开口，仍可进场操作。

（3）在布林带信道内做波段时，注意区间内要有充分的收益空间。因为价格从下轨反弹未必一定会到达上轨，从上轨回调未必一定会跌至下轨，有时会在中轨位置即出现反转，所以上下轨与中轨的空间也要适当。不然价格从下轨涨至中轨还没有什么收益，价格就已经开始回调了，这样就要延长持仓周期。长期持仓非常危险，实战交易中要尽量避免。

（4）在布林带信道内不断地进行高抛低吸，至少会出错一次。因为盘整行情不可能一直持续下去，价格最终会跌破下轨支撑，或突破上轨压力。当价格突破方向确认时，交易者必须严格设置止损，然后进行顺势交易。

三、从价格震荡区域判断价格方向

上面讲到了利用 MACD 指标的能量柱判断价格盘整后的运行方向，其实布林线同样具有这种功能，不过较 MACD 指标来看效果会略逊一筹，如果两者结合使用，可以做到事半功倍。

价格在布林带信道中轨至下轨的空间运行，可以称之为弱势盘整区域。当价格跌破下轨，沿着向下开口的下轨运行时，表面盘整行情结束，价格展开单边下跌走势。如果盘整期间 MACD 指标显示沽空动能蓄积更强，价格展开下跌时卖盘放量，则指示价格运行方向的信号更加明确。

如图 8-3 所示，2016 年 9 月 28 日，现货黄金价格开始了为期 6 个交易日的盘整震荡走势，期间大多数的时候价格都是在中轨至下轨的弱势盘整区域运行。当价格加速下跌，布林带开口向下运行时，黄金价格开启了较大幅

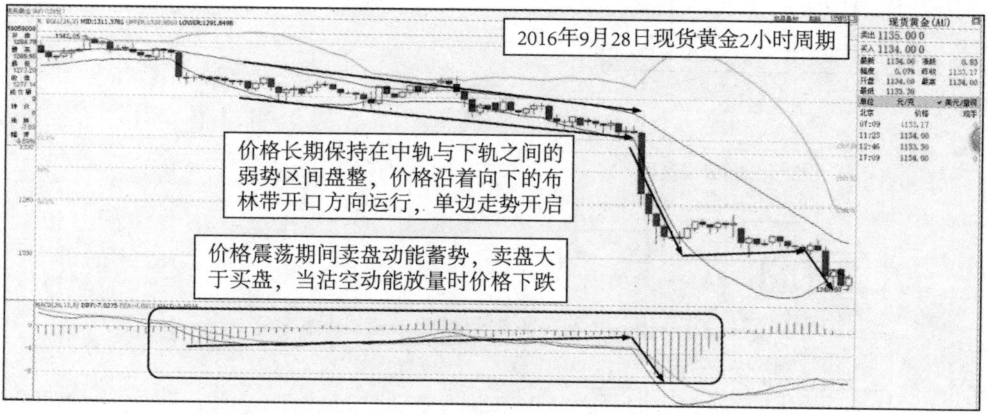

图 8–3

度的单边下跌走势。

很明显，在价格处于盘整阶段的时候，MACD 绿色能量柱更多一些，表明沽空动能蓄势更足。最终卖盘开始连续放量，黄金价格下跌趋势更加明确。

交易时机：

（1）当价格长时间处于弱势震荡区域运行，期间卖盘蓄势明显，激进的交易者可以提前进场，等待价格破位下跌。若持仓期间价格上涨到达止损位，或价格涨至强势震荡区域并长期运行，同时买盘放量时，要离场避险。

（2）当价格盘整后破位下跌，布林线开口向下，MACD 指标沽空动能放大时，以进场沽空为主。

（3）当价格跌破下轨，交易者已经进场交易，但是价格很快又涨回到下轨至中轨间的位置，且布林带并没有开口，依旧延续盘整走势，说明价格并未准备选择向下，此时交易者需要设置止损或提前离场，以防止价格向上突破。

价格在布林线中轨至上轨区间运行，可称之为强势盘整区域，盘整后价格向上突破的概率较大。当价格突破上轨，布林带开口向上运行时，表明上涨行情展开。

如图 8–4 所示，从 2016 年 10 月 25 日起，现货白银价格开始震荡，布林线几乎是横向运行。盘整期间，多数时间价格在中轨至上轨区间强势震荡，

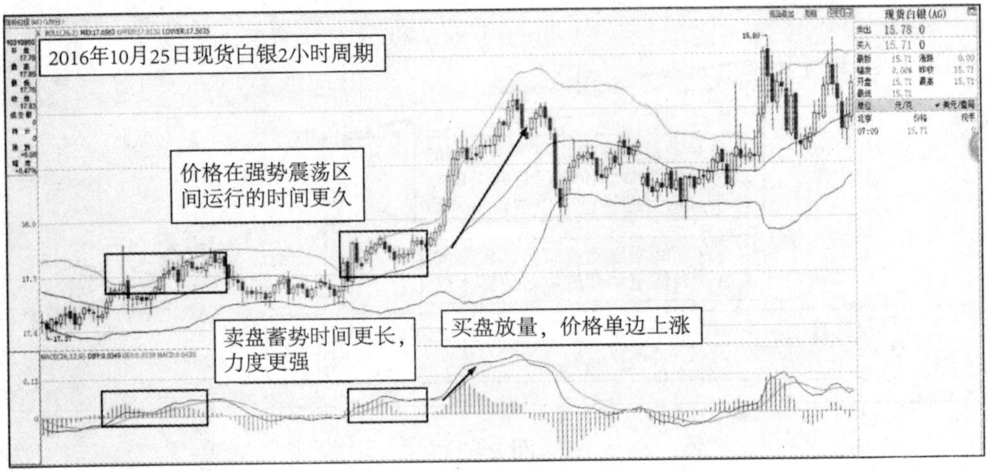

图 8-4

最终价格向上突破，布林带开口向上，价格走出一波幅度较大的单边上涨行情。

盘整期间，很明显 MACD 指标红色能量柱持续时间更长，力度更强一些，表示多头动能蓄势强于空头。当买盘动能开始持续放大时，价格突破压力，选择出了最终的运行方向。

交易时机：

（1）当价格长时间处于强势震荡区域运行，期间买盘蓄势明显，激进的交易者可以提前进场，等待价格向上突破。若持仓期间价格下跌，到达止损位，或价格跌至弱势震荡区域并长期运行，一旦卖盘放量，要及时离场避险。

（2）当价格盘整后向上突破，布林线开口向上运行，MACD 指标多头动能连续放大时，可以进场买入。

（3）当价格突破上轨，交易者已经进场交易，但是价格很快又跌回到上轨至中轨位置，布林带并没有开口，依旧延续横向运行走势，说明价格并未准备选择单边上涨，此时需要设置止损位或提前离场，以防止价格向下破位。

四、布林线指标判断趋势反转

前面讲解的均线、宝塔线、MACD 以及 KD 指标，都具有判断价格顶部、底部的作用。判断趋势的反转十分重要，也是最复杂的，平时交易中多应用技巧进行验证是有利无害的。布林线指标同样具备判断趋势反转的作用，但是时效性不强，这也是很多交易者认为布林线指标应用在震荡行情中的作用远大于单边行情的原因。在此笔者还是要简单介绍一下，交易者可以加以验证。

如果价格处于单边下跌趋势，此时布林带也一定会处于向下运行的状态。如果是震荡中的单边下跌走势，价格会在布林带信道内沿着下轨震荡向下。如果下跌力度强劲，K 线会跌出布林带下轨并向下运行。

价格跌出布林带下轨后，逐渐企稳反弹。当价格重新回到布林带信道内，本轮价格下跌行情将会暂时企稳。不过由于是处于下跌趋势中，如果价格企稳后反弹力度较弱的话，往往反转结束后会出现更大幅度的下跌。

如图 8–5 所示，2016 年 12 月 15 日，美原油 1 小时周期价格震荡后加速下跌，K 线跌破布林带下轨，而且布林带信道开口向下运行，但是很快就低位震荡盘整，回到布林带信道之内。此时价格连续十几个小时企稳震荡，略有上涨，但上涨的幅度和空间并不是很大。当价格涨至布林线中轨后受到了技术压力，随后受阻回落，走出了更大幅度的下跌走势。

应用布林线判断价格的反转风险相对较大，所以交易者还要结合其他指

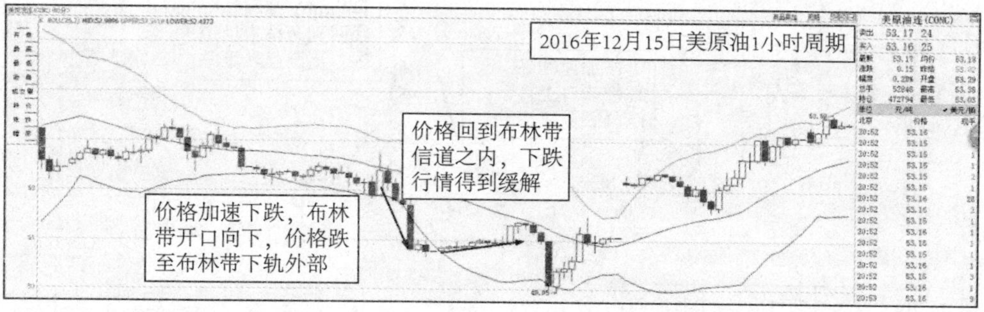

图 8–5

标进行判断，此外注意控制风险。

（1）K线重新回到布林带信道内，交易者抄底做多。当价格遇到上方压力后，应逢高离场。

（2）K线重新回到布林带信道内，交易者抄底做多。如果价格连续盘整数个小时没有上涨，而是一直保持横向盘整，一旦价格重新下跌至止损位，应该及时止损离场。

（3）稳健的交易者则等待价格回到布林带信道内部，布林带信道逐渐收口时进场尝试做多。

价格突破布林带上轨加速上涨后，必然带动布林线开口向上运行，此时便出现了单边上涨的走势。如果价格涨势强劲，K线会突破上轨来到布林带信道以外。当K线重新回到布林带信道内，则本轮上涨将暂时放缓，价格有望展开回调，甚至是反转的行情。

如图8–6所示，2016年9月6日，美盘阶段现货黄金价格加速冲高，突破布林线上轨，且布林线开口向上运行。冲高过后价格高位盘整，逐渐回到了布林带信道内部，随后黄金价格震荡下跌，跌破布林线中轨后甚至出现了反转的走势。

同样，很多时候由于价格单边上涨力度过大，即使价格回到布林带信道内部盘整后，还会出现更大幅度的上涨行情。

（1）K线重新回到布林带信道内，交易者可以逢高做空。当价格遇到

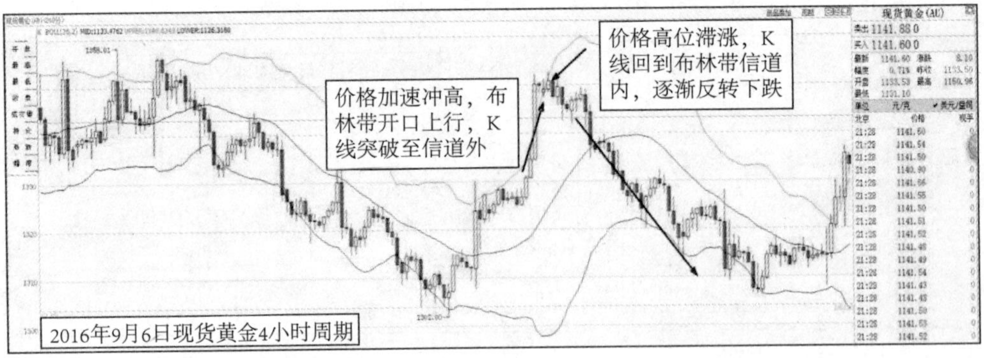

图8–6

下方支撑后，可以在低位离场。

（2）K线重新回到布林带信道内，交易者抄底做多。如果价格连续盘整数个小时没有回调，保持盘整走势，一旦重新上涨至止损位，应该及时止损离场。

（3）稳健的交易者则等待价格回到布林带信道内部，布林带信道逐渐收口时进场尝试沽空。

五、宽幅震荡转窄幅整理

当价格结束单边涨跌行情后，如果单边行情不是急速的反转行情，价格将由单边行情转为宽幅震荡走势，此时布林线指标的震荡信道空间会很大，上轨、下轨、中轨之间的震荡盈利空间十分充分。

当价格宽幅震荡行情持续一段时间后，震荡区间会逐渐收窄，慢慢转为窄幅盘整，价格围绕布林线中轨小幅度波动，此时就意味着下一轮价格的单边行情即将出现。

在价格单边行情刚结束的时候，交易者还可以在波动区间进行高抛低吸的交易。一旦波动区间逐渐收窄，上下轨之间已经没有充分的利润空间，或不值得博弈时，就要在场外观望，等待新的趋势出现。

如图8-7所示，通过观察走势可以发现，当单边行情结束后，布林带开始收口，上轨向下移动，下轨向上移动，震荡区间逐渐变窄，最后布林带信

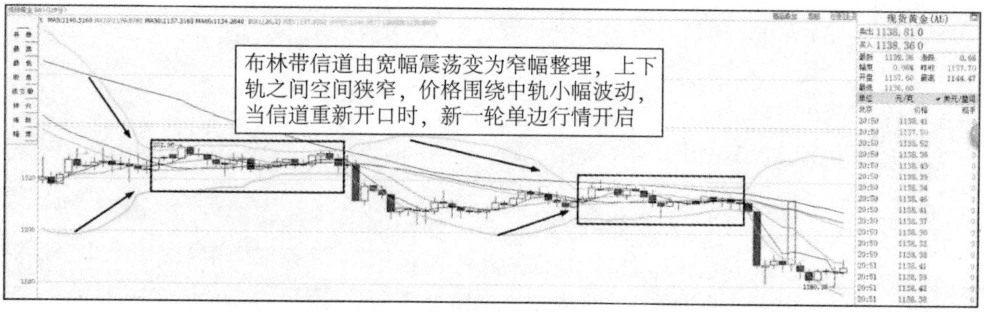

图 8-7

道开始走平。震荡行情不可能长时间持续下去，终究会重新展开单边走势。但是盘整时间越久，多空双方蓄势就越强。一旦重新分出方向，持续性也越长，涨跌幅度就越大。

当价格开始围绕布林线中轨开始盘整，此时价格的波动肯定没有获利空间，交易者此时宜耐心等待价格选择方向。如果在新趋势刚刚形成时能够及时抓住交易机会，则会获得十分可观的收益。

很多交易者发现价格震荡没有获利空间，就放弃跟踪，转而关注其他品种走势了。其实越是价格盘整走势，越要仔细盯盘。一旦出现趋势性机会，第一时间进场交易，要比做许多小幅度的波段好多了。

当趋势已经形成时，如果交易者发现价格已经涨跌了较大幅度，此时要考虑“是否存在追高追空的风险”“收益空间是否充分”“止损应该设置在哪里”等影响交易后果的问题。

“孝寒点位交易法”这套交易系统中，布林线并不是主要的应用指标，但是部分走势情况下还是有一定使用价值的。例如当均线系统无明确方向，价格处于很明显的区间震荡走势时，可以利用布林线指标判断震荡区间的具体点位。当价格单边运行过程中展开短线调整时，也可以利用布林线中轨验证其他指标显示的支撑与压力位置是否有效。

第九章　黄金分割线的使用方法

一、黄金分割线基础知识

黄金分割线是一种古老的数学方法，黄金分割的创始人是古希腊的毕达哥拉斯，他在当时十分有限的科学条件下大胆断言：一条线段的某一部分与另一部分之比，如果正好等于另一部分同整个线段的比即 0.618，那么这样的比例会给人一种美感。后来，这一神奇的比例关系被古希腊著名哲学家、美学家柏拉图誉为“黄金分割律”。黄金分割线的神奇和魔力，在数学界还没有明确的定论，但它屡屡在实际中发挥着意想不到的作用。

关于黄金分割线的历史以及在数学领域中的地位我们不去关心，下面要了解的是黄金分割线在投资市场起到的作用。黄金分割线是一个十分有效的点位指标，应用简单，可以很清晰地给出价格的支撑与压力位置。

黄金分割线对于判断点位的作用之所以十分有效，是因为它没有其他的作用，所以属于“专业型”点位指标。就像 A.O. 史密斯的热水器销量最好，其他产品销量平平，就是因为这个品牌是专业生产热水器的。

在笔者的交易经历中，价格有时受到均线支撑、压力的影响，有时受到布林线支撑、压力的影响，有时受到黄金分割线的支撑、压力影响，但更多的时候黄金分割线指示点位的效果更突出一些。

另外，当价格走出单边行情的时候，价格已经突破了所有均线，布林线指标的上下轨也走出单边走势，失去支撑与压力的指示作用，这种情况下就没有办法判断价格的支撑与压力位置了，只能应用黄金分割线去寻找交易点位。

很多时候笔者更青睐黄金分割线。如果黄金分割线的点位与均线点位相差无几时，笔者通常等待价格触碰黄金分割线时进行交易。

1. 黄金分割线组成

黄金分割线的组成十分简单，主要由起点和终点以及黄金点组成。黄金点主要对价格起到支撑和压力作用，常用的黄金点为0.236、0.382、0.5、0.618四个，其中，0.618和0.238两个黄金点最为重要。如图9–1所示。

图 9–1

2. 画线方法

首先在看盘软件上找到黄金分割线的画线工具，每一个看盘软件，黄金分割线画线工具所在的位置以及名称存在一些差异。一般国内的看盘软件上方会有一个画线工具，打开工具栏后，选择黄金分割线工具即可。MT4软件不论任何平台所在位置都一样，在工具栏第三排左边位置就是画线工具栏，名称叫做斐波那契回调线。如图9–2所示。

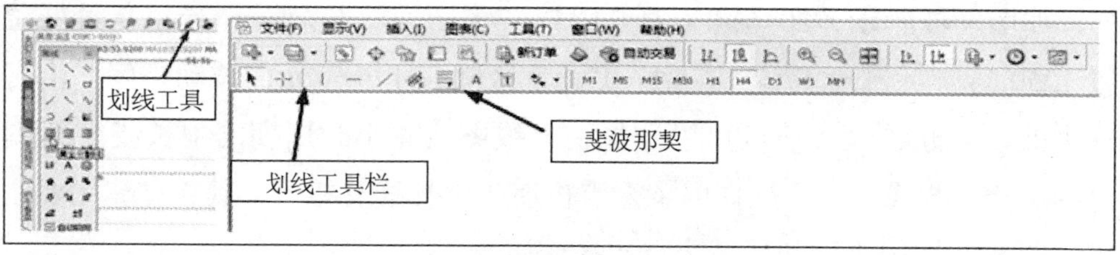

图 9–2

黄金分割线的画法很简单，在笔者很多次的教学中，许多学员学习黄金分割线的效率是最快的。某一周期中，价格由涨转跌再企稳反弹，形成了一波下跌波段，只需要用黄金分割线画线工具在这一波下跌波段中由高点作为画线起点，将波段低点作为终点连接起来，就画出了一个周期的完整黄金分割线，其中的黄金点就是价格的压力位。价格上涨至顶部回落时，将这一波上涨行情的底部作为起点，顶部作为终点，用黄金分割线画线工具连接起来，下方的黄金点即可作为价格的支撑位。

时间周期较短的 K 线图，交易者选择的价格波段区间可以小一些，其中的黄金分割线作为价格短线的支撑和压力位置。较长时间周期的 K 线图，交易者可以选择空间大一些的波段画黄金分割线，作为较长周期内更强劲的价格支撑、压力位置。

每个周期选取不同的波段画黄金分割线，会得到主要的支撑、压力位置，以及次要的支撑、压力位置。价格突破短线的支撑、压力位置后，还可以在其他周期很清晰地判断出支撑或压力更强劲的交易点位。

接下来就学习黄金分割线的使用方法和技巧。

二、每一个黄金点都是强支撑

当价格高位盘整后震荡下跌或单边下跌时，价格跌破所有均线，布林带信道开口向下运行，此时很难判断价格会跌至何处。此时可以依据前面的一波上涨行情画黄金分割线，下方的所有黄金点就是价格可能会有支撑和反弹的价位，也是逢低做多的参考价位。

如图 9–3 所示，2016 年 6 月 24 日—7 月 6 日，现货黄金价格从最低位置 1250.25 美元涨至高位 1375.11 美元，区间有 125 美元的波动空间。由于这个波动空间较大，所以可以选择在日线图或 4 小时周期的中长线 K 线图上画黄金分割线。这个周期的黄金点位属于中长线支撑位，其支撑作用要比短周期 K 线图中小区间的黄金点支撑作用更大。

图 9–3

当价格开始回调时，黄金分割线就会起到支撑作用，价格或回调至 0.382 分割线位置反弹，或回调至 0.5 分割线的位置反弹。从图中可以发现，越是下面的黄金点，支撑作用越大，价格反弹的力度也越强，交易者进场做多就可以越激进。

一波下跌行情中，在没有强劲利空消息的情况下，如果价格出现正常的技术性调整，通常不会连续下跌，突破所有黄金点，交易者可以分批次进行交易布局。

1. 交易策略

上面说过，越往下的黄金点支撑效果越强，这是因为这一波上涨行情的回调幅度已经很大了，所以向下空间有限。当价格开始从高位回调时，首次回调至分割线最上方的黄金点（0.236、0.382）时，可以进场做多。二次回踩黄金点的时候，破位概率将会增加，交易者要暂时观望，等待价格破位后，在下一个支撑位再进场做多。

当价格跌至0.5或0.618下方的黄金点时，交易者可以适当增加仓位做多。当一波多单成功止盈后，价格二次回踩甚至三次回踩黄金点，仍可以尝试进场做多，但是破位风险肯定会随着回踩次数的增加而逐渐增加，上方目标位置和获利空间也要适当降低。

当价格跌破最后一个黄金点0.618，且下方以及其他周期没有更强的支撑，或距离下一个支撑较远，此时价格将面临反转，交易者就要开始以反弹沽空操作为主。

2. 补仓策略

价格下跌至某一个黄金点，交易者进场做多以后，价格破位下跌，交易者可以根据下一个支撑位的距离大小选择逢低补仓或执行止损。

如图9–4所示，2016年12月22—28日，美原油价格走出了一波上涨走势，波动区间为2.2美元。由于这一波上涨幅度不是很大，所以交易者可以把分割线画在1小时周期的K线图中。

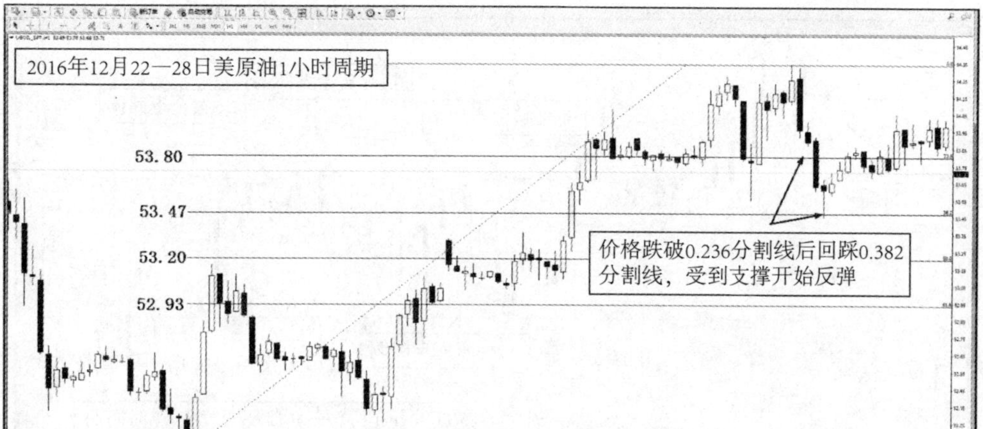

图 9–4

当价格回调时，首先跌至下方第一个黄金点 0.236。由于支撑无效，如果交易者已经在此处进场做多，设置止损的话，因为距离下一个黄金点支撑位仅有 0.33 美元的空间，按照标准止损价位设置止损的话，价格可能刚好打到止损位就开始反弹，很显然这很影响交易心态。但是如果把止损放大的话，一旦止损，亏损幅度会很大。

如果下方最接近的两个黄金点距离较近，比如等于或小于标准止损点位，交易者可以在上方的黄金点位轻仓做多。如果价格向下破位，则在下一个黄金点位适当加大一些仓位补仓，两笔多单止损设置在同一价位。

如果下方还有黄金点位支撑，则止损设置在两个黄金点位之间，前次做多止损后，可以在下一个分割线位置继续做多。如何判断支撑是否存在破位可能，会在接下来的内容中讲解。

三、每一个黄金点都是压力

当一波下跌行情结束后，可以画出黄金分割线。价格反弹阶段，上方任何一个黄金点都是反弹的阻力位置，也是可以逢高沽空的交易机会。越是上方的黄金点，压力的效果越强，逢高沽空的成功概率也越高。

如图 9–5 所示，2016 年 5 月 2—10 日，黄金价格走出了一波 47 美元的

图 9–5

下跌走势，这个幅度不是很大，但也不算小，交易者可以将这一波下跌行情的黄金分割线画在 2 小时或 4 小时周期图中。

这一波下跌行情结束后，黄金价格开始反弹。很明显，价格在反弹阶段的运行并不是一帆风顺，或受阻于 0.236 的黄金点压力，或在 0.618 的压力位回调，可见，所有黄金点都对价格起到了压力作用。越是上方的黄金点压力效果越好，价格到达后可以立竿见影地展开下跌，且下跌幅度较大，下跌速度也很快。

当价格突破最上方 0.618 的黄金点位时，空单应该马上止损，因为此后价格可能会展开反转下跌走势。同样，价格跌破最下方的黄金点，或价格始终保持在 0.236 至分割线最低点区间盘整时，表明价格仍处于空头市场，随时可能再度展开下跌。

价格反弹至较下方的分割线 0.236、0.328 时，逢高沽空仓位可以适当降低，获利空间不要预想得太多。价格反弹至 0.5 或 0.618 位置时可以适当激进，沽空仓位适当增加，这样获利空间也可以略微放大。

补仓策略：若价格反弹至某一个黄金点，交易者进场沽空，之后价格突破上涨，交易者可以根据距离下一个压力的空间大小，决定是逢低补仓还是执行止损。

下面用图 9–6 这幅实图来讲解价格向上突破后选择补仓还是止损。2016 年 10 月 5—7 日，价格走出了一波下跌行情，波动空间 36 美元。由于空间不是很大，所以将这一波行情的黄金分割线画在半小时或 1 小时短线周期中。

价格由低位开始反弹的时候，会突破上方黄金点位，每一个黄金点位区间仅有 4 美元左右，刚好是标准止损位。如果所持空单执行止损，可能止损后价格就会下跌。所以，当距离上方压力位等于或小于标准止损位时，交易者可以不执行止损，选择在下一个黄金点位补仓。

选择补仓的黄金点位最好是最上方的黄金点位，如果上方不远处还有压力位，突破后还需要补仓，一旦再度突破亏损幅度就会很大。交易者也可以补仓后将所有空单止损设置同一止损位并小于标准止损幅度。如出现止损，

图 9–6

止损后可以等待下一个更强压力位置，在该位置适当增加仓位继续沽空。

四、黄金点之间的价格震荡

很多时候一波行情过后，价格会陷入较长时间的震荡盘整期。震荡的区间范围可能是布林带的信道之内，也有可能是黄金分割线的黄金点之间。当价格始终在这些黄金点之间震荡，而且每次价格到达黄金点都能有效，交易者在这个区间做高抛低吸也会积累很多收益。但是如何操作，还要根据价格波动的黄金点区间作出决定。

1. 短线周期小区间震荡

如果是在半小时、1 小时或 2 小时等短线或中短线周期图中画出的黄金分割线，价格在黄金点之间上下震荡，由于两个黄金点之间空间不大，所以在相邻的两个黄金点位之间，最好不要进行波段交易。为了保证有充分的获利空间，提高交易的准确率，至少要在中间隔一个黄金点的两个黄金点区间进行交易，如 0.236 ~ 0.5、0.328 ~ 0.618。

如图 9–7 所示，2016 年 11 月 16—18 日，现货白银走出了一波短线下跌走势，区间幅度仅有 0.8 美元，所以黄金分割线可以画在 1 小时周期图中。

黄金点 0.236 ~ 0.618 之间的震荡空间仅有 0.3 美元，如果在这两个黄金点之间做波段交易，仅有 0.1 美元的波动空间。按照标准止损的话，在该区间操作，盈亏不合比例，而且价格突破的风险极大。一旦发生突破，必然要止损或补仓。

为了安全起见，若有足够的获利空间，交易者可在 0.236 ~ 0.5 黄金点之间做波段，这样价格向下破位的话，由于是下跌趋势中的反弹震荡，继续单边下跌的概率较大，价格跌破 0.236 止损后，还可以继续顺势沽空。

如果价格涨至 0.5 黄金点，交易者逢高沽空后价格出现突破，还可以在 0.618 黄金点补空单，然后所有空单止损放在同一止损位，以防止价格突破后发生反转，这种交易布局是比较合理的。如果三个黄金点位之间的收益空间依旧不足，那么交易者就在 0.236 和 0.618 这个最高点以及最低点区间进行高抛低吸。

图 9–7

图 9–7 展示的是下跌趋势中的黄金分割线区间震荡，在下跌趋势中，即便价格上涨，可能也会比较疲软，下跌力度或许更强一些。在这种情况下，逢高沽空可以适当激进，仓位可以适当增加，利润目标可以更大，持仓时间可以更久。但是低位做多的话，就需要把所有标准放低，直到突破最终压力

位形成反转。

如图 9–8 所示，2016 年 10 月 28 日，现货黄金价格当日展开了一波大幅度的上涨行情，最大波动幅度达 23 美元。如果在这个波段做黄金分割线的话，黄金点之间的区间就小很多了，相邻黄金点之间的空间仅有 3 美元。即使波动能够达到两个黄金点的空间，盈亏比例最多也就是 1:1，收益空间不足，需要在更大的区间内进行高抛低吸的操作。

交易者可以在 0.236 ~ 0.5 的高位区域黄金点做震荡行情的高抛低吸，区间幅度有 6 美元，可以达到 1:2 的盈亏比例。即使价格到达 0.382 的位置后停止不前，止盈离场还有 3 美元的收益空间。

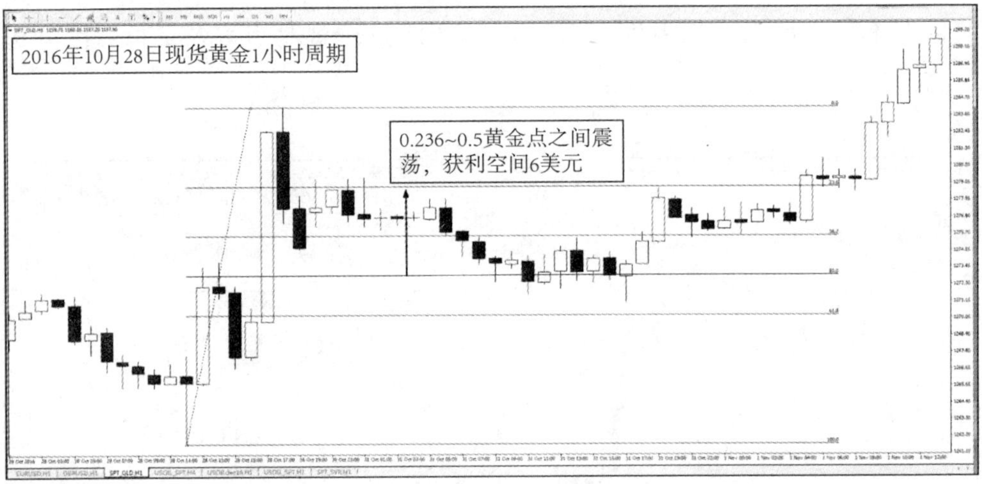

图 9–8

当价格突破 0.236 后，空单严格止损，防止价格可能会重新回到单边上涨趋势中。如果价格跌破 0.5 黄金点，可以在 0.618 位置适当加仓补多单，所有多单止损放在最低黄金点下方。

交易者也可以在 0.382 ~ 0.618 区间做波段，价格跌破最后黄金点直接止损。向上突破 0.382 黄金点可以在 0.236 适当加大仓位，补仓空单，全部空单止损放在最高黄金点价格上方。

图 9–8 展示的是上涨趋势中的震荡行情，所以盘整后价格继续上涨的概率比较高。交易者在高抛低吸做震荡行情的时候，逢低做多可以适当激进，逢高沽空则偏向于逆势交易，需要适当谨慎，把各项标准放低。

如果三个黄金点之间的收益空间依旧不足，也可以利用 0.236 与 0.618 最高黄金点和最低黄金点之间进行操作。总之，交易者既要保证交易的安全，也要保证盈亏的比例，如果收益空间不足，则不值得冒险博弈。

2. 中长线周期宽幅震荡

一般在 2 小时、4 小时甚至更长周期的 K 线图中画黄金分割线，通常都是较大幅度的价格趋势，每一个黄金点的间距都比较大，两个黄金点之间的获利空间充足，交易者可以在其中尽情地高抛低吸，而且无需补仓，只需做"一锤子买卖"的操作即可。

如图 9–9 所示，2016 年 11 月 18—22 日间，美原油每桶价格大幅上涨 4.8 美元，所以可以在 2 小时或 4 小时周期图上画黄金分割线。由于这一波上涨的空间很大，所以两个相邻黄金点位之间都有 0.7 美元的获利空间，也就是每手原油可以获取 700 美元的收益，完全超出了 1:1 的盈亏比例。

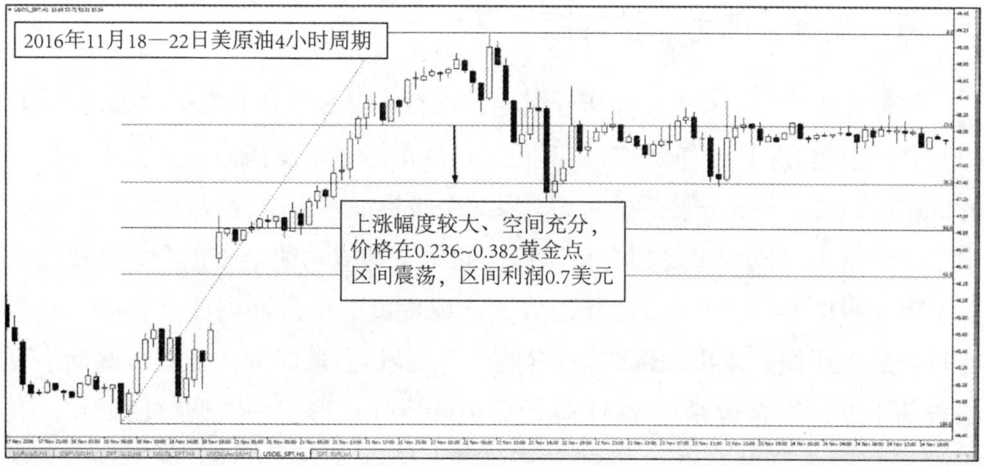

图 9–9

在收益空间充足的情况下，交易者可以在相邻的两个黄金点位之间做波段，即使价格没有运行至区间的最高位或最低位，至少也可以保证 1:1 的盈亏比例。

进场操作时，交易者也可以不必做补仓的准备，因为黄金点之间的空间较大。如果在下一个黄金点补仓的话，中间导致亏损的幅度必然很大，一旦再次出现突破，无疑是雪上加霜，损失难以承受。交易者在代表着支撑或压力的黄金点位进场交易后，直接按照标准的止损比例设置即可，一旦止损，待价格到达下一个更强的黄金点继续交易即可。

价格波动幅度越大，说明市场某一方向的人气越强劲，回调的力度也越疲软。所以上涨行情中，越是下方的分割线黄金点，支撑力度就越强。下跌趋势中，越是上方的黄金点，压力就越大。

依据任何一个黄金点进行交易，成功概率肯定大于失败概率，所以只要其中任何一个黄金点是有效的，交易者就可以整体上获得盈利。此外，越长周期的黄金分割线，相邻黄金点位的空间越大，黄金分割线的有效时间就越长。有时候一波较大波段的行情，画出的黄金分割线可以使用几周甚至几个月的时间，其间不需要重新划分黄金分割线。

五、支撑、压力点位共振

何种支撑或压力位置，要想让其更加有效，应尽量选取指标共振的点位。指标共振就是在同一时间周期，不同的点位指标显示支撑或压力位置在同样的价格上，或处于十分接近的位置。当两个指标显示的支撑或压力位置重叠，这个价位就可以成为重要的交易点位，此处交易成功的概率也会大幅提高。

首先看图 9-10 中左边这幅走势图，现货黄金价格冲高回落收阴，且带有较长的上影线，发出顶部沽空信号。价格经历一段时间的宽幅震荡后，开始震荡下跌。当金价跌至 1151 美元后触底反弹，形成一波调整的低点。利用前面 1187 美元的高点与 1151 美元的低点做一黄金分割线，会得到上方黄金点的压力位置。

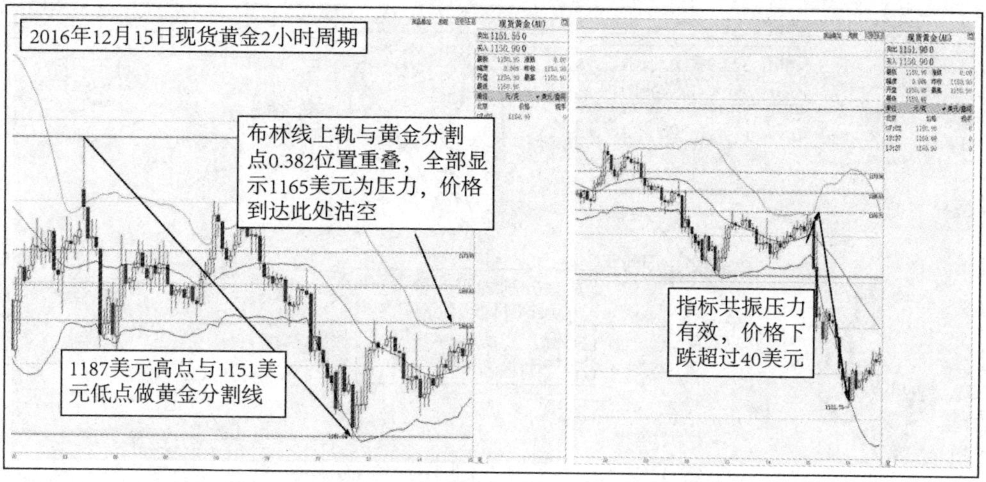

图 9–10

价格上方 0.382 黄金点位置显示的压力位置是 1165.31 美元。把主图指标切换为布林线指标时会发现，布林带信道上轨的位置刚好与 0.382 黄金点重叠，那么这个 1165.31 美元的位置，即为指标共振的压力位，成为未来逢高沽空的主要参考点位。

2016 年 12 月 15 日，美盘阶段黄金价格震荡反弹，刚好到达指标共振的压力位，此时交易者可以进场沽空。其后的走势如右图所示，价格在 1165 点附近受阻，之后加速回落，二十几个小时价格跌幅超过了 40 美元。如果在共振点入场沽定，每手现货黄金可获利 4000 美元。除此之外，黄金分割线的黄金点与布林线的中轨或下轨重叠，都属于指标共振。

图 9–11 中，美原油价格 1 小时周期图中走出了一波短线单边上涨行情。在这一波上涨行情的低点 52.09 美元与高点 54.36 美元画黄金分割线，下方会出现数道黄金点支撑。黄金点 0.382 位置显示的支撑位置为 53.50 美元，刚好与 MA60 均线接近，所以这个价位是原油价格回调时的强劲支撑位。当原油价格跌至此处时，立竿见影地展开了连续反弹。

如果图中出现了指标共振的点位，价格到达此处一定要进行交易，一般来说成功率是大于止损风险的，这样的博弈也是值得的。此外，指标共振不

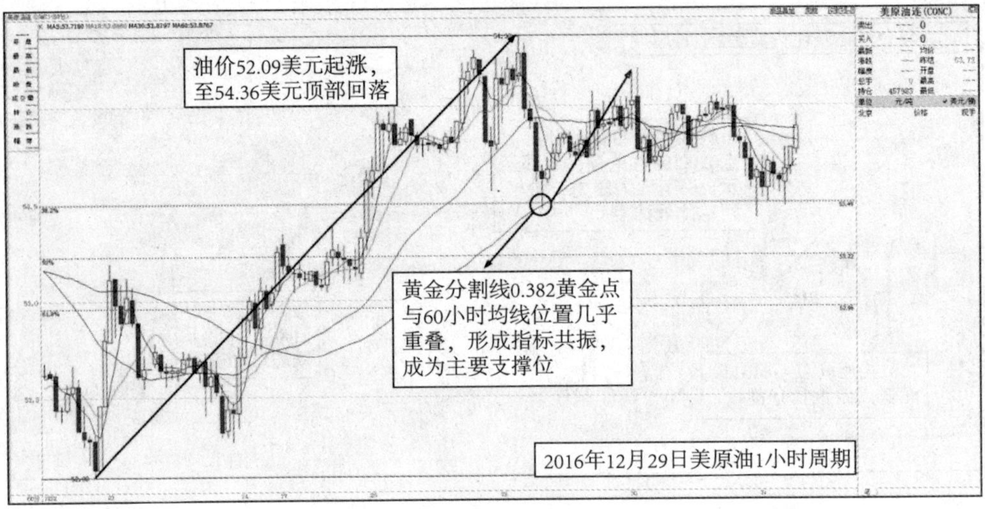

图 9–11

一定要两个指标完全重叠在一起，这种标准的指标共振毕竟不会经常出现，只要两种指标所显示的点位相差不多，两者之间的空间低于标准止损，也可称之为指标共振。进场点位可以按照黄金分割线指标的位置设置，也可以在两个指标点位之间折中。

六、判断黄金点的有效性

任何点位指标，包括黄金分割线，显示的支撑与压力都不会是完全有效的，价格每一次到达这些支撑或压力位置，入场交易并不一定都会获得成功。所有指标都存有一定的失效比率，操作中要充分预估这种风险，在交易时根据情况衡量成功与失败的概率。

下面讲解的内容，就是当价格运行至关键点位时，如何利用辅图指标判断关键点位的成败。

当价格跌至下方技术支撑位时，如果此时价格刚好出现探底反弹，在 K 线上或宝塔线指标中形成底部信号，或者 KD 指标到达超卖区域甚至形成金叉，MACD 指标显示空头动能开始萎缩，此时低位做多成功率自然是很高的。

价格跌至下方支撑点位，如果辅图指标没有发出反转信号，反而显示价格还有一定的下跌空间，空头尚有较大的动能，则此点位存在较大的破位概率，交易者应该考虑是否进场交易，还是做好价格破位后交易的准备。

图 9-12 中，现货黄金的一波价格上涨中，4 小时周期的中线上涨幅度较大。以这一波中期上涨的低位 1310 美元与 1367 美元高点为依据画出黄金分割线，下方形成未来价格下跌中的黄金点支撑。

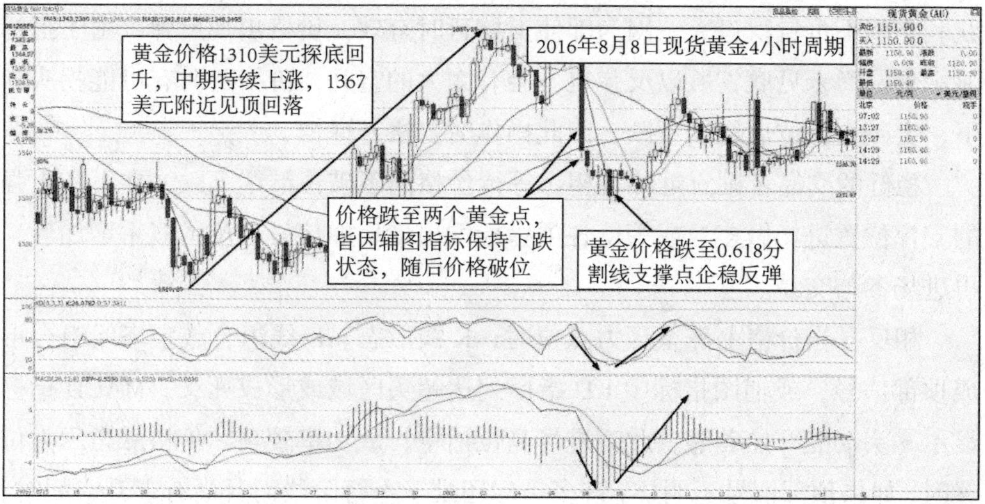

图 9-12

黄金价格在高位震荡一段时间后，突然从高位开始加速下跌。此时价格首先跌至 0.382 黄金点 1345.60 美元的支撑位，但此时 KD 指标刚在超买区域形成死叉，且沽空动能还在继续放大，形成起跌状态，所以这一支撑很快就被一举跌破。

当价格跌至 0.5 分割线黄金点 1338.70 美元的支撑位时，KD 指标还在延续下跌，且没有到达超卖区域，MACD 指标显示沽空动能依旧在放量，所以空方稍作蓄势后，该支撑最终也被跌破。

2016 年 8 月 8 日早盘，黄金价格跌至黄金分割线 0.618 黄金点 1132 美元的支撑位置后，KD 指标跌至超卖区域，MACD 指标显示沽空动能开始停止放大，空方动能逐渐萎缩，黄金价格也暂时低位企稳。当 KD 指标在超卖区域形成金叉时，MACD 指标显示沽空动能持续收缩，随后价格开始企稳，不久加速反弹，走出一波短线的快速反弹行情。

价格跌至下方某技术支撑位，交易者在进场做多前，一定要仔细分析各项指标。如果辅图指标尚未见底，显示价格还有进一步下跌的空间，或 K 线形态为光脚中阴线甚至是大阴线，那么价格破位下跌的概率很高。

激进的交易者若执意进场做多，那么一定要快进快出，持仓时间要短，获利空间不可看得过大。因为即使支撑暂时有效，价格出现反弹，由于指标显示价格尚未见底，所以反弹也不会有太大的空间，价格随时有可能拐头向下，突破支撑位后继续下跌，因此操作时要格外谨慎。

稳健的交易者则宜继续观望，等待价格向下破位继续下跌，在下方更强的支撑位置进场做多，或等待各项指标均出现反弹信号，反弹概率增加后，再进场参与交易。

相反，当价格上涨至压力点位时，K 线形态、K 线组合或宝塔线组合形成顶部信号，或辅图指标中 KD 指标到达超买区域或形成死叉，MACD 指标显示多头动能开始萎缩，此时进场高位沽空，成功率较高。价格涨至压力位置时，如果顶部信号不明显，许多指标还处于上行阶段而且尚有上升空间时，若要沽空就要格外谨慎。

图 9-13 中，现货白银价格由 20.67 美元高位震荡下跌，至 19.19 美元一线止跌，随后多头抄底动能开始放大，KD 指标在超卖区域金叉反弹。在这一波中期下跌趋势中，依高点与低点画出黄金分割线，上方会呈现出数个黄金分割线的黄金点支撑。

当价格首先反弹至第一个黄金点 0.382 压力位 19.75 美元的支撑位时，辅图指标中 KD 指标保持着良好的上行趋势，勉强踩到了超买区的门槛。MACD 指标显示买盘动能还在进一步放大，价格还有继续上涨的空间。在这种情况下，压力位被突破的概率较高。稍作修复，K 线换线，白银价格一鼓作气突破 0.382 黄金点压力位，之后进一步上涨。2016 年 7 月 22 日，涨至 0.5 黄金点 19.93 美元一线的压力位。

当白银价格涨至 0.5 的黄金点位后，此时 KD 指标已经进入比较严重的

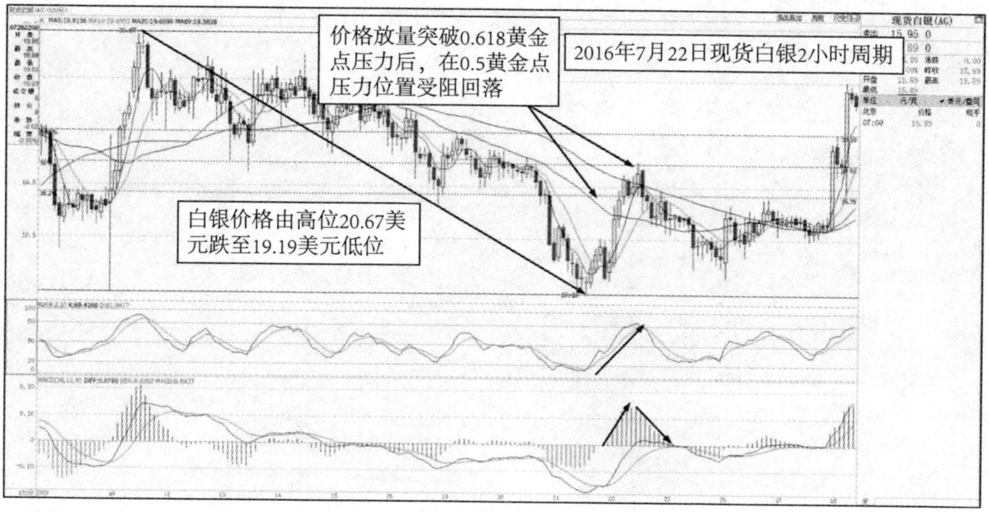

图 9-13

超买区域，MACD 指标显示买盘动能开始缩量，之后白银价格开始震荡下跌。随着 KD 指标高位死叉、买盘动能持续缩量以及沽空动能放大，白银价格由震荡下跌转为加速下跌。

同样，当价格涨至上方压力位置时，若多指标还没有发出顶部信号，激进的交易者可以博弈短线空间，持仓时间以及获利预期都要格外谨慎，因为价格随时都有可能反转下跌。

稳健的交易者则等待价格突破压力后，在上方更强的压力位置沽空，或等待 KD 指标到达超买区域企稳或死叉，MACD 指标显示买盘动能持续萎缩，沽空动能放量，顶部信号进一步确认后，再进场沽空。

黄金分割线是“孝寒点位交易法”中非常重要的一项点位指标，相信学习过本章内容后，在今后的应用中，读者会愈发感觉到这一指标的有效性。

在选择黄金分割线的波段区间时，最好选取一波顶点与低点比较明确的行情，而且要有一定的空间，这样效果才会更好。价格在盘整区间运行时，在高位与低位区间画黄金分割线效果较差，价格随时可能突破所有的黄金点。

学会黄金分割线的用法后，下面将学习最后一个技术组成部分——各 K 线周期的作用。

第十章　K 线周期的组合与作用

现货投资市场与股票市场，不论是交易机制还是分析方式，都有着极大的不同，其中 K 线周期就是其中一点。股票市场更注重基本面和量价的分析，技术分析所占的比重相对较低，常用的 K 线周期主要为日线、周线，短线交易者会在市场中使用 60 分钟周期 K 线。

现货市场中，几乎每一个周期 K 线都有十分重要的作用，其中主要应用的周期为 15 分钟、30 分钟、60 分钟周期 K 线，2 小时、4 小时周期 K 线以及日线、周线。交易者在进行技术分析时，几乎这些周期 K 线都要逐一分析，并且根据指示的方向以及各周期的主要点位进行交易。

K 线周期分析是许多交易者容易忽视的问题，导致实战中有大量的交易失利。曾经有许多交易者提出这样一个问题："现货交易主要看哪一个周期？"笔者的答案始终如一，就是所有的周期都要看，不要"厚此薄彼"，因为每一个周期都有它独特的作用。

本章就是让交易者对 K 线周期有更深刻的认识。

一、周期组合及分析顺序

"孝寒点位交易法"不是长线操作的分析模型，也不是超短线（比如 5 分钟甚至 1 分钟）反复刷单的分析方法，而是中线、短线结合的稳健型交易法则。"孝寒点位交易法"秉承做多错多的原则，降低每日交易的频率，提高盈利的效率，所以 15 分钟以下的 K 线周期基本上可以不用，而周线以上的 K 线周期也不会经常使用。

每一个K线周期都与价格走势的运行时间相关，这里将这些不同周期的K线进行归类组合，就可以得到短期、中期、长期的价格趋势。如图10-1所示。

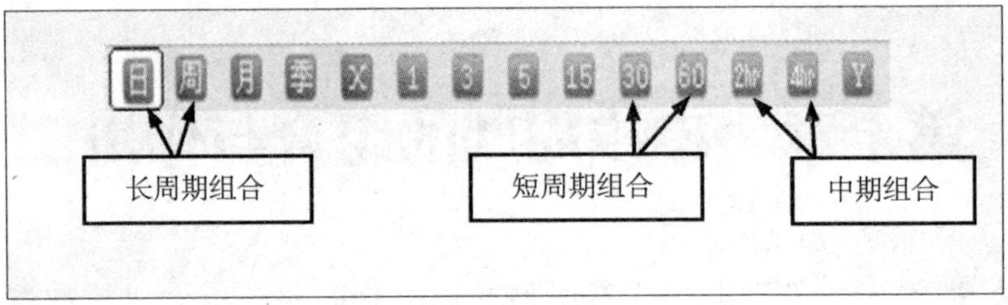

图 10-1

短线周期：30分钟、60分钟K线周期。

中线周期：2小时、4小时K线周期。

长线周期：日线、周线。

在短线周期中，价格趋势持续的时间相对较短，弱势行情下可能会维持数个小时，大幅度的单边行情会持续十数个小时或更多一些。更长时间的趋势，除非是持续走单边行情后企稳修复行情，然后再度延续趋势，这样就由短周期趋势转变为中期趋势。

中线周期2小时、4小时周期K线走势形成单边行情，持续性相对较强，短则持续十几个小时，强势的话持续数个交易日甚至交易周都是有可能的。只要中线周期趋势没有改变，即使短线价格出现回调，最终价格依旧可能反转，继续回到中线周期趋势运行。

当长线周期形成单边趋势时，则说明价格出现了一轮牛市或熊市的大行情。由于周期较长，所以即使价格形成单边趋势，价格也不会连续下跌或上涨，期间必然会涨涨跌跌，涨跌波动的频率根据价格运行的力度有所不同。在长线周期大方向确认后，还要根据中线周期以及短线周期的趋势进行日内交易。

当短期走出趋势行情时，价格没有到达支撑或压力位置就反转时，交易者可以利用15分钟甚至是5分钟周期寻找进场的机会。举个简单的例子，如短线周期中价格处于上涨趋势，中间暂时滞涨回调，此时交易者若准备顺势做多，就要等待价格充分回调。如果价格距离下方的强支撑很远，或没有支撑，交易者可以切换到15分钟或5分钟周期，等待KD指标回调至超卖区域，MACD指标显示买盘放量在进场做多。当然，如果这两个周期可以画出黄金分割线，就能明显看到超短线的支撑位置，多个指标结合应用，对于行情走势和入场点的把握是最有利的。

关于K线周期的应用方法，交易者学习起来可能会感觉晦涩难懂。的确是这样的，许多分析方法交易者只能关注到基本的原则，暂时还掌握不到其精髓，未来需要不断应用，积累更多的交易经验，才能领略其中的含义。

如果交易者对本书的内容不甚了解时，笔者希望不要轻言放弃，先去了解基本用法，并到实战中去应用，在一次次的成败中总结经验，然后再回头来重新看这本书，许多问题都会迎刃而解。

在以后的行情分析中，交易者一定要有一个良好的分析习惯，不要随意切换分析周期，一会儿看2小时线，一会儿看日线，还去分析其他周期。每日打开行情分析软件后，要按照从长到短的顺序逐一观察，发现长期、中期、短期的趋势以及关键点位后，将分析盘面停留在半小时或1小时的周期即可。

刚入市的交易者，对书中这套交易系统的应用会比较生疏，每个周期的分析结果很容易忘记。将长期、中期、短期的走势分析过后，可以得到各个周期的趋势以及不同指标显示的交易点位。为了更有效地记录这些分析结果，初期可以将分析结果制作成表格，时常关注的同时还可以不断地修正，这样既可以减少技术分析占用的时间，又使得日内交易更加清晰。

表10-1是一个技术分析记录表，交易者在进行技术分析时，可以将各周期所有均线所处的点位记录下来，同时记录布林线指标各周期上轨、中轨、下轨所在的价位，以及黄金分割线各周期所有黄金点所在的位置。

将表格填满价格后，其中会有许多价格，看起来眼花缭乱。没有关系，仔细观察其中的内容，一定会发现其中一些价格出现的频率非常高，分别出现在不同指标和不同周期，这些价格就是所说的“共振点位”，也是日内重点关注及准备进场交易的价位。

表 10-1 技术分析记录表

现货黄金					
分析指标	分析周期	各均线参数			
均线指标	1H	M5	M10	M30	M60
	2H	M5	M10	M30	M60
	4H	M5	M10	M30	M60
	日线	M5	M10	M30	M60
BOLL 指标	分析周期	布林带信道上轨、中轨、下轨点位			
	1H	UP	MID	LO	
	2H	UP	MID	LO	
	4H	UP	MID	LO	
	日线	UP	MID	LO	
黄金分割线	分析周期	黄金点			
	1H	0.236	0.382	0.5	0.618
	2H	0.236	0.382	0.5	0.618
	4H	0.236	0.382	0.5	0.618
	日线	0.236	0.382	0.5	0.618
价格趋势：			关注价位：		

二、周期组合判断价格走向

不同的 K 线周期组合，代表着价格运行的持续性，但是很多时候不同的 K 线周期，价格运行方向略有不同。比如短线周期组合中，半小时和 1 小时 K 线周期价格走势不同，或短线周期组合方向与中期或长周期组合方向不同。这时，交易者就要明确一些策略方法和自己的交易周期。

1. 同一周期组合内的不同方向

在一个 K 线周期组合内的不同 K 线周期，价格运行方向不同时，说明价格在短线调整或进行指标修复，此时交易者应暂时观望，等待方向一致时进场交易。

首先看图 10–2 中左边这幅图。2016 年 12 月 9 日，现货黄金价格半小时周期 K 线图中连续收阴下跌，但是盘中突然多头发力上涨，收出较大实体阳线。随着阳线的收线，KD 指标形成金叉，发出反弹信号。MACD 指标显示沽空动能逐渐乏力，有缩量趋势，种种信号表示价格或探底回升。

再来看右边图形。1 小时周期图中，同一交易时间虽然也出现了一根阴线，但是趋势依旧保持向下。KD 指标也没有形成死叉，而是继续保持向下，

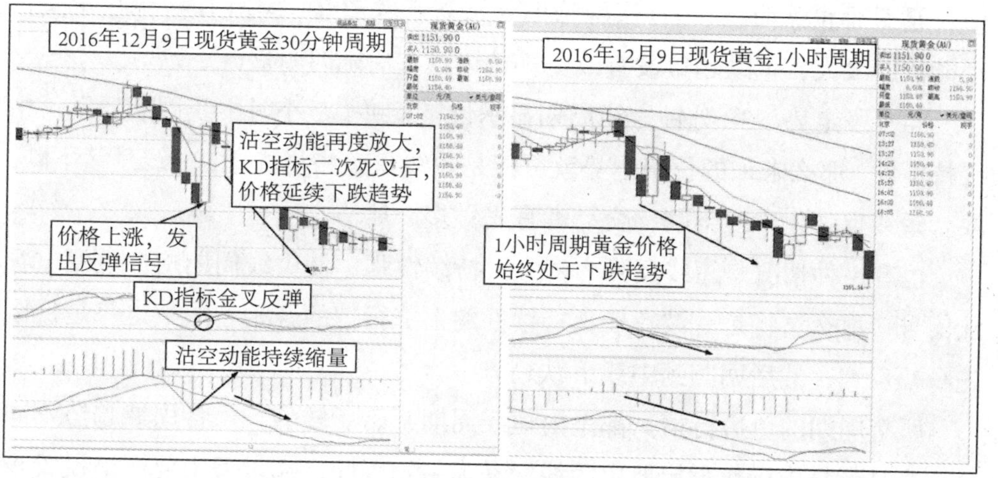

图 10–2

MACD 指标显示沽空动能仍在放大。

两个不同 K 线周期，一个发出反弹信号，一个发出下跌持续信号，此时交易者应该如何抉择？出现这种情况，笔者建议用最稳健的操作方式，不论是短周期改变长周期的趋势，还是短周期延续长周期的趋势，都不用去管，只要趋势不同步就保持观望，等待周期趋势殊途同归之后，按照统一方向操作即可。

2. 不同周期组合方向不同

当不同周期组合显示的方向不同时，交易者则不必等待趋势同步，先按照短线周期组合发出的信号交易即可。之所以构建 K 线周期组合，就是要判断不同周期的趋势。比如中线周期 K 线看涨，短线周期 K 线发出看空信号，那么价格走势会先抑后扬，交易者可先短线做空，再按照中期趋势逢低做多。

如图 10–3 中左图所示，2016 年 12 月 15 日，现货白银价格止跌企稳，亚洲盘阶段开始震荡。此时 30 分钟周期图上 KD 指标跌至超卖区域，盘整之后金叉，开始缓缓上升。MACD 指标显示绿色能量柱缩短，沽空动能正在逐渐减弱，之后多头一方占优，此周期中低位反弹做多信号逐渐明显。

右图是同一时间 2 小时周期的走势图，虽然白银价格也出现了低位盘整，但仅是暂时止跌而已。KD 指标依旧保持着下跌趋势，MACD 指标显示卖盘动能依旧放大，下跌趋势没有改变，持续盘整后随时将展开下跌。

同一段走势，30 分钟短线周期显示价格反弹，2 小时中线周期显示价格维持下跌，那么未来的价格走势就可能是短线盘整修复指标，中线延续下跌，或者短线反弹，中线下跌，交易者宜先做多，后沽空。

也有一种情况是短线反弹力度大，持续性强，使中线周期指标也发出看涨信号，那么这将是一波有较长持续性的上涨行情的开始。图中走势是价格先小幅反弹，然后回归到中线下跌趋势中。

所有周期的单边行情，都是由短线周期开始反转的。当各周期趋势不同时，交易者日内操作肯定要以短线交易为主，因此操作过程中要严格设置止损，防止短周期价格反转，带动中长线周期趋势也出现反转。

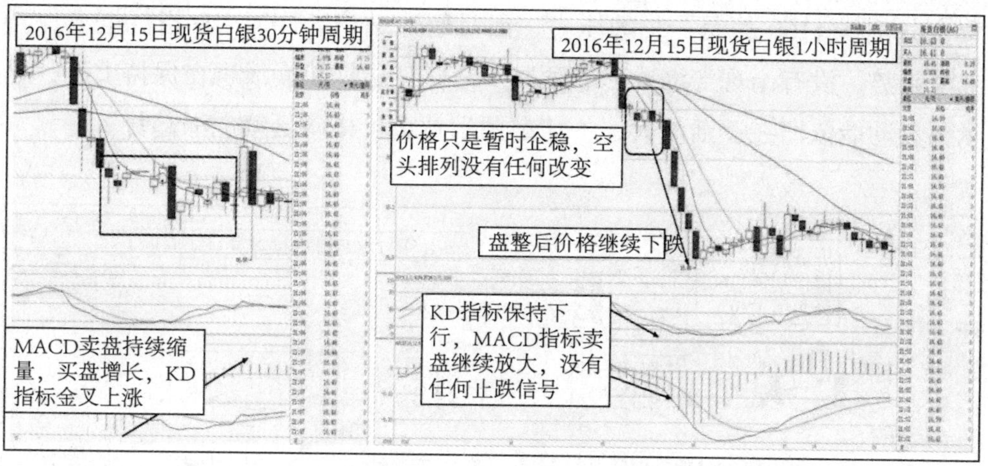

图 10–3

除了上面讲解的不同周期组合内的趋势不同，以及两个不同周期组合趋势方向的不同，有时也会出现长线、中线、短线周期趋势方向皆不一样的情况。例如短线周期看涨，中线周期看空，长线周期看涨，那么价格的运行方式就应该是先涨、再跌、再涨。根据这一规律，可以研判各周期不同趋势下的价格运行轨迹。

三、各周期的关键点位

很多时候，当价格在某一周期突破了关键点位时，有些交易者担心错过最佳的交易时机而仓促进场，却没有发现此时在其他周期距离当前价格不远的地方还有更关键的点位。进场后发现价格并没有按照预期的方向运行，最终以止损结束交易，这是一个大家都不愿看到的结果。

为了避免以上情况，每个交易日，交易者都要将所有周期的关键支撑以及压力点位找出来，然后再选择在哪个点位上进行交易。只有综合分析，才能提高交易的效率。

下面还是用一组案例来解释不同 K 线周期组合的点位及其作用，首先看图 10–4 中左图的黄金价格走势。

2016 年 12 月 30 日，亚洲盘阶段现货黄金价格连续反弹上涨，突破了 0.5

黄金分割线 1160 美元一线的压力，而且暂时站稳。同时 KD 指标继续保持上涨趋势，没有出现滞涨或形成死叉。MACD 指标快慢线也在保持上涨，显示买盘动能依旧在逐渐放大，一切都预示黄金价格将延续上涨趋势。

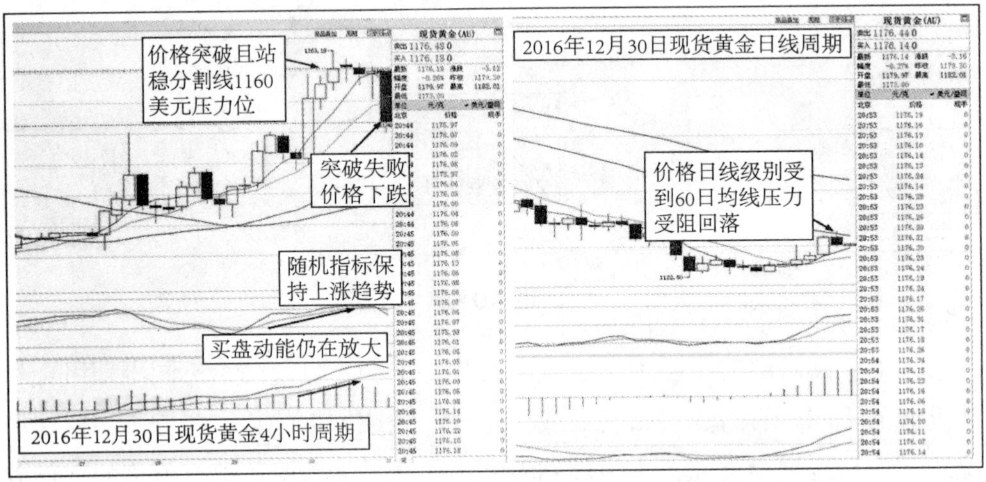

图 10–4

如果此时交易者进场做多，由于价格随时会持续数个小时的盘整，入场后得不到任何利润。美盘阶段，黄金价格快速大幅下跌至 0.382 黄金分割线支撑位，跌幅将近 10 美元，是交易者止损多次的跌幅空间。但是如果交易者在进场前分析一下日线周期走势图，或许就不会如此冲动，急于进场做多了。

下面再来看右边这幅图。当日价格突破 1160 美元一线压力后，之所以没有持续上涨，原来是价格刚好在不远处即 1163 美元一线遇到了日线 MA30 均线的压力，导致价格没有突破，而是出现了受阻回落。

如果交易者进行了各周期综合分析，等待在 1163 美元附近尝试短线沽空，或者等待有效突破后进场做多，是不是更加安全呢？当交易者准备开仓做多的时候，一定要分析其他的 K 线周期，观察上方是否有更强的压力，哪些周期趋势是下跌的。如果有周期走势属于下跌趋势，那么就要判断对这笔交易会不会造成影响。

反之，沽空时也要判断其他周期是否存在更强的支撑。如果有的话，是否有足够的下跌空间，做空是否有足够的收益空间。本书讲解的所有技巧，都是环环相扣，缺一不可的。交易者在使用时，一定要格外仔细，不要顾此失彼。分析得越仔细，交易的成功率越高。

四、周期点位共振

前面学习了同一个 K 线周期不同指标显示具有同一个关键价位，我们把这种情况称为指标共振，目的是确认一个点位的有效性。下面再来学习一种共振形态。

当某一关键价位出现在不同周期，而且可能是不同指标的关键价位，这种情况便叫做周期点位共振。例如，在 1 小时周期中，某黄金分割线的黄金点对价格具有压力位置，4 小时周期恰好这个压力位置也是 MA30 均线所在的位置，不同周期、不同指标都显示这个位置对价格具有压力作用，交易者即可在此处止盈多单，同时反手沽空。

如图 10–5 左图所示，2016 年 12 月 27 日，欧盘阶段刚刚开始交易，黄金价格便急速冲高，行情一路势如破竹，突破短线周期一道道压力和关口，最终上涨至 60 分钟周期图中的黄金分割线 0.168 黄金点 1149.30 美元附近受

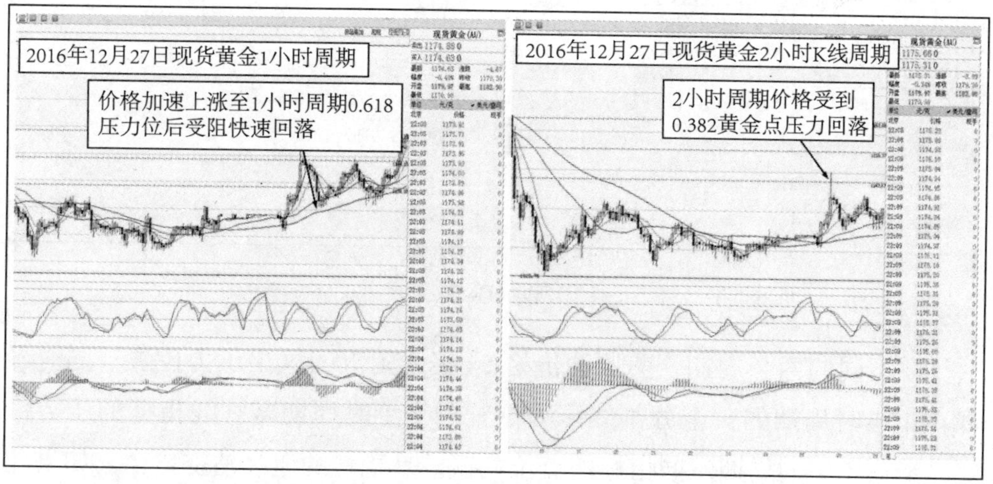

图 10–5

阻回落。

接下来再看右边这幅图形。当黄金价格在1小时周期走势中受到技术压力的同时，中期2小时周期K线图中，黄金价格刚好涨至黄金分割线0.382黄金点的位置。

1小时周期与2小时周期，分别选取了不同波动区间画黄金分割线，这两个周期不同黄金分割线的黄金点压力位却指向了同一个价位。出现这种情况，预示着黄金点位对价格的影响将更加有效，这也是不同周期同一指标的技术共振。

图10–6中左图是2017年1月6日美原油价格美盘开盘阶段走出的上涨行情走势。当价格上涨至1小时周期黄金分割线0.382黄金点54.03美元一线压力位时停止上涨。

右图是同一时间美原油2小时周期的走势图，当时价格上涨刚好遇到了布林带信道上轨的压力位置。

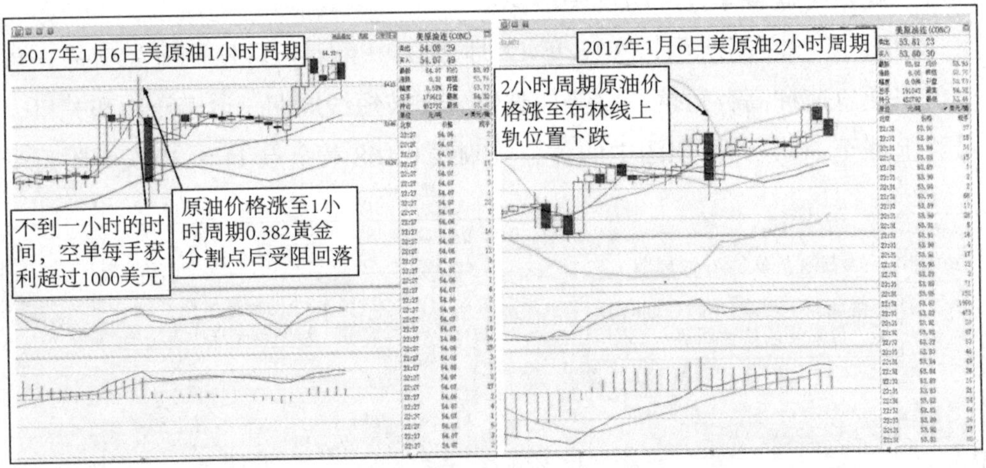

图10–6

在不同的两个周期，美原油价格54美元附近的这个压力位置，同时出现在1小时周期的黄金分割线压力位置和2小时周期布林线指标的压力位置，形成了不同周期不同指标的点位共振，是绝佳的逢高沽空机会。如果此时交易者进场沽空，在一小时左右的时间里，每手即可获得超过1000美元的收益。

国际现货市场更多的是依靠技术分析进行交易，技术分析最重要的就是胆大心细。俗话说，“成功细中取，富贵险中求”，先要做好细节，才能追求收益。

学完本书讲解的技巧后，交易者一定要注意，技术分析要把各方面都分析到位，尽量不要有任何遗漏。发现交易机会不要急于进场，一定要先看其他周期是否有更重要的可能导致交易失败的支撑或压力位。

第十一章　现货市场常见心理问题

许多交易者在现货市场或者其他金融市场投资失利，其中有金融知识不足和投资经验匮乏的原因，更多的则是交易心态上的问题。常言道，“三分技术，七分心态。”

随着时间的沉淀，投资市场的“沙场老将”越来越多，但是交易者的盈亏比例依旧严重失衡，始终无法摆脱二八分化的局面。许多交易者的实战经验与笔者不分伯仲，看过的书籍以及学过的分析方法数不胜数，依旧在市场中赚少亏多，这是什么原因呢？毋庸置疑，更多的还是心理上的问题。

在10多年的金融投资生涯中，笔者接触过的职业投资人、普通投资者数以万计，几乎每个人都存在着各种各样的问题，当然也包括笔者。“人非圣贤，孰能无过。”在面临各种各样的交易心理障碍时，能够及时调节，重新披甲上阵，那么当重新开始后，大家的境界就会得到提升，交易的成功率必然会有所提高。

佛说人生有八大苦，生、老、病、死、求不得、爱别离、怨憎会、五阴炽盛。如果大家能破迷开悟，即可离苦得乐。同样的道理，在金融投资界，每一位交易者都会出现各种心理问题各种苦，但是找到解决的办法，就可以苦尽甘来。

这里笔者挑选出交易者最常见的九种交易心理问题进行解析，并给出相应的解决办法。大家如果出现相应问题，即可作为参考自我调节。当然，投资市场中面临的心理问题肯定不止这九种，有机会的话，笔者也会撰写一部主要讲解“交易心理”的图书，来帮助大家解决在金融投资市场遇到的心理问题。

一、最大的资金杀手：单边市场，逆势交易

“顺势者昌，逆势者亡！”在金融投资市场中，交易者最常听到的一句话就是“顺势而为”。何时能真正领悟这四个字的真谛，在金融投资领域才可算得上登堂入室。

技术走势中有两种走势交易机会最好，也比较容易获利。

一是价格保持一定区间的震荡整理。在这种走势中，由于价格顶部与底部相对明确，波动有限，虽然没有单边行情那样收益空间广大，但是几笔区间波段交易累积下来，也可以取得不错的收益。即便亏损，亏损幅度也不会太大。也就是说，在震荡走势中，交易的安全性比较强。

二是单边行情。单边行情价格走势方向明确，且有一定的持续性。顺势跟进后，只要趋势未发生反转，交易者便可以一直持仓，不断扩大盈利规模。有时一波单边行情吃进后，就可以使账户资金翻几番。

交易环境最差的两种情况如下。

一是价格窄幅盘整时。在这种走势中，由于价格波动狭窄，利润空间不足。

二是单边行情反转时。此时价格宽幅震荡，缺乏运行规律及明确趋势。在这种行情走势中，交易者很容易导致做反方向，如果不能严格执行止损，就会造成大幅亏损。

交易者经常期待市场价格走出单边行情，因为现货市场是双向交易，所以不论上升还是下降趋势皆可。但是单边行情真的出现时，往往直到单边行情结束，交易者都没有获取任何收益，踏空行情不说，甚至有些交易者还会出现较大损失。之所以出现这种结果，主要是因为这些交易者不仅没有秉承顺势而为的交易原则，反而在单边行情中频繁做逆势交易。

比如，当国际油价已经明显受到政策性的利好刺激开始上涨，并在 4 小时周期甚至日线周期形成多头排列的单边上涨趋势时，很多交易者往往因为担心进场做多会出现追高风险，害怕被套在高位，所以明知大的趋势是上涨

趋势，仍然去尝试猜测顶部并沽空。即使偶尔猜对，因为自知是逆势交易，往往只能获得蝇头小利。一旦失败，则会损失惨重。

也有一些交易者是在单边行情启动时顺势交易获得了一些利润，因为担心获利回吐，所以在市场没有出现任何反转信号的时候提前止盈离场。出场后发现价格并没有反转，而是继续保持单边走势，于是再次进场做多。高位做多面临追高的风险，很可能最后加入到了逆势交易的洪流之中。高位追高的结果，好一点的情况是把之前的利润回吐一部分，糟糕的情况则是不仅利润全部回吐出去，甚至还有不小的亏损。

下面来看一个案例。

图 11–1 是现货黄金价的一轮上涨行情。当所有均线多头排列，价格保持上涨趋势时，在趋势不变的情况下，价格会沿着趋势始终向上运行。上涨期间，指标可能会发出短线滞涨信号，比如 KD 指标死叉后缓慢下行，买盘显示成交缩量，价格也出现一定幅度的调整，但下跌的幅度很小，回调持续的时间也很短。

一旦交易者逆势做空，如果不是在最高价位进场，则获利空间十分有限。一旦离场再晚一些，不仅可能“颗粒无收”，甚至还会导致止损。如果交易者在上涨趋势中借回调之机不断做多的话，持仓的心态会更好，更放松，获

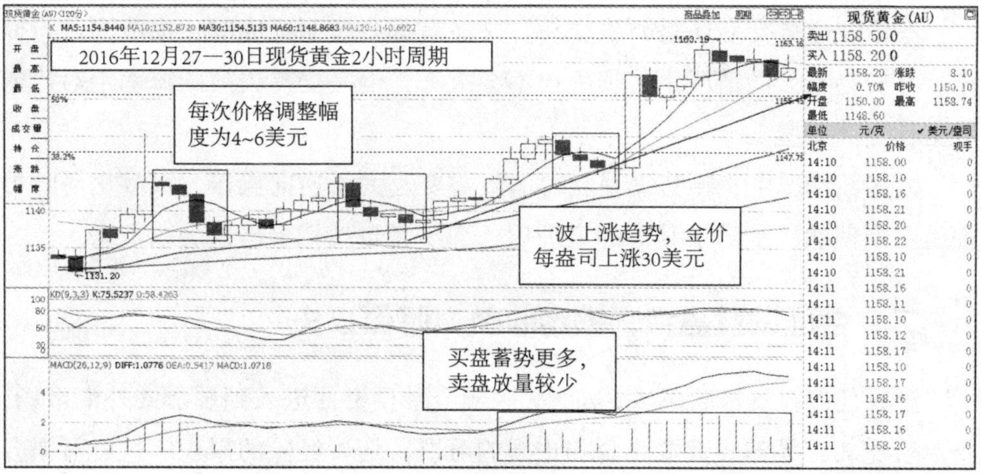

图 11–1

利的机会与空间也更大，何乐而不为呢？

面对单边行情，交易者不敢顺势交易，其实并不是受到行情走势的影响，而是被自己吓倒了，因此采取了一些掩耳盗铃的操作行为。

改变这一陋习的方法其实很简单，当单边行情已经形成时，不论趋势已经持续多久，只要没有发出趋势反转的信号，就以顺势交易为主。即便市场始终不给大家进场的机会，或者不敢现价跟进，也不去做反向交易，错过交易机会也在所不惜。

实战中不能因为交易而交易，而是要等到更好的机会再去交易。哪怕一个交易日只做了一笔交易，只要这次交易是正确的，就会有收获。

另外，当交易者持有一笔顺势交易的单子时，只要行情趋势没有发生改变，可以继续持仓，或者移动止损位，不断保证最低收益的同时博取更多的单边利润。即使短线出现回调信号暂时止盈离场，若一段时间内并没有出现较大幅度的反转，价格仅仅是暂时出现企稳盘整，当趋势再度延续时，交易者也可以继续进场顺势交易。

如果技术面真的出现了短线回调的信号，则按照书中所讲内容进行反向交易，毕竟单边趋势终有结束的一天，只不过可能需要较长一段时间。交易者博弈短线逆向单的时候，最重要的一点是严格设置止损，将下方支撑线一一找出，获利后随时准备离场。

不论做逆势交易还是顺势交易，交易者都要按照标准的止损范围进行操作。在交易错误的情况下，损失也不会太大，但是交易失败的概率绝对比逆势交易更高一些。

大多数情况下，顺势交易获得的收益要远大于逆向操作。很多交易陋习都是习惯使然，了解了其中的道理后，交易者自然就会慢慢地改正。

二、合理设置盈亏，锁定收益，降低损失

没有任何投资经验的人，第一次接触金融投资便进入到现货或外汇市场，下单后比较容易养成设置止盈和止损的习惯。随着经验的累积，这一习惯会

慢慢丢失。

股票投资者如果交易失败，要么套牢被动持仓，或跌至一定程度离场止损。即使获利也很少设置止盈目标，通常会在一个交易日某一价位现价离场，所以股票投资者进入到现货市场往往极为不适。股票投资者对技术分析都有一定程度的了解，技术分析虽然在股市中作用并不明显，但是在现货市场则会比较奏效。股票投资者在现货市场一旦出现错误，就会产生矛盾心理，止损会心有不甘，继续持仓可能会越套越深。

现货市场实行保证金交易制度，而且还有隔夜仓，如果价格跌幅过大，可能存在爆仓风险。即使市场没有大幅下跌，而是长期处于盘整状态，因为现货交易有隔夜费用，也会导致被套幅度越来越大。由于这一原因，即使交易者没有爆仓，也会伤筋动骨，很难再有扭亏机会。而爆仓这种情况，只要出现一次就足以“致命”！

对于止盈，笔者的要求并不苛刻。笔者的老师经常说这样一句话：“只要是赚钱离场的交易就是对的。”对此笔者深以为然，但还是建议各位交易者尽量将正确的单边交易发挥出最大的作用。

当进行了一笔正确的交易时，只要价格没有到达下一个支撑或压力位，甚至还没有接近时，只要各项指标没有发出反转信号，就应尽量持仓，扩大收益。很多交易者赚小钱亏大钱，就是没有做到“截断亏损，让利润奔跑”。各位交易者掌握了本书讲解的技巧后，应该尝试获取更大的行情收益。

与止盈不同，对于止损，实战中就要严格执行了。能否及时止盈，结果通常在小赚和不赚之间。能不能果断止损，结果则大为不同，结果之一就是很可能导致大亏甚至爆仓。

不论是顺势交易还是逆势交易，都应该严格设置止损。顺势行情中设置止损，一是防止价格出现大幅度的回调，二是防止趋势反转。尤其是后者，如能成功规避，就相当于“死里逃生”。

逆势止损主要是防止趋势延续。逆势交易本身就是博弈短线回调，当交易者进场后，短线并没有调整，而是继续延续原本的趋势方向运行，那么这笔交易就失去了意义，不果断止损就是侥幸心理在作祟，通常都不会有好结果。

下面用一幅实际走势图来讲解一下止损的必要性。

在图 11-2 中，可以看到当价格处于强势单边上涨趋势的时候，期间价格也会出现调整，但通常回调的幅度都不大，均为时间换空间的修复行情。当修复充分后，价格会延续上涨。虽然在上涨过程中，各项指标早已到达超买区域，买盘已经严重不足，发出顶部信号，但是价格始终处于上涨状态，与指标发生严重背离。对于这种走势，一旦价格出现反转下跌，跌幅通常很大，从此走出一波下跌行情。

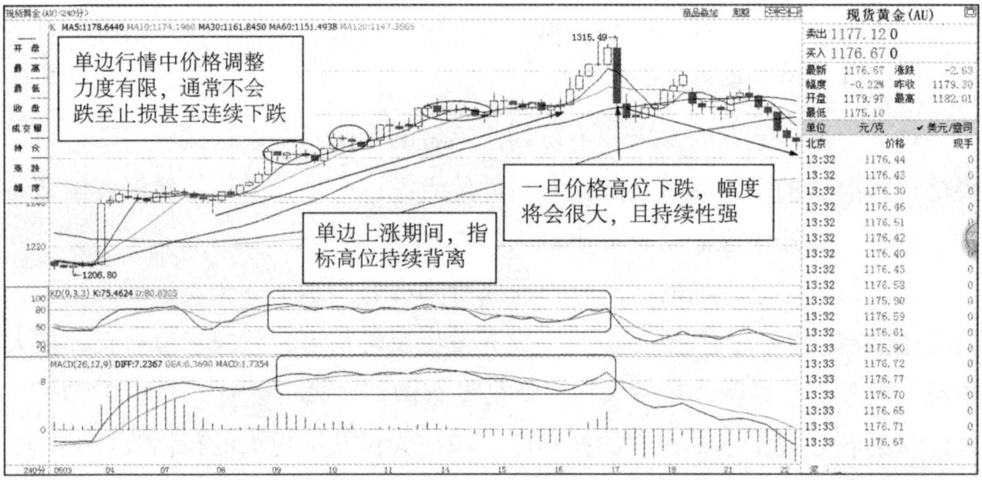

图 11-2

从这幅价格走势图中可以看出，当趋势延续时进行顺势交易，一般可以在回调结束后做多，设置的标准止损价位也不会触及。即便止损了一次，在下一个关键点位继续进行顺势交易，也不会触及止损。

按照笔者经验来看，一旦单边趋势中连续止损两次，就说明趋势将出现反转，交易应该从单边顺势转变为多空轮转。此外，越强劲的单边趋势，回调的空间越小，逆向交易的收益空间越少，一旦交易失利，一定要严格止损。

交易者只要记得强势单边行情（通常为 2 小时、4 小时周期的单边行情）

通常不会出现大幅回调，一旦出现较大幅度的调整，即代表着趋势可能结束，实战中就清楚该如何操作了。

布鲁斯·柯凡纳是纵横全球市场的外汇交易员，1978—1988 年，他的平均年回报率为 87%。这意味着，当初你投资 2000 美元购买他执掌的基金，10 年时间你的投资可以成长到 200 万美元。布鲁斯·柯凡纳认为，交易最重要的就是风险控制。

三、过度自负与极度悲观的不良心理

笔者经常提到，要相信“孝寒点位交易法”这套交易体系能够帮助大家在交易中获利，要相信自己的分析结果，适当的自信可以让我们把握住许多交易的机会。但是过度自信就是自负，结果则是几次失利就让我们彻底离开投资市场。

相反，如果对自己的技术极不自信，甚至到了悲观的程度，交易就会处处碰壁，不仅会错失许多获利良机，一旦出现交易错误，将会使本已悲观的交易心理雪上加霜。

笔者在此举出两个真实的案例。

有一位网名叫做“爱财童子”的交易者，笔者对他记忆深刻。他家里许多人都在进行现货交易，耳濡目染，他也进入到了现货市场。或许是受到环境熏陶，也可能是天赋异禀，他在现货投资市场中如鱼得水。大多数时候，他提出的交易观点都是正确的。长此以往，他也对自己的交易能力坚信不疑，与笔者产生对行情走势的分析产生分歧时，他也能够坚持自己的观点，敢于在众目睽睽之下否定笔者的意见。

有一次他在现货黄金交易分析上出现了错误，但是他并没有止损，而是选择继续持仓，亏损最多的时候被套了 100 多美元。期间有过几次逆势补仓，再加上库存费，亏损幅度已经达到了近 2 万美元，到了爆仓的边缘。

期间许多人劝他止损，但是他依旧坚持金价会涨，而且还与他人谈笑风生，丝毫没有忧虑。上帝是公平的，当人们犯了错误的时候，通常都会给大家改正的机会。改正的机会可能只有一次，如果没有把握住的话，就没有下一次了。可能是运气的缘故，“爱财童子”并没有爆仓，而是挺过了难关，最终解套了，这真的是一场豪赌！

笔者深深感受到他的这种过度自负心理，认为这种危险的情况以后可能还会出现，至于能否继续拥有好运气，只有上帝知道。笔者曾和他聊了许多次，提醒他不要过度自负，结果都是无功而返。之后过了很长时间，笔者都没有他的任何消息，甚至几乎忘记了这个人的存在。突然有一天，笔者收到了他发来的消息，说了一些感谢的话，最后一句是：“我走了，希望还能回来。”

还有一位不知姓名的交易者，他的事迹与上面的故事相反。这位交易者在现货市场也摸爬滚打好几个年头了，和我认识的时候还在做模拟交易。笔者问他怎么还在做模拟交易，他说因为爆过仓，没信心了，做做模拟交易，看能不能找回交易的状态。因为刚刚认识，没有聊太深入的问题，聊了几句也就过去了。几个月后，这位朋友再度咨询笔者一些技术上的问题，此时他还在做模拟交易，原因依旧是不敢实战，担心亏损。

通过聊天，笔者发现其实他的技术还是不错的，分析研判也是有条有理，准确率很高，但就是缺乏自信，爆仓的心理阴影始终无法散去。后来的一次交流得知他终于下定决心再度进入市场，不过还是因为自己不够自信失败了：正确的交易往往只收获了蝇头小利，而错误的交易总是出现比较大的亏损。长此以往，交易心态越来越差，账户资金也自然而然地逐渐缩水。

这两个例子讲的是两种比较极端的行为，一个是极度自负，一个是极度缺乏自信，最终的结果都指向了失败。前者可能在交易中非常“痛快”，要么大赚，要么大亏，通常都是一锤子买卖，而后者就属于长期的折磨了。

对于极度自负的交易者来说，如果能够自我克制一下，多采用机械化的交易方式，少掺杂一些情绪，或者受到一些小的打击，比如亏损几笔小单子，或许慢慢会有所改善。

对于极度不自信的交易者来说，要改正就比较麻烦了。因为有了这样的交易心态，每次下单之前就会犹犹豫豫，下单之后也会惴惴不安，无法克制恐慌的心理，导致进退失据。做对行情时，无法让利润奔跑，缩小自己的盈利空间。做错行情时，就会回吐掉之前的多笔盈利，最终导致亏损。

对于不够自信的交易者，只能先做做模拟交易，用正确率来提升自己的信心，然后用小仓位资金进行实战操作。实战中如果前几笔交易做对了，这样就能慢慢增强交易的信心，不过实战中一定要保证赚多亏少。

通过这样的方法，如果交易者依旧找不回自信的话，就只能放弃交易了。现货市场可能不适合你，不如去尝试一下股票市场，买入一只有机构参与的热门题材股持仓，这样不需要每日看盘交易，做中长线投资即可。

四、盲听盲从他人，对自己不负责任

通常交易者都会经历这样几个阶段。

（1）交易体验期：这个阶段的交易者刚接触现货市场，对于现货市场的交易机制充满好奇。出于对盈利的渴望，频繁交易，但是因为本身能力问题，导致交易盈少亏多。

（2）学习提升期：了解到自身的不足，开始学习专业的交易知识，寄希望于某些交易系统或交易技巧以及分析指标能够改善自己的交易。但是因为没有建立稳定盈利的交易体系，闭门造车，虽然交易成功率略有改善，但收效甚微，仍然处于亏损状态。

（3）寄希望于跟单操作：随着进入市场的时间增加，会接触许多“同道中人”。比如加入了现货交易 QQ 群或微信群，认识了里面许多的“交易高手”，通过阅读“交易高手”的每日分析，自我感觉找到了盈利的捷径。以后每当“老司机”开车时，便跟随交易，但最后发现仍旧难以盈利。最后又回到了第二个阶段，甚至“弹尽粮绝”，最后退出了市场。

以上这种现象非常普遍，许多交易者都加入了现货交易 QQ 群或微信群，同一些现货市场的“半吊子”一起讨论行情。俗话说，“和臭棋篓子下棋，越下越臭”。

市场中还有许多自称“专家”“老师”的人，有偿为散户喊单和指导交易。

对于这种现象，其实只要大家换个角度看问题，就会发现其中的荒谬之处。如果这些所谓的“专业人士”真的能只赚不亏，为何不自己交易，将自有资金如滚雪球一样越滚越大，而是赚喊单费这份小钱呢？“打铁还需自身硬”，将命运交给别人，不如抓在自己的手里。

笔者认识许多业内好友，曾经有一段时间也喜欢与业内精英探讨行情走势，但是发现交易思路愈发混乱。尤其是当大家意见不统一的时候，下单时就会犹豫不决。很多次听从了他人的意见，最后却发现原来自己才是正确的，以后基本上不论讨论的结果如何，下单时也仅仅作为参考，最终仍以自己的意见为主。

在同交易者交流的过程中，笔者有时也会发表自己对各个交易品种的交易思路，但仅仅是供大家参考，并不让大家作为下单的依据。作为交易者，首先要有自己的交易思路，然后再结合其他人的意见，梳理总结出自己的交易思路。

笔者发现自己的交易群中，操作做得比较成功的交易者，往往都是那些沉默寡言、默默交易的人，而经常发一些不务正业的段子和搞笑图片，聊起行情却只有问题没有答案的人，往往交易都不是特别理想。

交易要静下心来，去学习，去研究，不断总结完善自己的交易模型，这才是唯一的出路。交易是没有捷径可走的，总想着投机取巧，轻松获得收益，这种可能性几乎没有。没有人能够拯救自己，唯一能创造财富的只有自己。

有一位女士找到笔者说，一位老师带她交易外汇，100 万元的资金不到两个月的时间仅剩下了 20 多万元。笔者问她是怎么亏的，她自己都不清楚，只知道做着做着资金就没了。

不管交易结果怎样，我们都要自食其力。不论成功还是失败，这些都是我们自己的宝贵经验。要努力用知识武装自己，让自己变得更加专业。有缘的话，就认真学习本书讲解的这套交易体系，逐渐运用娴熟。即使有些朋友找笔者要求提供帮助，笔者也只会用一段时间辅助大家巩固这套交易体系的使用技巧，但不会给大家任何的交易意见，交易者只能依靠自己的能力去市场“捞金”。

五、合理使用资金，降低心理压力

合理使用资金，主要有两个方面需要思考：一是你用多少钱来投资，二是你用多少资金来下单交易。很多交易者进入现货市场后不敢下单交易，或者下单后心里发慌，情绪十分紧张。

这种现象是资金使用不合理导致的，下面用几个真实案例来解释这个问题。

记得 2008 年秋天，那时笔者还没有进入现货市场，而是在私募团队中从事股票交易方面的工作。那一年 A 股市场迎来了历史罕见的熊市行情，沪深两市股指、板块、个股一路下跌，投资者哀嚎声震天。

有一天，笔者接到一位投资者的电话，从语气中可以听出这位投资者十分急切，说自己动用了 300 万元公款补仓被套的股票，结果越套越深。一个月以后公司要查账，他询问笔者，如果自己还能再拿出 1000 万元的公款，笔者能不能帮他把损失的钱赚回来。

笔者当时感到很震惊。这是一个怎样境地的人，如此口无遮拦地向一个素未谋面的陌生人揭自己的“老底”。首先，这种私自挪用公款的行为是违法的。其次，长期的严重亏损已经让投资者失去理智。如果冒着违法犯罪甚至是全然不顾前途命运换来的资金进行投资，在盈利前的每一个日夜，投资者都将惴惴不安，如坐针毡。股票市场的投资收益无法预估，一旦再度失败，估计这位投资者连生活下去的勇气都没有了吧！笔者试图安慰他；奉劝他打消继续挪用公款和扭亏的这种念头，借钱把公款还上，好好地工作和生活。挂断电话时，笔者还是听出了他的无奈与不甘，也不知这位投资者现状如何了。

2016 年除夕前几天，笔者参加一个晚宴的时候接到一个陌生电话。因为宴会现场人声嘈杂，听不见电话中说什么，只是隐约听到一位妇人呜咽。笔者还以为发生了什么大事，就找了一个安静的地方听电话。

聊天中得知，这位云南昆明的投资者是一个普通的家庭主妇，因为夫妻离异，独自承担家庭重担，每个月收入微薄，还背负房贷以及孩子学费的压力。为了缓解家庭的经济压力，就想靠炒股来赚钱，结果可想而知，因为没有任何金融投资知识，没有学过任何投资技巧，全部积蓄在股市被套牢。信用卡透支出来的资金补仓也于事无补，最后房贷和信用卡都还不上了，所以想找人求救。

笔者没有“撒豆成兵”的本事，也无法像慈善家那样把钱借给一个初次相识的人，否则笔者就算破产也接济不起呀！

其实这种案例还有许多，类似的投资者不计其数。很多人只听说投资市场有机会赚钱，没想过自己有没有这样的本事，就一步步地赌上了自己的全部身家。

许多人都会讲“越有钱的人越有钱，越穷的人越穷”，其实这句话并不是完全没有道理的。有钱人不仅仅有钱，往往还有赚钱的“智慧”。他们不仅有正确的投资理念，也掌握正确的投资方法。

此外，他们大都有雄厚的资金实力，用一部分钱来做金融投资，即使出现一些亏损，心态上也不会出现太大的涟漪，而且可以在合理的价位补仓，直到最终盈利。

普通的投资者做得到吗？因为资金的限制，做错交易就必须止损，否则补几次仓就要面临爆仓的风险了。笔者经常提示身边的投资者，一是不要拿全部资产来投资，只拿出一部分“闲钱”即可。这样即使亏损，也不会对生活造成太大的压力，自然在交易时就可以有一个好的心态。

如果以一种“不成功便成仁”的心态进行交易，必然会缩手缩脚，稍有亏损，就会产生极大的心理压力，做出一连串错误的决定。当心态遭到破坏后，基本上就与投资市场无缘了。

很多投资者都咨询过这样一个问题：为什么我做模拟交易准确率很高，能保证稳定收益，但是做实盘交易就会亏钱？这就是心态的问题。许多交易者技术上都是可以保证有稳定的小幅收益的，但是心态作祟，会使成功率大打折扣。

比如在做一笔交易时，做对了方向，但是刚有一些微不足道的收益就担心获利回吐，早早“鸣金收兵”，最后只能看着大量的利润从手边流走。虽然每次都后悔不已，但每次都无法改掉这个坏毛病。

当出现亏损的时候，有的交易者心疼自己的血汗钱，迟迟不忍心止损，导致越亏越多，最终不得不以极高的代价止损，甚至一笔交易就导致爆仓。这种案例比比皆是。

笔者遇到一位湖北的交易者，进入到现货市场一共只做过两笔交易，一笔交易获利200美元，另一笔交易就爆仓了。与之相反，有一位东北女士，是一位企业老板，晚间无应酬，闲暇之余，作为一种乐趣参与现货交易。这位女士手头的资金量比较大，但是每次下单量却并不高。下单之后心境平和，与人谈笑风生，经常忘记账户中还有交易单。赚钱之后，很开心地睡觉去了，感觉很有成就感。亏损的时候，也是一笑置之，该止损就止损。如果仍有机会，就会合理地补仓。虽然她有意无意地做着交易，但是账户本金始终没有出现过亏损，总是能够小幅度地增长。这就是好的心态对交易带来的帮助。

一个好的交易心态，可能不会帮助交易者提高成功的概率，但是会把学到的交易技巧发挥得淋漓尽致。而糟糕的交易心态，则会降低交易的成功率。

投资者在进入市场前，首先要将自己的资金做出合理安排。在进入金融市场捞金前，要做好最坏的打算，比如投资失败是否会对生活与家庭造成影响。

很多投资者认为，投入的资金太少赚不到什么钱。其实现货市场是一个以小博大的市场，造就了世界上无数的名人富豪，只要交易者技术过关，心态平和，一定会积小利成大利。相反，如果自己不具备赚钱的能力，投入再多也会付诸东流。

马蒂·舒华兹刚开始交易的十年中经常亏损，长期处于破产的边缘。1979年之后，他成为华尔街的一位顶尖交易员。他一共参加过10次全美投资大赛中的四个月期交易竞赛项目，9次获得冠军，平均投资回报率为

210%，赚到的钱几乎是其他参赛者的总和。马蒂·舒华兹就认为，金融市场最重要的交易原则就是资金管理。

六、敢亏不敢盈，账户逐渐缩水

笔者一直提倡机械化交易。所谓机械化交易，就是像机器一样在达到进场标准时果断进场，该止盈止损时及时离场，期间不掺杂任何的个人情绪。

这一点说起来很容易，但是做起来很难。当某一个交易品种价格出现回调到达支撑位时，交易者总是会想会不会破位，会不会进场后没有利润，导致错过交易机会，或者错过最佳的进场点位，失去了很多本该获得的利润空间。

当交易者的一笔交易开始获利时，价格还没有到达预定的止盈位置，交易者就在考虑要不要提前止盈，价格会不会突然反转，使这次交易由赚钱变成亏钱。结果情绪战胜了理智，最后却发现最初制定的交易计划是完全正确的。

当交易出现亏损时，很明显指标出现了反转，价格出现了破位，交易者却视而不见，掩耳盗铃地认为，价格还会回到成本价位置，甚至可以赚钱，最后损失惨重。

每一位交易者都会出现这样的交易心理：亏钱敢于扛单，赚钱反而不敢减仓。这就造成交易上小赚大亏的局面，几笔盈利的交易都无法弥补一笔交易带来的损失，长此以往，资金账户就会逐渐缩水。如果交易者发现自己出现了这样的问题，就不要继续交易，而是应该停下来认真总结。如果改变不了自己的交易心态，便应该退出市场。

这种心理问题普遍存在，为了克服这种心理，很多交易者开始到处寻找可以赚钱的 EA 交易系统。所谓 EA 交易系统，就是将自己或别人的交易策略用特殊的编程语言（MQL）编写成一个电脑程序软件（Expert Advisor），让电脑按照事先设定好的条件代替交易者自动买卖与交易。EA 交易系统的盈亏结果取决于自动交易系统设计得好坏。近年来，纽约华尔街许多大公司的交易员并不是把主要精力与时间放在人工盯盘与手动操作上，而是放在不断编写与完善自己的交易策略，然后编成自动交易系统让电脑自动执行。

其实，使用EA交易系统，与把命运交给他人没有任何的区别，因为大家不知道EA的开发者是谁，EA的交易策略是什么，EA交易系统适用于哪些市场，该系统应用了哪种交易技巧。因为对EA交易系统了解不多，所以就无法很好地使用它，除非该系统是交易者按照自己的交易模式进行开发的，否则盲目使用他人开发的EA交易系统，很少会有好的结果。

EA交易系统的优势在于融合了众多交易高手的智慧与经验，加上具有严格的止损止盈和风险控制、仓位控制策略，所以绝无过量交易，绝无情绪化交易，绝无人工操盘中无法避免的贪婪与恐惧。至于能否盈利和盈利多少，完全取决于自动交易系统的设计思路与编写水平。

凡事有一利也会有一弊，这种交易系统的弊端就是自动化交易。因为交易市场是千变万化的，市场中的交易情绪会不断发生改变。此外，市场也不完全受到技术面因素的影响，很多时候大的行情波动，都是市场基本面因素造成的，这一点EA系统无法提前预判，也无法规避这种风险，除非是基本面消息公布前停止EA交易。往往一些影响较大的基本面行情是没有任何预期和征兆的，它们随时可能出现，这种行情只要出现一次，就可能会造成极大的亏损。

笔者的一些业内好友曾经开发过EA交易系统，并对这些系统进行无数交易测试，它们都有一些共同点，就是在价格行情处于震荡阶段时，都可以获取一些收益。一旦价格出现单边行情，EA系统就会不断地加仓再加仓，最后达到交易系统设置的最大持仓。此时如果行情继续维持单边走势，就会出现惊人的亏损，需要人为操纵进行止损，或者停止加仓行为。也就是说，机械化的交易系统也要人为来操纵，能不能完全替代人工交易，现在还是未知数。如果交易者执着于EA交易系统，也要熟悉EA交易系统的设计思路与交易策略，了解EA交易系统存在的缺陷和不足，知道EA交易系统在哪些市场环境中有效。通过一段时间的磨合，与EA交易系统达到配合默契的程度，然后再运用EA交易系统进行实战交易。

世界上几乎所有知名的技术交易大师都是完全自主交易，不会去寻找其他捷径，唯一的方法就是将自己的交易法则变得更加完善，在交易中不断总结经验，吸取教训。

查理·丹尼斯是现货商品交易市场中的一位传奇人物，20年的时间里，他像魔术师一样，将400美元变成了2亿美元。这种案例在现货商品市场中屡见不鲜，但是还没有一位中国人有此“殊荣”，包括笔者本人也很难做到。

笔者有时也在思考其中的原因，认为现在中国的投资者一是缺乏金融投资的基础知识。更多的人将金融投资视为赚钱和暴富的工具，但是却没把心思放在认真学习和总结经验上，亏了就亏了，赚了就赚了，很少去思考其中的因果关系。

华尔街的交易员在这一点上比国人做得要好。比如查理·丹尼斯，他说无论自己大亏还是大赚，都会保持内心平静，每天坚持分析每一笔交易，看看有没有违规的情况发生。对于好的交易，要思考为什么会成功；对于不好的交易会自我检讨，找出症结所在并加以改进。

如果大家想要成为一名伟大的交易员，希望一直稳定地盈利，必须非常在意自己平时的每一笔交易。遗憾的是，许多交易者缺乏这样一种好的交易习惯，总是说自己工作忙或应酬多，以及诸如此类的借口。但既然选择了金融投资，选择了市场交易，就要对自己的资金负责，强迫自己去学习，否则不如干脆放弃。

交易者敢盈不敢亏，或者是敢亏不敢盈，或者是其他问题，其实归根结底大多都是对自己的交易不够自信。每一位交易大师成功之前，都经历过无数的失败，通过一次次成功和失败后的交易总结，不断完善自己的交易系统，使其成功率逐渐提高。

确信这个市场能为自己带来收益，这一点也很重要。如果对市场都没有信心，更何况是对自己的交易。

另外，投资者要把更多的心思放在交易上。对市场有多少付出，就会得到多少回报。笔者在书法和琴道上造诣不高，经常因为交易无法练习。但是当笔者心无旁骛把心思放在上面，坚持一段时间后，就会有明显的提高。

通过以上种种案例，希望投资者可以对自己进入的市场以及对自己的交易产生信心。任何人都无法给我们带来信心，只有依靠自己的努力，才能帮助我们的账户实现净值增长。

七、了解自己的交易风格，不要违背

现货和外汇市场，交易者的交易风格无非以下四种。

第一种是超短线交易，也可以叫做“刷单”。每次交易争取以最快的速度获利离场，每一笔交易不追求高收益，获利即可。总之，就是用较高的技术分析准确率，将众多的盈利小单累积成大利润。

这种交易风格的优点是快进快出，不用担心“夜长梦多”，能够以最短的时间结束一笔交易。缺点则是对交易者的技术分析能力要求较高，心理素质更是要过硬，不然一次亏损可能就会导致几笔甚至更多的盈利单付诸东流。

第二种交易风格比较中庸，也是笔者推荐新入市投资者培养的一种交易风格。以日内中短线交易为主，每日根据交易品种的振幅只进行 1 ~ 3 笔交易，持仓时间不需要固定，以价格走势为持仓依据，直到价格到达设定的止盈或止损位置。

这种交易风格的区间利润比较大，只做具有一定波动区间且方向明确的交易，每次交易都可以以小的亏损博取大的收益。这种交易风格虽然每日交易频率较低，甚至一个交易日连一次好的交易机会都没有，但是每笔交易理由充分，成功概率较高。

另外，因为是以小的风险博取大的收益，所以一笔成功的交易可以承担一到两次错误的交易。只要交易者能够保证达到 40% 以上的交易正确率，就可以慢慢地累积起利润。

第三种交易风格比较适合资金量较大、追求稳健收益的投资者。这种交易风格不追求短期内获取高收益，而是偏向于稳定盈利。

这种交易风格对于技术分析的要求并不严格，只要能够对趋势作出较为准确的判断即可。当一波单边行情即将开始或已经开始时，以小仓位进场顺势交易，随后按照固定比例不断增持。这种交易不需要始终盯盘，当趋势即将发生改变时，止盈离场即可。

这种交易风格的优点是不需要激进的交易分析和交易技巧，也不需要大量的时间看盘，可以获取相对稳定的收益。弊端是需要投资者对资金管理有正确的规划，具有良好的心理素质。如果不断补仓交易单却始终亏损，就要做出正确的判断，不能一时头脑发热，改变初衷，做出错误的决定。

最后一种交易风格属于综合性交易。当交易者具有丰富的交易经验，以及成熟的交易系统后，能够发现市场中的每一次交易机会，并能够精准定义每一笔交易机会的性质，比如属于超短线、中短线还是长线交易机会，其中的获利空间有多大，风险与收益比如何。

这种交易风格，交易者能够做到对交易收放自如，没有任何约束，收益也是稳中求进。当然，这种交易风格对交易者的要求也是最高的，没有多年时间的交易经验很难达到。

许多新入市的交易者刚进入市场时，就跟无头苍蝇一样到处乱撞，搞不清自己的交易风格。短线的交易机会却长时间持仓，导致盈利的交易变成亏损。一波利润空间不错的单边行情按照短线交易做，结果丢了西瓜拣芝麻，最后把整个交易节奏搞得一塌糊涂。

每一位投资者在入市时，首先要明确自己的交易风格，了解自己的心性和交易技巧更适合哪种风格的交易。之后每天寻找符合自己交易风格的行情进行交易。

很多时候交易者会发现当前的行情走势自己看不懂，也找不到交易机会。这种情况笔者也曾出现过，毕竟不是每一种价格走势都是自己熟悉的。遇到自己看不懂的行情走势，说明当前的技术走势不符合自己的交易系统和交易风格，交易者不必为了交易苦心寻找机会，因为这种情况下所做的交易，准确率通常不会很高。在这种情况下，交易者对市场走势保持观望，等待符合自己交易特点和风格的行情出现就可以了。

经常有交易者抱怨，看不懂当前的行情，找不到交易的机会。笔者经常会说这样一句话："看不懂就等着，一天不交易，市场不会崩盘。"在投资市场中，投资者就像茫茫沙漠中的一粒沙子，掀不起任何风浪。市场中的交易机会是等来的，交易者一定要耐得住寂寞，管得住自己的手，等待符合自己交易风格的行情出现，之后再果断杀入。

八、连续亏损后，要停止交易，调整心态

笔者写这段文字时，刚刚结束了 38 笔连续止盈的交易。这并不是笔者历时最久的连续盈利纪录，笔者也并不总是能够连续盈利。在此之前，笔者也经历过 9 笔交易连续止损的惨淡经历。

投资市场中没有"常胜将军"，盈盈亏亏再正常不过。胜不骄，败不馁。当交易顺利连战连捷时不要膨胀，步步为营守住收益。当屡屡受挫时，一味后悔懊恼也没有用，反思交易中的缺陷，吸收失败的经验教训，争取同样的错误不再出现，才是正确的态度。

《曹刿论战》一文中有"一鼓作气，再而衰，三而竭"的说法。中国人对"三"似乎有一种情结，"事不过三"，就是用来警告人们同样的错误不要一犯再犯。当交易受阻，接连失利时，交易者也要用"三"这个数字来约束自己。

当日内交易首次出现失利时，是比较正常的，完全可以接受。当下一笔交易再度出现止损时，交易者就要重新对市场走势进行分析，确认此前失利的交易策略是否有不妥。连续三次亏损，便是亏损的极限了，这很有可能说明当前的市场走势杂乱无章，毫无规律可言，或者当前的走势不符合交易者的技术特点和交易风格。就好像是篮球赛场上，一支擅长快攻的球队，遇到了一支擅长防守的对头，进攻处处受阻，举步维艰。当交易者连续三次交易失利时，要学会避其锋芒，等待行情回到符合自己交易特点和交易风格的走

势上来。

其实三次止损也是大多数交易者的心理底线，一般交易者连续三次止损，心态上就会发生变化，开始心生愤懑，内心急躁。在这样的心态下，如果继续交易下去，就会错多对少，甚至一错再错。这样一来，本金严重受损不说，心态遭受挫折以后，短期内也难以恢复，继续交易无疑雪上加霜。

虽然笔者具有比较丰富的交易经验，但是依旧会遵循各种交易规则和纪律。无论大亏还是大赚，都会保持内心平静，坚持分析每一笔交易，看看有没有违规的情况发生。

对于好的交易，交易结束后会思考为什么会成功；对于不好的交易，交易结束后会自我检讨，找出问题的症结所在。其实交易失败并不可怕，历史上许多交易大师在成功之前，都经历过十分惨痛的失败。只要应对方法得当，心态没有受损，总会否极泰来。

交易员就像拳手，市场随时都会给你一拳重击，试图将你一拳击倒。在这种情况下，你必须保持平静。当亏损时，说明市场走势对你不利，不要着急，看清行情走势，采取适当对策，尽量把亏损降到最低，尽可能保护自己的资金。

当遭受重大损失时，情绪必定大受影响。在这种情况下，必须减少交易频率，或者休息一段时间，再考虑下一笔交易。如果一天内连续出现三次止损的交易，最好休息一天，听听音乐，看场电影，跑跑步，或与三五知己玩乐一番，然后再重整旗鼓，卷土重来。

不要急于将亏损的资金赚回来，投资市场有赚不完的利润，只要具备这样的能力，早一点或晚一些取回并不重要，那些利润终将是自己的。

九、从此刻开始改变自己

投资市场中，每一位投资者都存在许许多多的小毛病与坏习惯，这些都是投资路上的“绊脚石”。

很多交易员最常犯的错误是交易太频繁，他们不会慎选适当的交易时机。

当他们看到市场波动时，就想进场交易，这其实是强迫自己从事交易，而不是主动地耐心等待交易良机。另外，绝大多数人在交易的时候，都有一种好赌的心理，喜欢重仓杀进杀出。

大家一定要在这方面改变自己。古往今来，重仓操作的交易者没有一个最终能够成功。交易者必须把自己的每一笔亏损控制在5%以内，当然2%以内是最好的。根据图表交易犹如冲浪，你不必知道波浪起落的原因，只要能感觉到波浪涌起的节奏，学会掌握冲浪的时机，就可以成为一名冲浪高手。

当发现自己心理问题与交易陋习后，要有条不紊地加以改善。首先从降低交易仓位开始，从严格止损开始。交易不能一错再错，要将损失降到最低。

刚入市的交易者要通过小仓位交易磨炼心境，熟练自己的交易系统。之后逐渐将交易中掺杂的情感剥离，使自己的交易更加机械化、系统化。

不定期地分析自己的交易记录，寻找其中存在的问题并总结修正。养成这种良好的交易习惯，交易必然会日益精进。当交易准确率逐渐提高时，每个月的盈利都能够达到相对稳定的比例，交易者可以逐渐增加交易仓位，直到到达标准比例。增加仓位后，在交易中也要继续严格遵循自己的交易法则，时刻注意自己的心境，不断调整交易心态，使之形成一个良性循环。

这些看似简单的行为，对于很多人来说，其实做起来真的很难。所以说，投资市场并不是适合所有人。如果能够适应这个市场，能够很好地遵循交易的法则，不能保证最终一定会获得成功，但至少可以很好地在市场中生存。如果实在无法改变自己的交易陋习，不能控制自己的心态，最好在还没有彻底失败前离开市场。

其实，交易与心理是一体两面。金融市场是一个试探人性和人心的好地方。发生在自己身上的事，必定是自己心态的反应。失败的交易员很难摇身一变成为一名成功的交易员，因为他们很难改变自己。每位输家内心深处都隐藏着求输的潜意识，因此即使获得成功，也会不自觉地破坏胜利的果实。

一位成功的交易员，必须同时具备精湛的分析能力和过硬的心理素质，才可能在每日的交易中逐渐累积“成绩”。本书中既有完善的交易法则，也指出了交易者经常出现的心理问题及调整方式。掌握了本书讲解的交易体系和模型后，在未来的交易生涯中能否修成正果，就要依靠交易者的综合实力和自我修炼了。笔者也希望学习过本书的读者，都能够在金融投资生涯中越走越远，顺利实现自己的理想与期望。

第十二章　实战案例图解

一、长周期受阻带动短周期发出看空信号

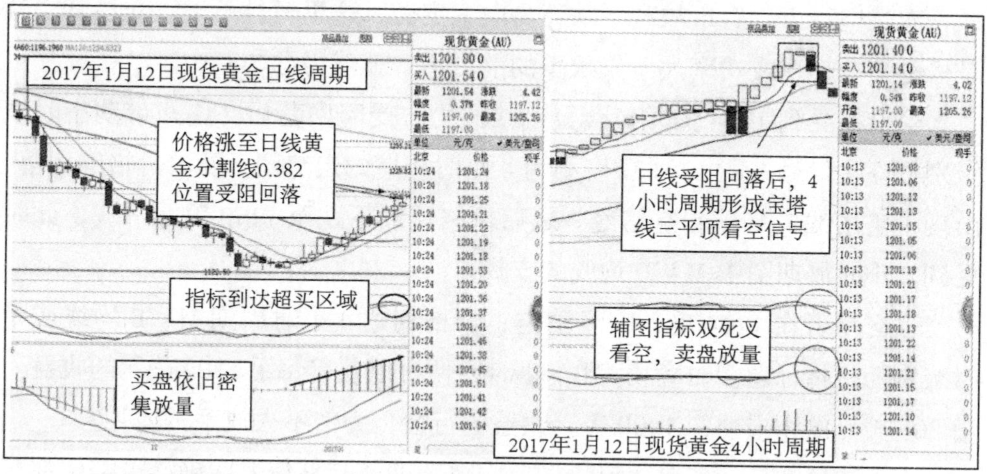

图 12-1

2016 年 12 月美联储年内首次加息利空出尽后，国际黄金价格探底回升，与前一年的走势如出一辙。价格触底后保持震荡上涨，一路突破小时线级别的各项压力，看似力度不强，但是上涨持续性良好。

随着持续不断的上涨，价格也逐渐逼近日线级别上方的更强压力位。未来黄金价格将面临 MA60 均线 1200 美元一带的压力，以及 1204 美元黄金分割线的压力，此时交易者应该如何选择？

很多交易者认为应在1200元的位置沽空，因为该价位是均线压力位，同时也是整数关口。笔者前面讲到，当均线与黄金分割线距离很近的时候，通常都会选择价格到达黄金分割线的位置再去交易，所以笔者坚持在1204美元位置进行沽空。

最终价格很轻松地突破了1200美元的整数关口以及均线压力，直接到达1204美元的黄金分割线沽空点位。即使这面临黄金分割线的压力，价格还是出现了小幅的顺势突破行情，直到1206美元逼近止损位，才开始展开调整。

越是较长周期的K线走势，走势中的支撑位与压力位效果越强，这一点前面也有提及。当价格到达日线黄金分割线的强压力位，交易者一定要尝试一次沽空行为。后市顺利下跌还是向上突破，这里暂且不讲。交易其实就是概率游戏，在成功率大于失败率的前提下，就值得参与其中。

当价格受到1204美元黄金分割线压力位受阻回落后，逐渐带动小时线级别的空头信号。图12-1中右图为4小时周期的走势图，随着价格的回落，出现了宝塔线三平顶看空信号。之后价格连续下跌至1190美元一线，此时受到4小时周期图中MA30均线的支撑。

若交易者在1204美元一线沽空，价格到达4小时周期MA30均线或小时级别随机指标超卖时离场，几个小时内便可以获得每手1400美元的收益。用300美元的止损博弈1400美元收益的行情，为何不去放手一搏呢？

需要注意的是，在单边趋势做反向单，即使交易信号明确，也需要在日内遇到关键点位时获利离场，不可长时间持有。因为在单边行情还未彻底扭转趋势前，价格随时都有可能重新回到趋势方向运行，所以反向交易要及时获利了结，等待更明确的信号或最终形成趋势反转。

二、顺势行情指标共振激进交易

单边行情是许多交易者最喜欢的行情。但是如果单边行情始终持续不回调，很多交易者也不敢顺势交易，因为上方已经没有比较强的压力，不知道

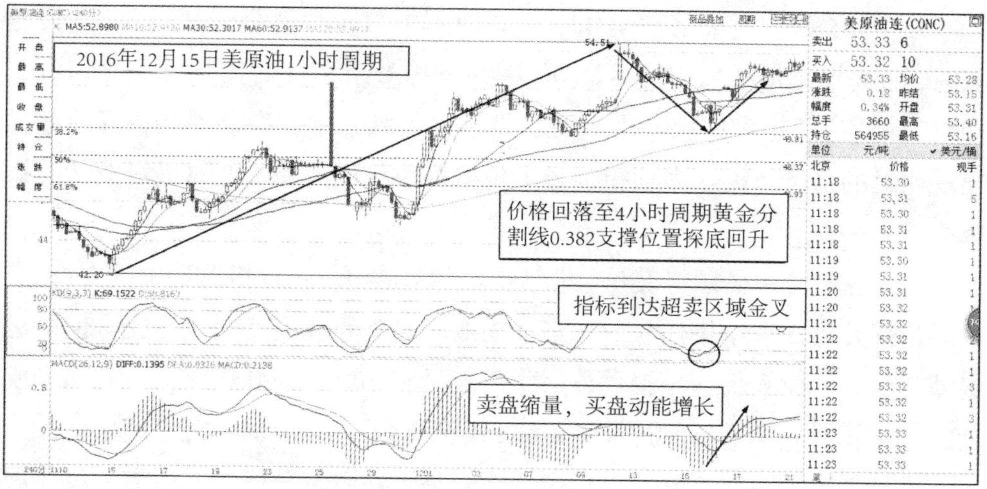

图 12–2

价格会涨到哪里。另外一方面，交易者担心价格随时有可能展开调整，如果顺势进场点位不佳，就有可能造成亏损。

其实交易者更希望单边行情中价格出现回调，但是一旦价格真的开始回调，交易者又会产生诸多其他问题，比如价格是不是已经反转，不能再顺势交易了，或者是市场会不会加大调整力度。不管对于什么走势，其实交易者在下单时，都会矛盾重重。但是无论如何，在单边行情中顺势交易，成功率总是会更大一些。一旦单边行情中价格出现回落，交易者可以控制仓位，由轻到重进行顺势交易，直到趋势彻底结束。

图 12–2 中，美原油价格 4 小时周期走势在 2016 年 12 月 15 日前为中长期的上涨趋势，中间曾经出现震荡回落。由于上涨趋势并未改变，所以在交易上，低位顺势做多成功的概率更高，也是当时主要的交易方向。

当价格跌至下方 MA30 均线时，价格直接破位。之前学习过如何判断支撑的有效率，因为价格跌至均线位置时，市场沽空动能还在继续增长，KD 指标尚未跌至超卖区域改变方向，所以破位的概率就会增加，出现向下破位实属正常。交易者遇到这种情况时，要等待价格跌至下一个支撑位置再考虑进场，或采取分批交易模式。

12 月 15 日，当价格跌至 4 小时周期图中第一个黄金分割线 0.382 黄金点时，首先这是中线周期的黄金分割线，支撑效果本身就会更好一些。其次，KD 指标到达了超卖区域。最重要的是价格下跌途中，卖盘动能逐渐萎缩，出现明显的量价背离。多项指标显示价格存在筑底可能，此时进场成功的概率会更大一些。

在上涨趋势中做顺势交易，进场点位相对较低，且价格遇到关键支撑位，各项指标发出回调结束信号……当成功概率大于止损概率时，是完全值得进场博弈的。此时入场，止损代价每手可能最多 300 ~ 400 美元，但是如果成功，以 4 小时周期的行情持续性来说，至少有千元以上的收益空间。

本书讲解了一套完整的分析模型，交易者在看盘分析时，不需要每一项指标同时发出某方向的交易信号，只要大部分指标发出相同的交易信号，就可以进场参与交易。

三、关键点位进场不需补仓

有时候价格到达了非常强劲的支撑或压力位置，交易者在这个位置进行交易后，不管行情如何发展，只需要平仓结束即可。如果交易失败，则不需要补仓，而是直接采取止损的行为。越是关键点位，一旦破位后，价格加速

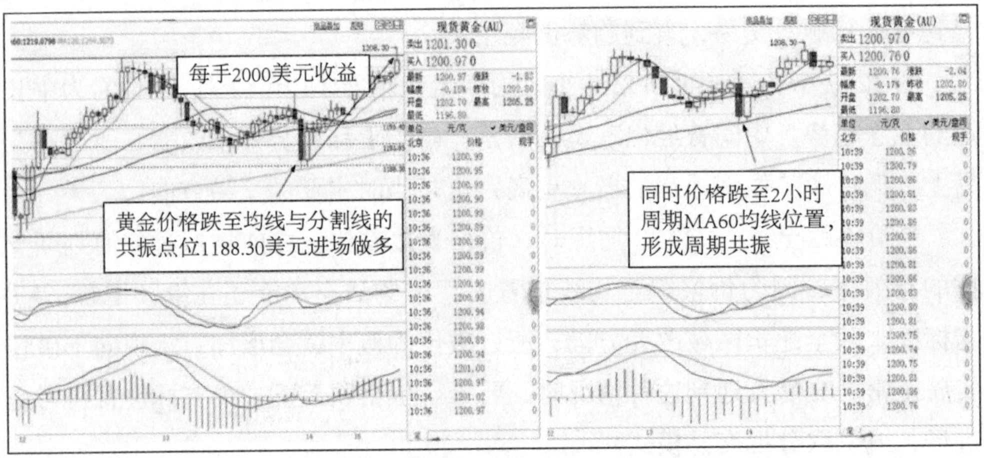

图 12-3

运行走单边行情的可能性越大，后期补仓不仅于事无补，而且有可能会造成严重的亏损。

图 12-3 中左图为现货黄金 1 小时周期的 K 线图。将 2017 年 1 月 11 日 23:00—24:00 时段的价格底部，与 12 日 16:00—17:00 的价格高位为高低点，画出 1 小时短周期的黄金分割线，得到下方关键的黄金点。

下面主要来看下方 0.618 的黄金点。现货黄金价格 1188.30 美元一线不仅是重要的黄金点支撑位，同时也是 MA120 均线的支撑位，二者形成了指标共振。此时市场卖盘明显表现出力度不足，价格存在反弹的需求。

同时再看右图，价格同一时间也跌至了 2 小时周期的均线支撑位，这表明价格形成了周期共振。前面讲到，指标共振或周期共振的点位支撑压力效果最为强劲，所以有效性一般较强。在这种情况下，就可以在 1188.30 美元这个位置，按照标准交易仓位大胆进场做多，不需要考虑后面是否需要补仓。

从图中很明显可以看到，这笔交易是成功的，每手黄金可以获取 2000 多美元的收益。

越是这种强势的支撑点位，一旦破位持仓风险越大，通常会引发价格大幅下跌。如果图中的支撑位没有导致价格反弹，市场选择了直接破位下跌，若破位后卖盘没有放量，则可能为虚假性的破位下跌，价格很可能不会跌到止损位。一旦跌至止损位，就要立即离场。若破位时卖盘动能大幅增加，则可以确认破位有效，交易者可以选择破位后顺势沽空，也可以等待价格跌至下方更强支撑位后继续做多。不过，这种交易方法最好是在价格上涨趋势中进行。

四、补仓要控制，仓位统一止损

当价格走出一波持续性上涨或下跌走势的时候，会形成诸多支撑或压力位。这些点位可能会导致价格反向运行，但并非一定扭转价格走势，所以都存在着突破的可能。交易者要做的就是从诸多点位中选取几个自认有效的位置，在该位置尝试进行交易。

有些交易者认为做现货就要一锤子买卖，看好某一个价位，就在这里做一次性交易，判断正确止盈离场，判断错误止损出局，不进行任何补仓。有些交易者则认为，顺势交易就要按照趋势方向不断地布局趋势方向单，只要价格出现调整，到达每一个回调点位，都要进行补仓，只要趋势没有发生改变，就会获得最终的胜利。

其实这两种做法各有利弊。前者不会出现太大的亏损风险，但是注定会浪费很多交易机会。尤其是很多时候会出现刚刚执行止损，价格就按照预期方向运行，而止损位置刚好是下一个交易点位。这种做法要求交易者对点位的把握特别精准。

后者可能会多把握住一些交易机会，但是一旦交易失败，将会造成十分严重的损失。比如一波上涨行情中价格出现调整，交易者在每一个支撑位置都去补仓。若回调力度较大，交易者资金有限，很有可能最终重仓甚至满仓，调整力度再大一些，就会面临爆仓风险。如果恰好遇到反转行情，交易者仍然一意孤行地补仓，最终结果只有爆仓，即使最后“忍痛割爱”，也会损失惨重。

实战交易中，要灵活掌握补仓的机会，激进的同时也要注意规避风险。

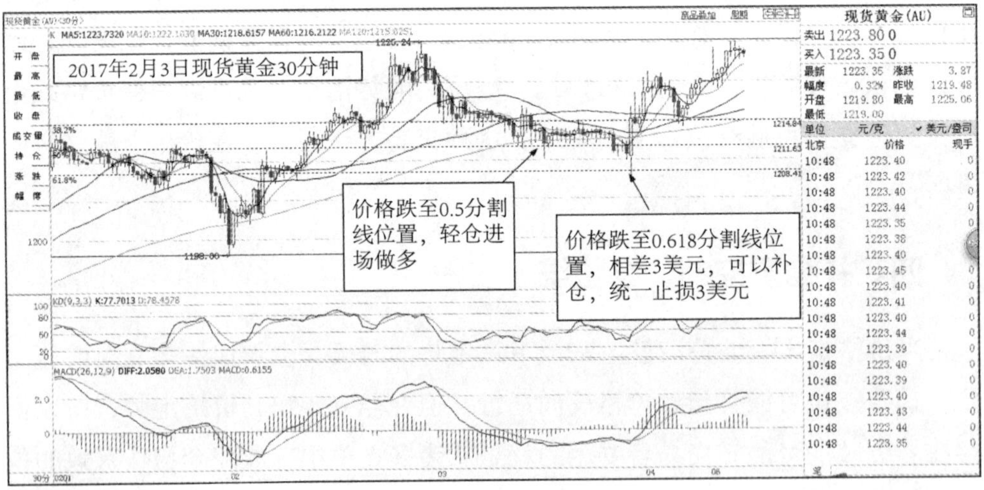

图 12-4

如图 12–4 所示，2017 年 2 月 3 日，现货黄金 30 分钟周期走势中，价格跌至黄金分割线 0.5 黄金点 1211.65 美元后企稳震荡。由于此处距离下一个黄金点支撑位 1208.44 美元仅有 3 美元的距离，按照前面的讲解，如果两个支撑位之间的距离小于或等于标准止损点位可以进行补仓，所以交易者若在第一个支撑位置进场做多，就要为后面价格继续调整做好补仓准备。

比如可以在 1211.65 美元位置轻仓做多，如果平时交易者单笔交易为 1 标准手的话，此时可以仓位减半。如果价格直接上涨，则等待冲高获利止盈离场。如果价格继续调整，调整至 1208.44 美元支撑位置时可以补仓。交易者如果补仓，补仓仓位至少要比首次进场的仓位大一倍，这样才能有效降低第一笔多单的成本。一旦价格反弹，也能更快地将第一笔多单的损失挽回且更快获利。

如果按照翻倍加仓法进行操作，一旦第二笔交易成功，且价格涨至第一笔多单成本价位，那么这两笔多单整体上已经处于获利状态。若价格继续上涨的话，交易者的利润将会更加丰厚。

即使价格下方支撑密集，交易者也不可无休止地补仓，因为不断补仓是很危险的行为。通常笔者认为标准补仓次数为 1 次，最多不可超过 2 次。如果加倍补仓的话，补仓超过 2 次，必然出现持仓过重的问题，一旦方向错误，代价就太大了，可能几笔交易都无法挽回。严重的话，会极大影响交易者的心态。

通常情况下，如果价格连续 2 次击穿交易者选择的支撑或压力位置，就说明这一波行情力度强劲，或存在重要的基本面突发事件，也有可能是交易者的点位选择错误。既然这样，就不可一错再错，应该冷静下来，承认操作错误并重新分析市场行情。

最后笔者建议补仓后，多头同方向的交易单一定要统一设置止损，而且是以最后一笔补仓单的位置设置止损。这样一是方便单子管理，不会出现混乱，二是把操作错误的概率降到最低。

比如图 12–4 中，如果在 1211.65 美元和 1208.44 美元分别做了多单，止损位置就要放在1208.44美元下方，如1204.50或1205.50美元。止损不可过大，尤其是补仓的交易。这样操作的目的是为了更好地控制亏损幅度，保证一次操作错误可以在下一次的成功交易中挽回损失。

五、操作区间震荡波段防止突破

很多交易者喜欢在价格震荡行情中进行操作，虽然震荡区间不大且趋势缺乏持续性，但是由于有稳健固定的操作点位，成功进行几笔波段交易，累积起的收益也十分可观。需要提醒的是，任何趋势都不会长时间持续下去，终究会出现突破或反转，此时是最容易出现大风险和大损失的阶段。

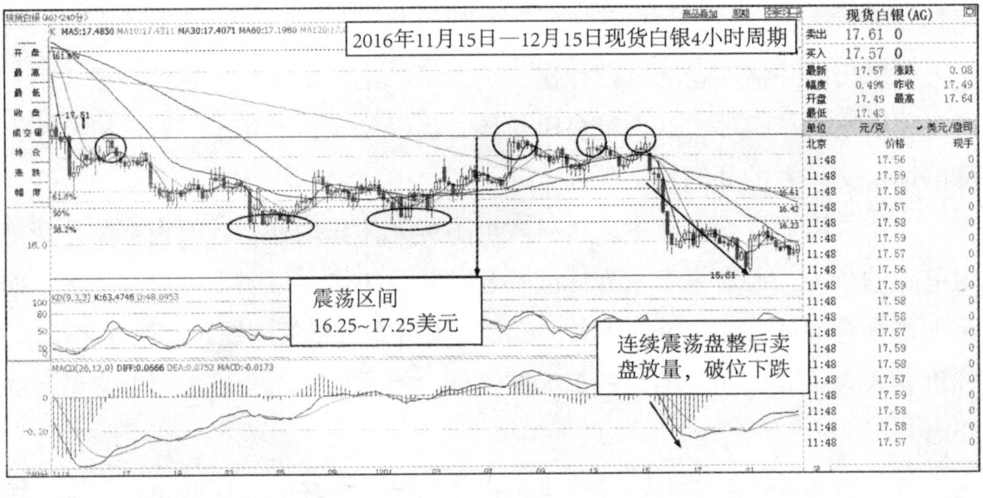

图 12–5

如图 12–5 所示，2016 年 11 月 15 日—12 月 15 日期间，现货白银价格始终保持在 16.25 ~ 17.25 美元的固定区间震荡，而且重复多次，每一波段的获利空间充分。但是随着盘整时间的延长，各项指标经过充分修复，多空双方的蓄势也会逐渐充分，新的方向选择就会随之而来。

价格盘整的时间越长，交易者越要严格设置止损，随时防止单边行情出现。只要交易者还在进行波段操作，当单边行情出现时，必然会面临着一次止损。在这一次必然的止损到来之前，交易者要获取充分的利润来抵御风险。

有些震荡行情的区间点位都是相对固定的，价格可能会在两个点位间震荡，也可能是在 3 ~ 4 个点位间震荡，所以交易者最多只能补一次仓。但不论进行何种操作，都要严格设置止损，主要目的就是为了防止区间突破。

对于相对固定的区间震荡，即使设置了止损，也不会被扫掉。如果价格达到了止损位，通常意味着行情出现了突破走势，此时止损就给交易者降低了很多亏损。

如果没有严格设置止损，当价格突破后如图中那样一路下跌，就会大幅增加交易者的亏损。有时候震荡行情是稳健的交易机会，在这种行情中，价格不会轻易触发止损。但如果不设止损，一旦价格出现突破，形成单边行情，会对持仓带来更大的风险。“横有多长，竖有多高。”盘整的周期越长，一旦突破盘整区间，价格的单边走势就越强劲。

六、越是盘整，越要紧盯盘面波动

交易者都是很“贪心”的，尤其是在股票市场中，股民几乎每日都会把所有上市公司浏览一遍，唯独很少看持仓个股。

国际现货市场交易者也是一样，通常会紧盯那些波动较大的品种，认为有波动才有交易的机会。其实这种看法并没有错，但也不完全正确。当某一个品种窄幅整理、波动甚微的时候，交易者通常会放弃关注，认为盯着一个长时间没有波动的品种看是在浪费时间，其实这样做往往会错过机会。

价格长时间小区间震荡意味着什么？是单边行情即将到来的信号！如果能在行情出现突破的第一时间捕捉到机会进场交易，获取的收益一定是最丰厚的，风险也是最低的。

很多时候交易者发现机会时，行情基本上都已经运行了一段时间，此时再准备进场，不是错过了最佳点位，就是担心追涨杀跌。错过交易机会后的一个恶果是在最高或最低位置追涨杀跌，这样不仅没有收益，反而还要承担极大的风险。所以价格越是长时间横盘，就越要关注其最终的方向选择。

如图 12–6 所示，2016 年的最后三个交易日，美原油价格持续窄幅盘整，每日仅有一次交易机会，最大波动幅度只有 0.5 美元，空间异常狭窄，属于窄幅整理。

在盘整阶段，KD 指标在超买、超卖区域之间横向运行的角度较小，MACD 指标显示多头和空头动能乏力且没有持续蓄势的行为，所以难以判断最终的突破方向。如果因为价格处于横向盘整就放弃关注，就会浪费掉一次绝佳的交易机会。

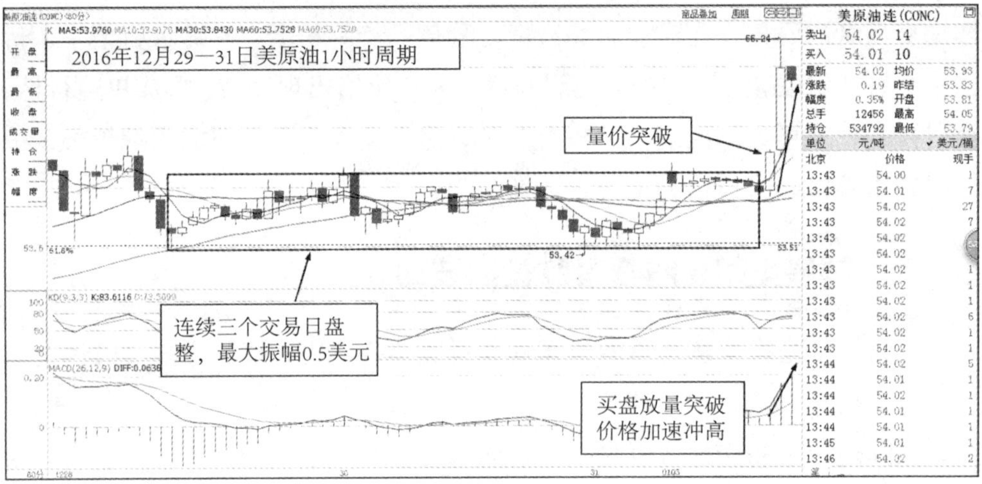

图 12–6

12 月 31 日下午 16:00，价格开始上涨，突破了震荡区间的顶部压力，换线后买盘开始放量。如上所述，盘整时间越久，波动幅度越小，一旦突破，行情力度越大。价格盘整后刚刚放量突破时，是进场顺势做多的第一时间，此时立即进场，获利空间至少在 0.7 ~ 0.9 美元，每手利润高达 700 美元以上。

如果交易者没有在第一时间发现这一波突破和加速上涨行情，上涨速度如此之快，晚一些发现的话，交易者还有勇气去追多吗？还会有多少获利的空间？会不会买在行情的最高价位，导致错过一波好的行情后还要承受亏损损失？

某个交易品种出现窄幅盘整行情时，交易者一定要密切关注，或者设一个预警来提示交易机会。一旦价格放量突破盘整平台，当前价格跟下一个强支撑或压力位还有较大一段距离，在获利空间充分的情况下可以顺势交易。

需要注意的是，如果价格温和放量上涨，交易者持仓时间可以长一些。如果价格上涨速度过快，阳线实体过大，出现技术背离时，就要短线持仓或见利空快速离场，防止“过刚易折”的风险。

七、价格遇到关键点位，指标存在突破可能

价格到达关键支撑或压力点位，恰好 KD 指标也到达超买或超卖区域，MACD 指标量能开始萎缩，则预示着行情将要反转。出现这种十分标准的进场信号时，自然要果断出手交易。遗憾的是，很多时候理想与现实总是存在差距。

如果价格到达关键位置，但是辅图指标却并未到位，可能存在突破走势的话，交易者是应该放弃交易，还是让“子弹飞一会儿”呢？如果直接进场，按照正常策略交易，失败的概率可能比较大，或者收益空间较狭窄。但是如果放弃交易，等待指标到位，如果这个关键点位是有效的，那么就错过了一次很好的交易机会。

在笔者眼中，错过机会跟丢钱无异。为了抓住机会，实战中可以采取一种折中的交易策略——试探性交易。

如图 12–7 所示，2017 年 1 月 18 日美盘开盘前夕，美原油价格跌至 1 小时周期黄金分割线 0.382 分割点支撑位置，但是 KD 指标依旧保持下行态势，数值为 35，距离超卖区域尚有一定的空间，MACD 指标显示空头还在放量。此时要不要进场做多，去博弈支撑有效呢？

这时就要看交易者的交易风格，激进的交易者可以用少量仓位试探性地博弈短线收益。根据笔者经验来看，一般价格跌至比较强的支撑位，只要下跌力度不是很强，短线都会出现一定程度的反弹。没有基本面利空刺激的话，直接破位的情况较少见，所以短线做多还是有盈利空间的。

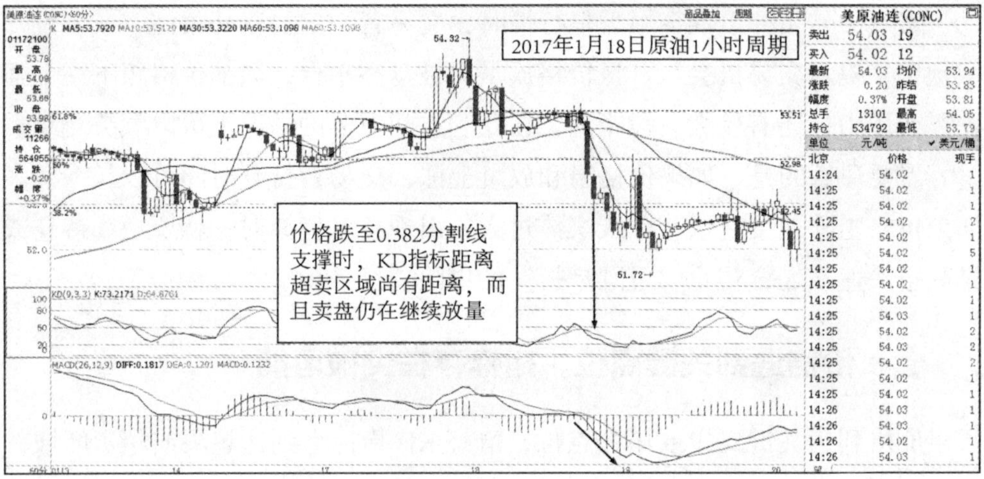

图 12-7

由于 KD 指标没有跌到位，卖盘还在继续放量，所以即使价格反弹，上涨空间也会比较小，而且持续时间很短暂，所以获利后应该及时了结，防止价格随时拐头向下破位。

如果交易者进场做多后，价格快速反弹，KD 指标形成金叉，卖盘逐渐缩量，即可确认反弹行情成立，此时可以适当增加仓位以获取更高的收益。如果进场后价格快速破位，则需要立即止损，不要抱有任何侥幸心理，降低损失才是最重要的。

此外，交易者进场做多以后，即使支撑是有效的，但是价格却迟迟没有上涨，而是在支撑位置上方窄幅整理，这也说明买盘疲软，通常盘整后价格继续下跌破位的可能性很大，此时交易者可立即平仓出局，也可以等待价格破位后止损。通常情况下，遇到类似的走势情况，笔者会选择前者。

对于稳健的交易者来说，操作就比较简单了，耐心等待指标跌至超卖区域，卖盘缩量时，逢底进场即可。这样操作唯一的风险就是指标钝化，但毕竟指标钝化不是经常出现的技术走势，所以风险自然很低。如果确认支撑有效，各项指标反转后，轻仓进场也可以，只不过收益空间会小一些。

做交易不可太激进，但过分谨慎也不行。这个“度”如何把握，需要交易者具有丰富的交易经验，才能判断哪些交易机会需要激进，那些交易机会应该稳健行事，同时在激进中控制好风险。

八、指标钝化，先顺势后反向

前面讲解了指标钝化时存在的交易风险，因为指标钝化 KD 指标将会失效，发出的信号不准确，也就失去了参考意义。一般指标出现钝化，说明多头或空头市场强劲，所以交易者也不能认“死理儿”。既然价格不走反转走势，那么可以先采取顺势交易，等待反转信号更加明确时再反向操作。

如图 12–8 所示，2016 年 12 月 30日，现货黄金价格 2 小时周期 KD 指标已经到达了 80 以上的超买区域，但是 KD 指标并没有死叉快速向下，买盘也没有持续缩量，卖盘动能更没有放大，所以价格自然也就没有走出调整行情，而是继续震荡反弹。即使期间出现短暂的下跌，下跌幅度也十分有限，而且很快便再度反弹或进行盘整。

当 MACD 显示买盘再度开始放大的时候，价格再度冲高走强，走势力度很大。如果之前随意沽空的话，结局一定以止损告终。这也是为什么前面讲解 KD 指标的时候，建议稳健的交易者等待 KD 死叉、卖盘放量时再高位

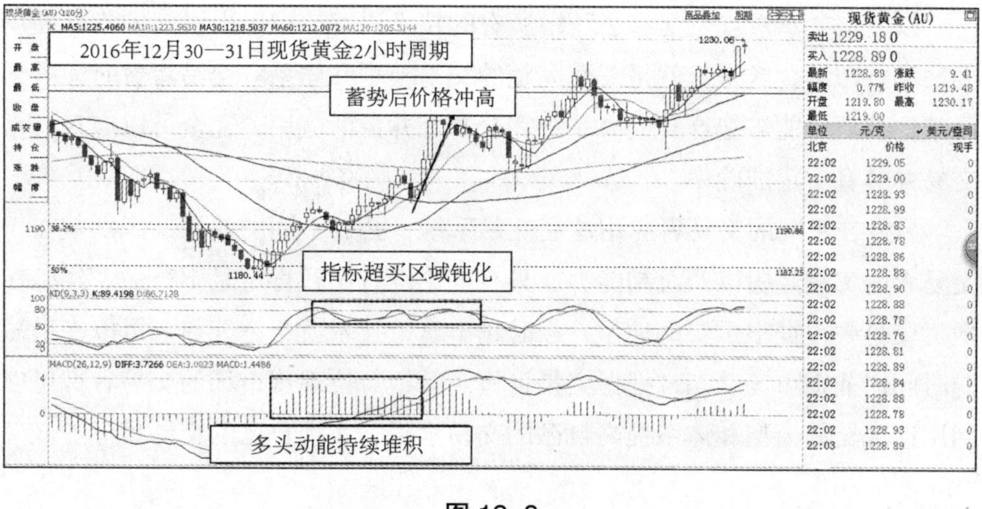

图 12–8

沽空的原因，就是要规避这种指标失效的风险。今后交易者在实战中遇到指标钝化时，也要格外注意。

一般来说，如果多头行情十分强劲，即使部分指标出现反转信号，价格暂时滞涨，也不会出现很强劲的回调。在今后的交易中，当 KD 指标到达超买区域激进沽空的话，一旦指标并没有如期下跌，而是开始钝化，价格震荡反弹或持续盘整时，就已经存在很大的止损风险了，交易者完全可以在价格还没有到达止损位时提前止损离场。

交易者也可以顺势交易，但是一旦指标发生钝化，回调就是早晚的事情，只是幅度大小而已。若要顺势做多，仓位不能太大，而且要快进快出，一旦多项指标出现反转信号，就要及时离场。

稳健的交易者可以等待信号明确时再进行反向沽空操作，但是如果指标预示行情将下跌，价格却下跌缓慢，一旦指标已经跌至底部即将反转，价格还没有下跌，这就是时间换空间的技术修复，交易者依旧需要及时止损并且继续顺势交易。

国际现货市场有各种技术走势，但是万变不离其宗。本章的案例讲解以及前面单项的技术讲解中，基本把市场多种常见走势囊括其中，希望大家可以举一反三。日常交易中面对那些变形技术形态，也可以很好地应对。

以上是“孝寒点位交易法”中所有的技术讲解，把以上讲解的指标使用方法和技巧结合起来，就是一套完整的交易模型和体系。交易者暂时无需学习其他技巧，能够把这套交易系统完全掌握并灵活应用，完全可以应对日常交易并具有一定准确率。

另外，不同的交易者应用这套交易系统，会有不同的效果，区别就在于交易者的实战经验以及总结能力。只有理论没有实践肯定是不行的，经验在现货交易中占据很重要的地位。经验越丰富，技术就会越纯熟，可以在最短的时间内捕捉市场动态，把握交易良机。希望每位现货市场的交易者都可以利用这套交易模型和体系提高自己的交易水平，实现自己的交易目标。

投资理财类书目

书名	作者	定价
宝塔线指标入门与实战精解	刘振清	35.00
筹码分布技术入门与实战精解	刘振清	35.00
现货石油交易实战宝典	张耿豪　饶　斌	38.00
股市晴雨表	汪雪鹏	36.00
农产品期货	付上金	58.00
教你炒股票：缠论与 K 线分析技术	培　峰	48.00
短线炒股全攻略	付　刚	49.00
磁区理论点评升级版	江南小隐	38.00
三步掌握波段买卖	曹明成　谭　文	38.00
黑马捕捉术	曹明成　谭　文	36.00
阴阳 K 线的奥秘	曹明成　谭　文	38.00
相对波浪理论	唐桂华	42.00
波段操盘秘法	何瑞东	38.00
布林线指标入门与实战精解	刘振清	35.00
MACD 指标入门与实战精解	刘振清	35.00
KDJ 指标入门与实战精解	刘振清	35.00
一本书读懂互联网投资理财	蔡余杰	38.00
玩转技术指标：九种技术指标精讲	金　铁	45.00
新手炒股快速入门与技巧	刘振清	38.00
银行理财产品全攻略	薄志红	35.00
决战牛熊：股市获利之道	曹明成　谭　文	35.00
短线出击：股市快速获利战术	麻道明	49.00
聚沙成塔：T+0 交易绝杀技	江南小隐	35.00
短线实战操盘技巧	伟　晴	42.00
一买就涨：买在底部的 101 个起涨信号	付　刚	38.00
一卖就赚：卖在顶部的 123 个卖出信号	刘　平	38.00
短线追涨与低吸技术	金　铁	38.00
实战交易密码之走向盈利	陈志文	45.00
吃定庄家	曹明成　谭　文	39.80
量价关系精要	徐子城	28.00
股票画线技术入门与实战	刘振清	38.00
股价结构：趋势与轨道	华　强	35.00
K 线操盘学	麻道明	58.00
如何做股票交易	杰西·利弗莫尔	20.00
从零开始炒股票	徐子城	35.00
江恩理论入门、精通与实战	景生辉	28.00
缠中说禅：教你炒股票	王培峰	48.00
如何看懂技术指标	麻道明	38.00
个股期权投资指南	付上金	32.00
索罗斯 32 个投机信条	孙恩棣	28.00
巴菲特 76 条投资准则	孙恩棣	28.00
波浪时空体系	王军凯	32.00
超级牛股操盘术	李　闻	48.00
发现身边的成长股	王春玮	35.00

续表

股价结构：压力与支撑	华　强	35.00
趋势定位	付上金	35.00
量价精研	邢孝寒	32.80
K 线阳线战法	麻道明	39.00
K 线阴线战法	麻道明	39.00
零起点期货投资一本通	黄　金	28.00
零起点基金投资一本通	黄　金	29.80
零起点股票投资一本通	黄　金	35.00
股市交易特技	时空老人	38.00
夜话交易谋略	股峰求道	32.00
如何看懂分时图	江南小隐	28.00
易经演股法之个股攻略	第六感觉	35.00
艾略特波浪理论入门、精通与实战	景生辉	28.00
趋势与拐点交易法	戈　岩	35.00
家庭投资理财规划一本通	雷　冰	35.00
股票易占交易系统	劳剑勇	35.00
实战擒庄	张　文	35.00
筹码实战分析	刘晓杰	28.00
趋势技术分析	邱立波	36.00
专业操盘原理	景生辉	38.00
背离技术分析	江南小隐	29.80
小女人理财锦囊	游凌燕	28.00
理财产品全攻略	罗显良	38.00
股票投资资金管理与止损止盈技巧	雷　冰	32.00
谁是股市赢家	梦　兮	25.00
春林涨停战法	张春林	29.80
龙头股实战技巧	张　文　赵振国	35.00
均线技术分析	邱立波	38.00
易经演股法	第六感觉	35.00
现货黄金投资技巧	邢孝寒	28.00
系统化交易——A 交易系统久赢真经	黄　根	39.00
缠论解析：缠中说禅技术理论图解	江南小隐	23.00
实战交易密码	陈志文	35.00
股票投资的 24 个关键财务指标	雷　冰	35.00
K 线技术分析	邱立波	38.00
破译 K 线图中的密码	江南小隐	38.00
你最想要的投资学	张潇云　徐　刚	25.00
四维操盘：基于价量时空分析的实战操盘技术	邢孝寒	29.80
波段操作实战精解	雷　冰	35.00
精准判断买卖点：炒股就这一招	曹千阳	38.00
崩溃点战术：基于市场心理分析的交易技术	铸剑先生	39.80
新手炒股也赚钱：量价实战技法	帝都操盘手	29.80
K 线综合实战分析	雷　冰	48.00
赢在股市 24 堂课	索氏门人	28.00
磁区理论：识别最佳买卖时机和位置的分析技术	江南小隐	38.00
告别亏损：从持续亏损到稳健盈利的修炼法则	洗　剑	38.00